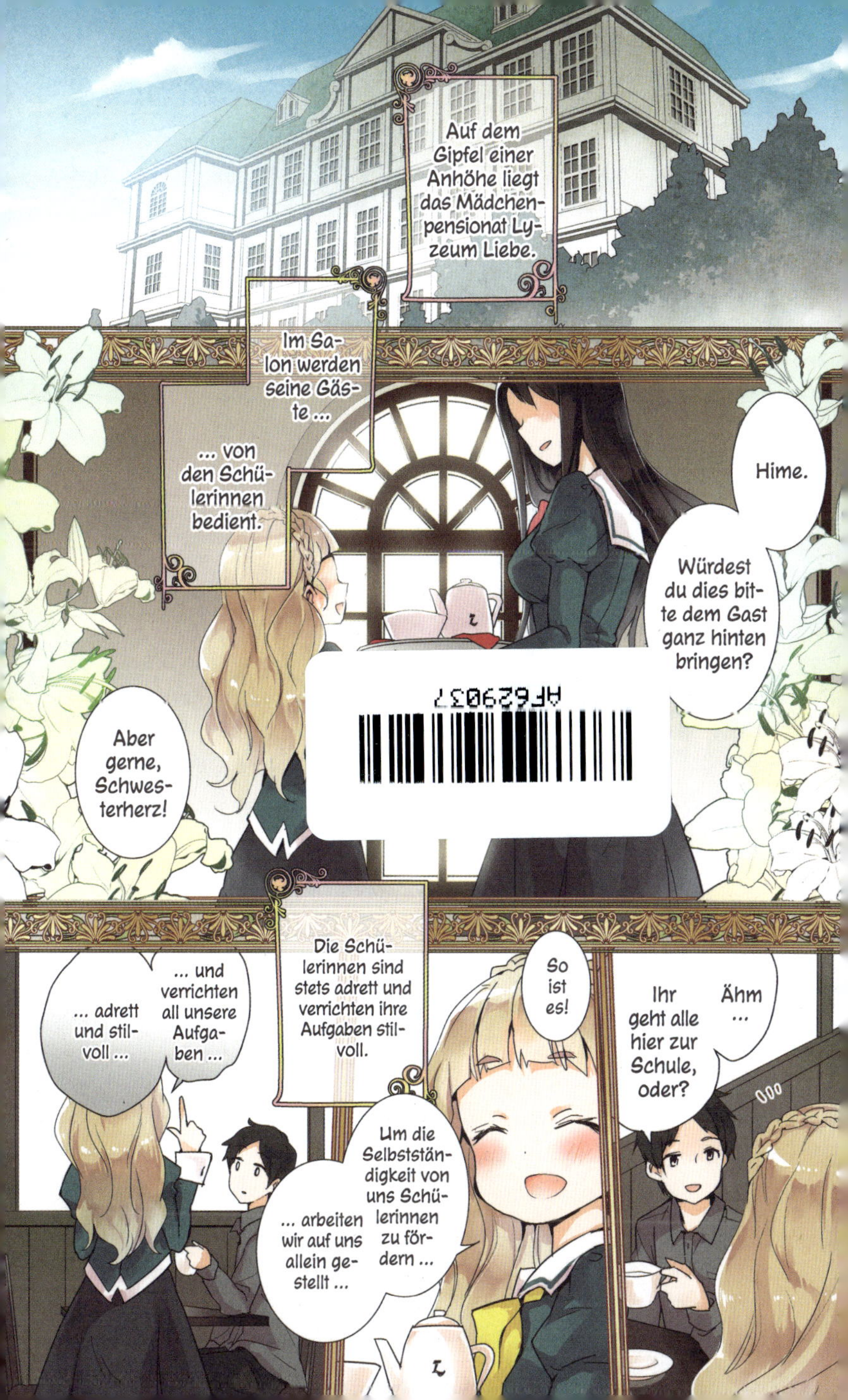

Auf dem Gipfel einer Anhöhe liegt das Mädchenpensionat Lyzeum Liebe.
Hime.
Würdest du dies bitte dem Gast ganz hinten bringen?
Im Salon werden seine Gäste ...
... von den Schülerinnen bedient.
Aber gerne, Schwesterherz!
Ähm ...
Ihr geht alle hier zur Schule, oder?
So ist es!
Die Schülerinnen sind stets adrett und verrichten ihre Aufgaben stilvoll.
... und verrichten all unsere Aufgaben ...
... adrett und stilvoll ...
Um die Selbstständigkeit von uns Schülerinnen zu fördern ...
... arbeiten wir auf uns allein gestellt ...

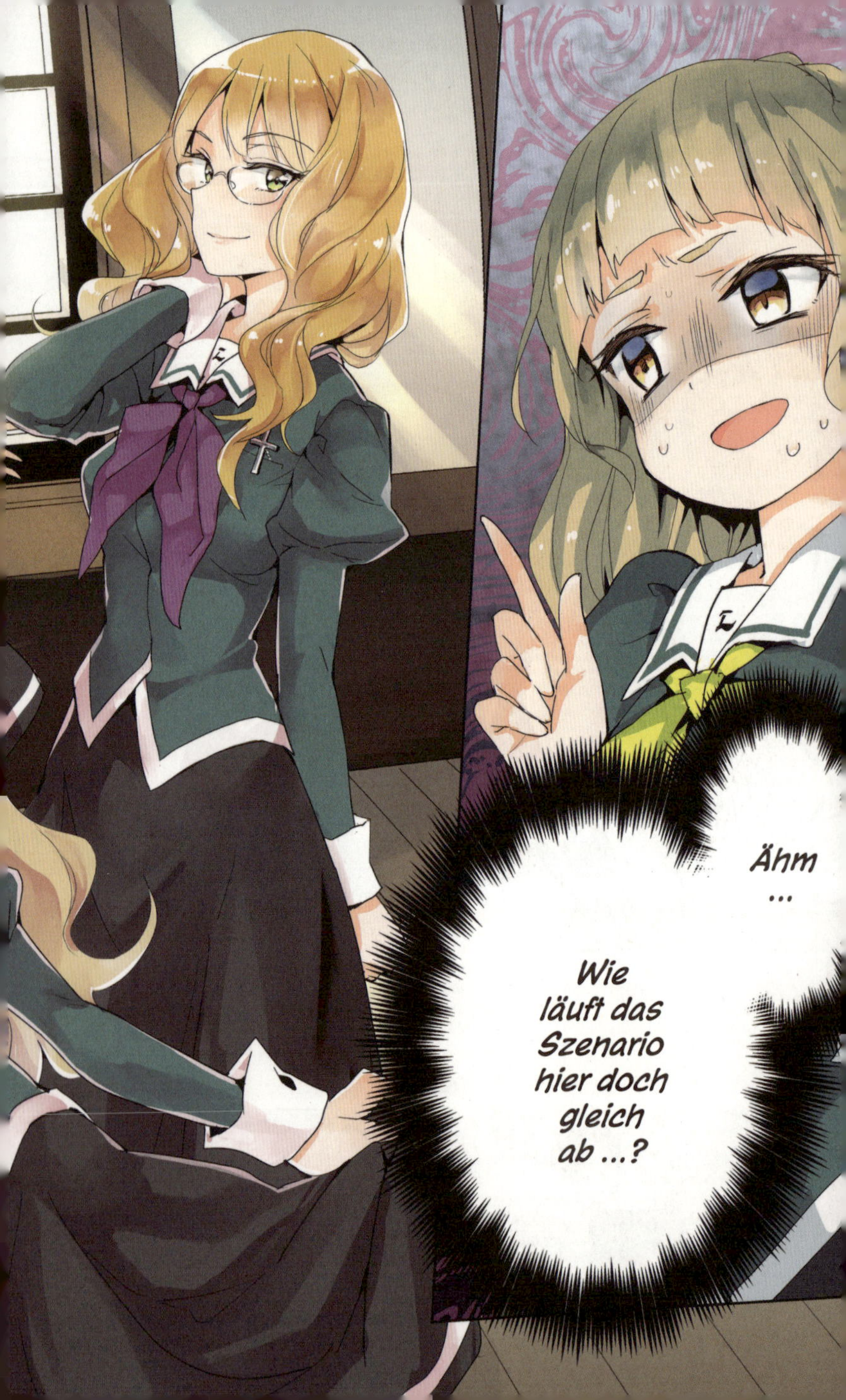
Ähm …
Wie läuft das Szenario hier doch gleich ab …?

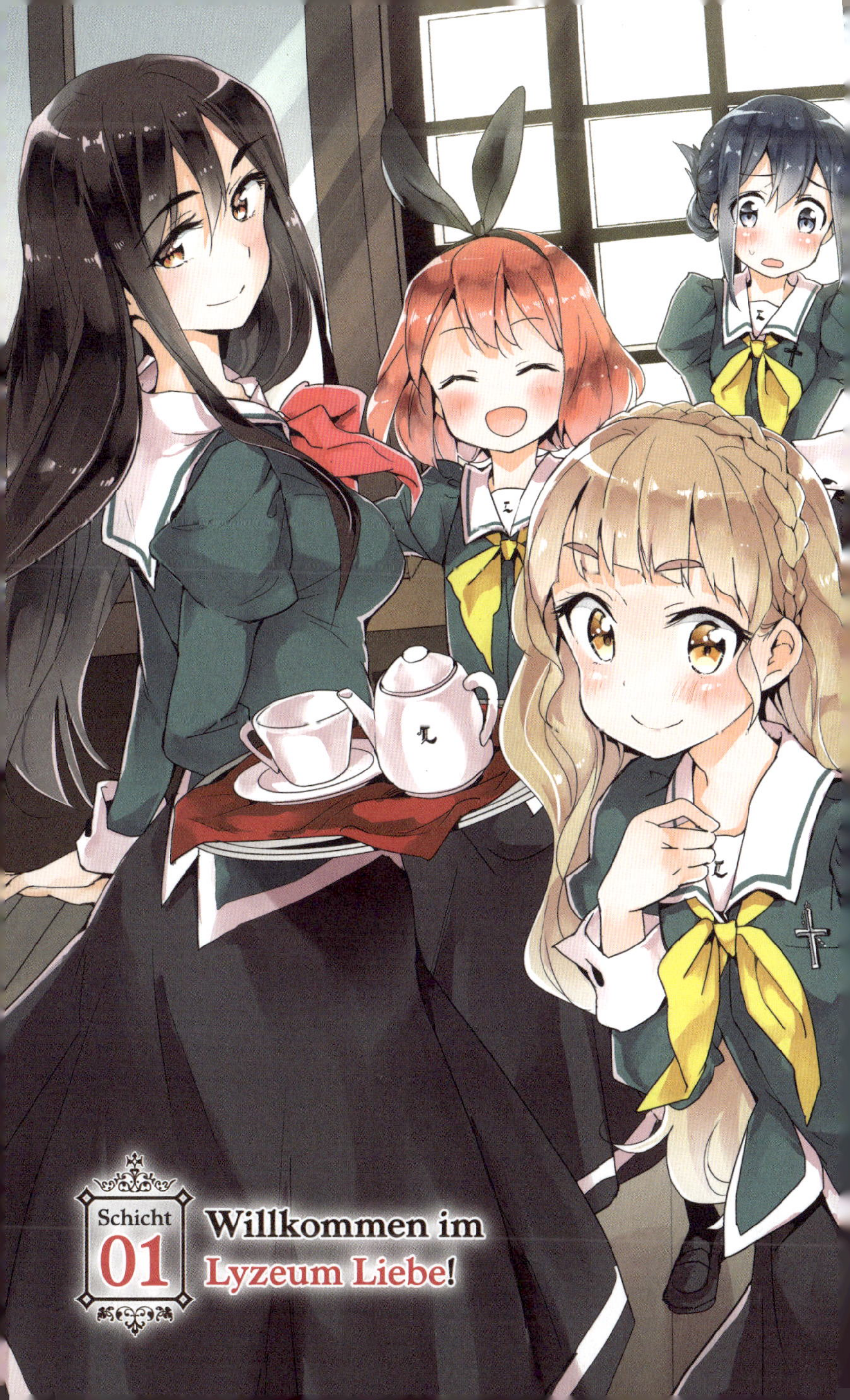

Schicht 01
Willkommen im Lyzeum Liebe!

Inhalt

1

Café Liebe

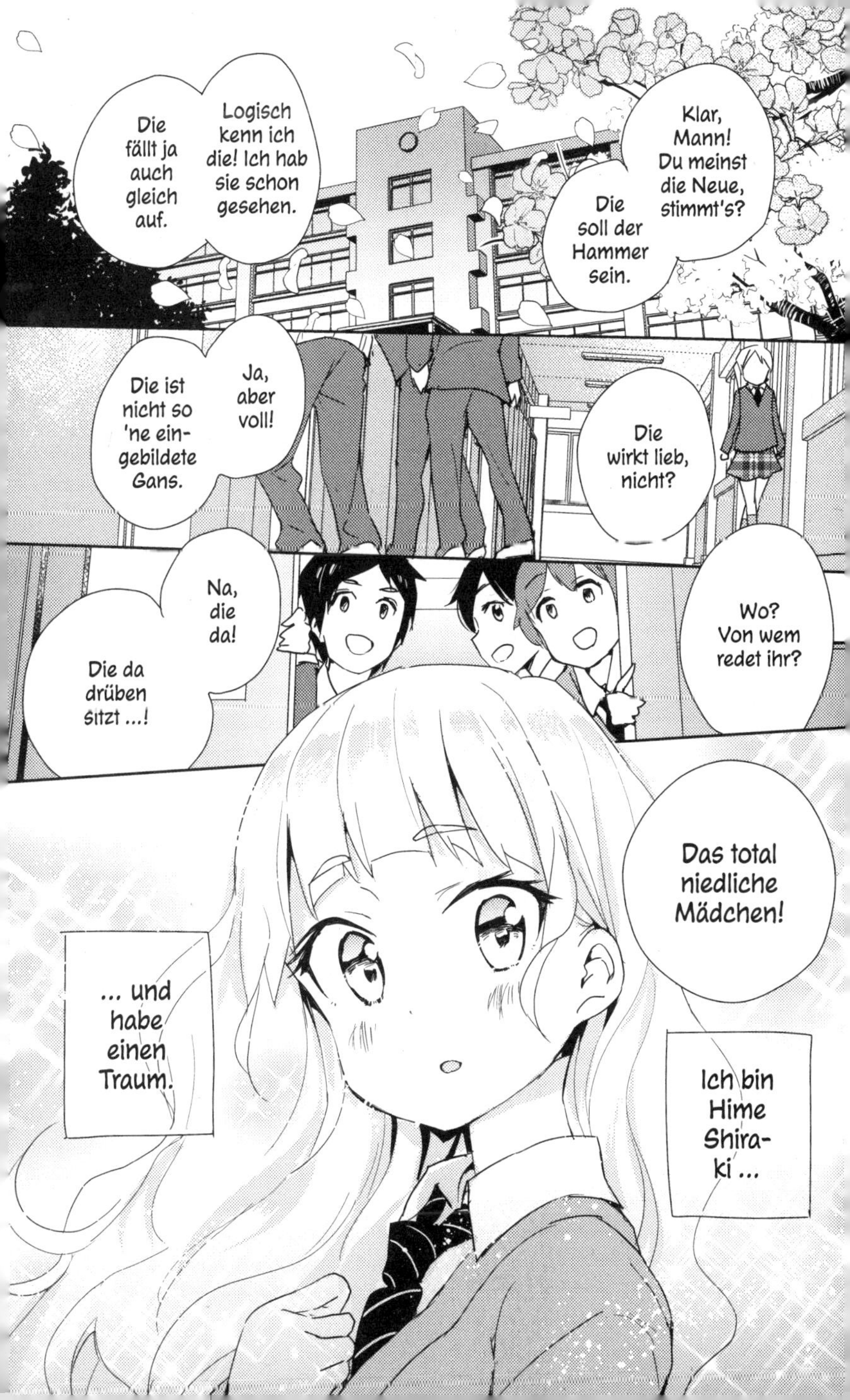
Klar, Mann! Du meinst die Neue, stimmt's?
Die soll der Hammer sein.
Logisch kenn ich die! Ich hab sie schon gesehen.
Die fällt ja auch gleich auf.
Die wirkt lieb, nicht?
Ja, aber voll!
Die ist nicht so 'ne eingebildete Gans.
Wo? Von wem redet ihr?
Na, die da!
Die da drüben sitzt ...!
Das total niedliche Mädchen!
Ich bin Hime Shiraki ...
... und habe einen Traum.

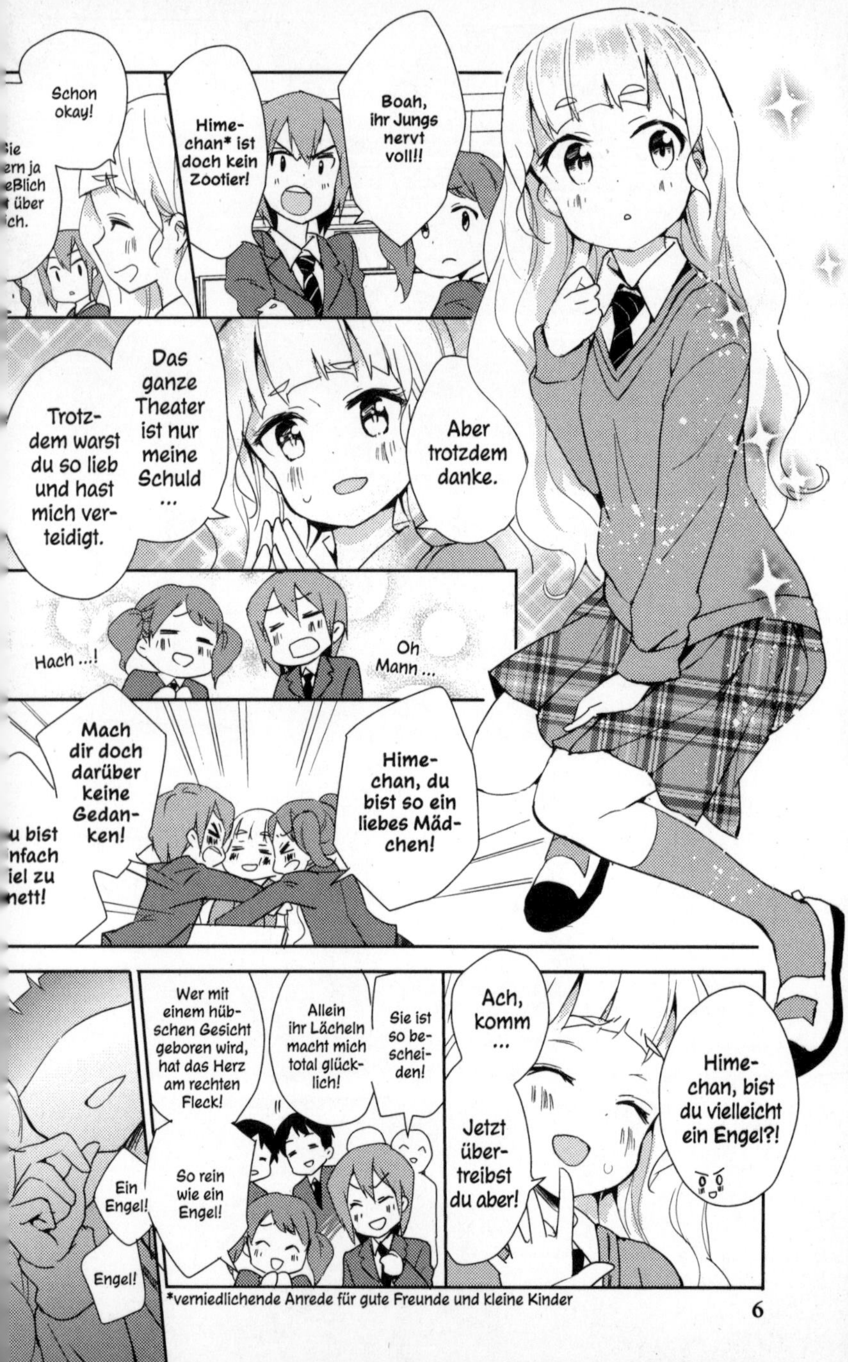

*verniedlichende Anrede für gute Freunde und kleine Kinder

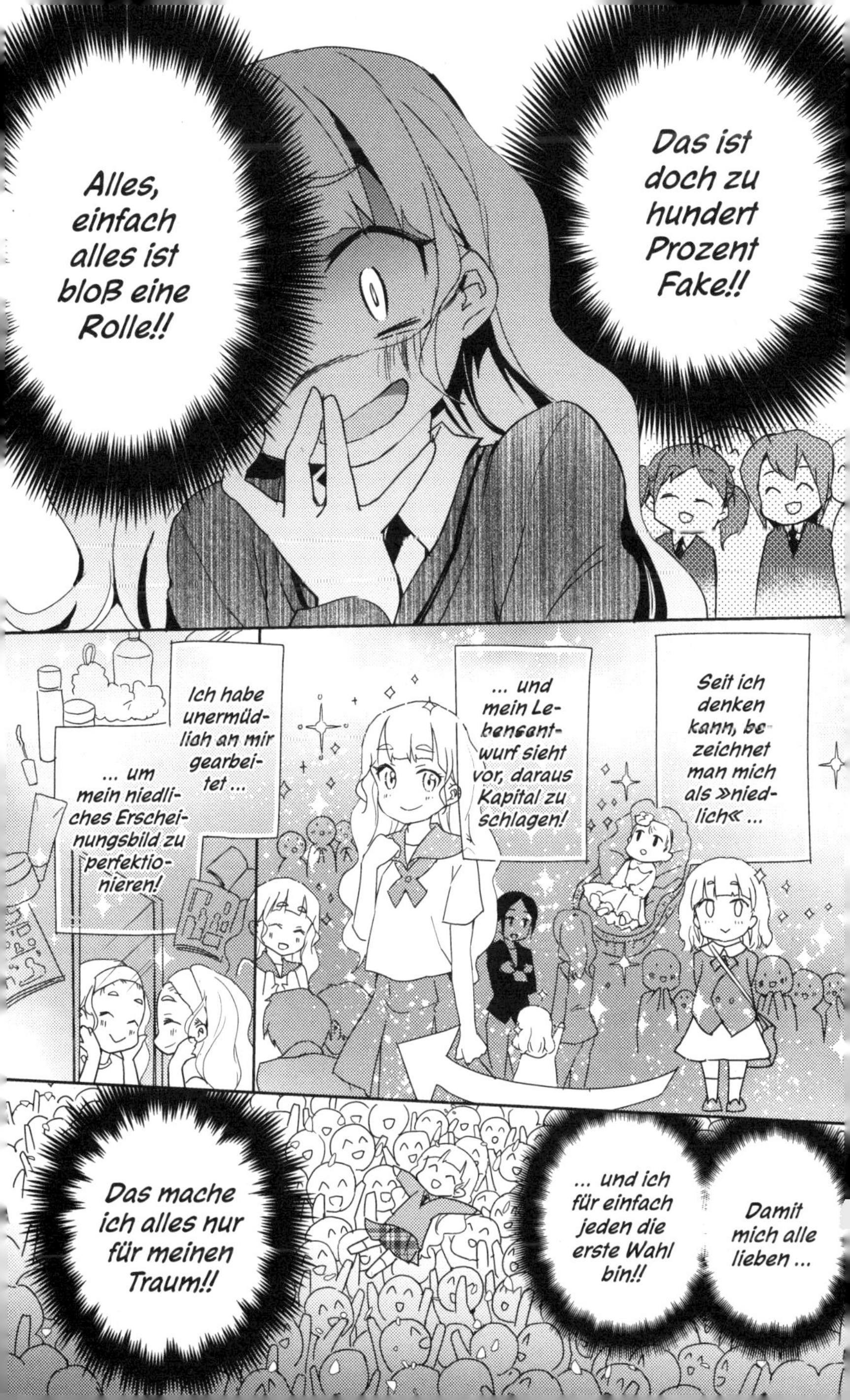
Das ist doch zu hundert Prozent Fake!!
Alles, einfach alles ist bloß eine Rolle!!
Seit ich denken kann, bezeichnet man mich als »niedlich« ...
... und mein Lebensentwurf sieht vor, daraus Kapital zu schlagen!
Ich habe unermüdlich an mir gearbeitet ...
... um mein niedliches Erscheinungsbild zu perfektionieren!
Damit mich alle lieben ...
... und ich für einfach jeden die erste Wahl bin!!
Das mache ich alles nur für meinen Traum!!

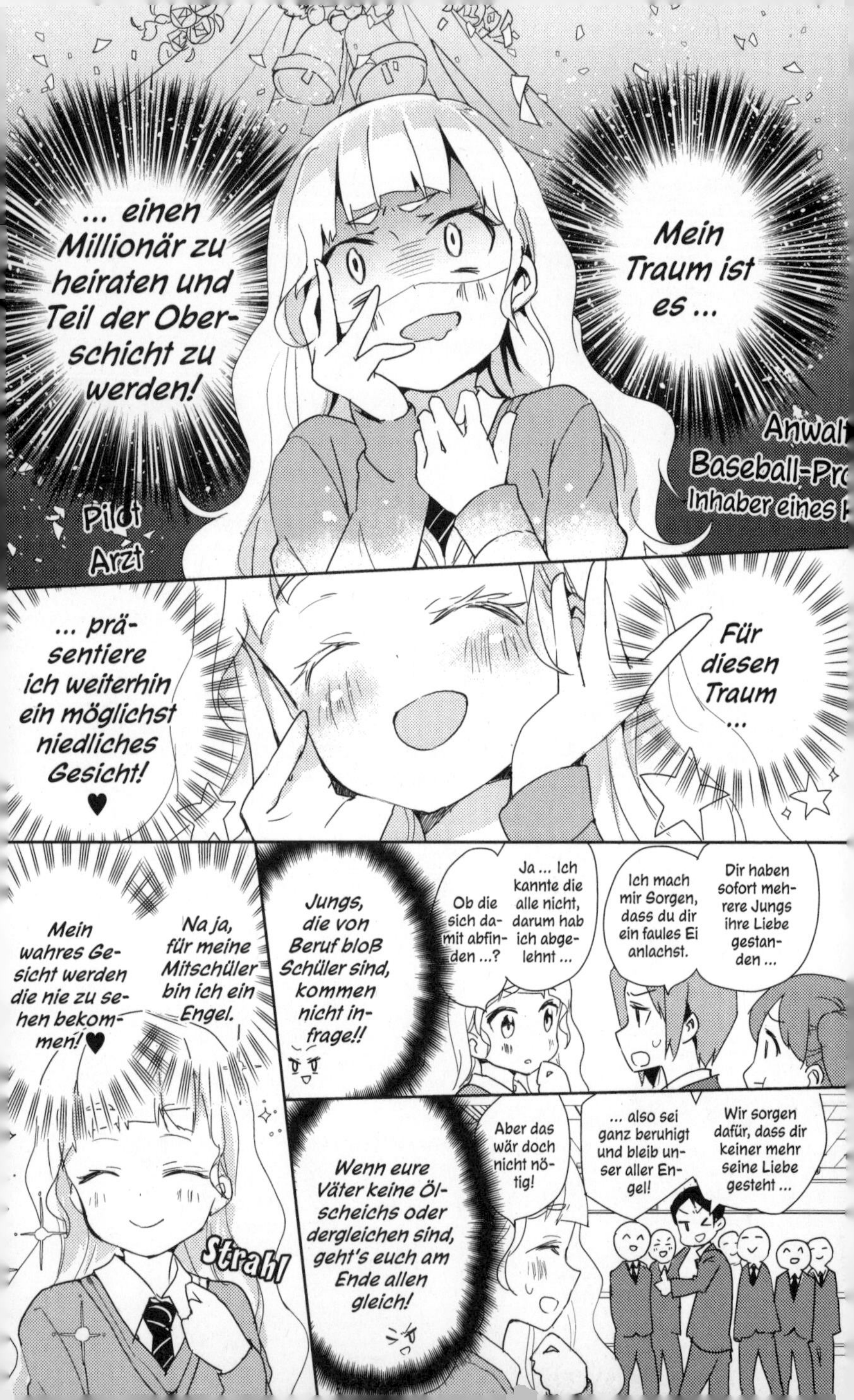
Mein Traum ist es ...
... einen Millionär zu heiraten und Teil der Oberschicht zu werden!
Anwalt
Baseball-Pro
Inhaber eines
Pilot
Arzt
Für diesen Traum ...
... präsentiere ich weiterhin ein möglichst niedliches Gesicht! ♥
Dir haben sofort mehrere Jungs ihre Liebe gestanden ...
Ich mach mir Sorgen, dass du dir ein faules Ei anlachst.
Ja ... Ich kannte die alle nicht, darum hab ich abgelehnt ...
Ob die sich damit abfinden ...?
Jungs, die von Beruf bloß Schüler sind, kommen nicht infrage!!
Wir sorgen dafür, dass dir keiner mehr seine Liebe gesteht ...
... also sei ganz beruhigt und bleib unser aller Engel!
Aber das wär doch nicht nötig!
Wenn eure Väter keine Ölscheichs oder dergleichen sind, geht's euch am Ende allen gleich!
Na ja, für meine Mitschüler bin ich ein Engel.
Mein wahres Gesicht werden die nie zu sehen bekommen! ♥
Strahl

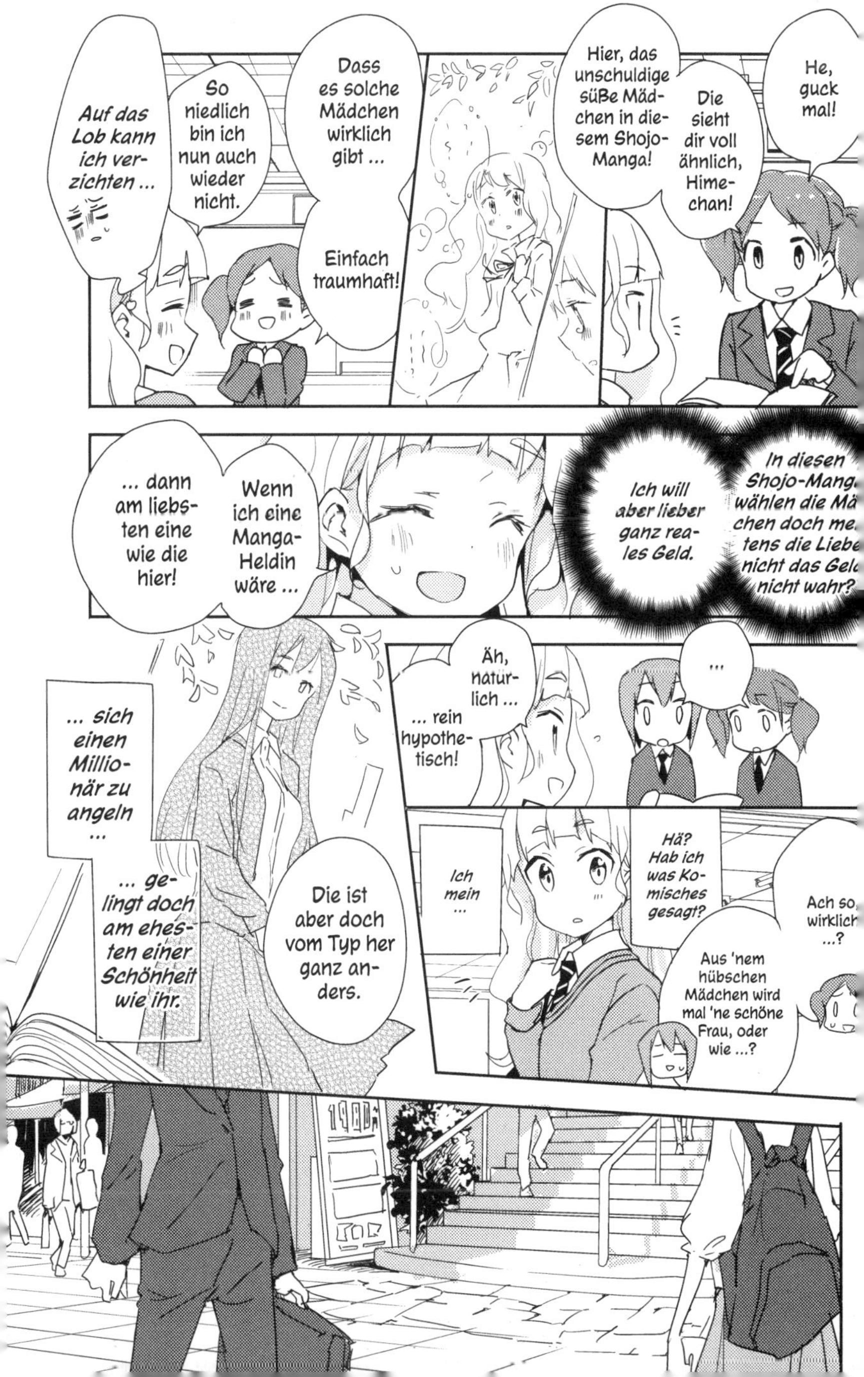

He, guck mal!
Die sieht dir voll ähnlich, Hime-chan!
Hier, das unschuldige süße Mädchen in diesem Shojo-Manga!
Dass es solche Mädchen wirklich gibt ...
Einfach traumhaft!
So niedlich bin ich nun auch wieder nicht.
Auf das Lob kann ich verzichten ...
In diesen Shojo-Mang wählen die Mä chen doch me tens die Liebe nicht das Gel nicht wahr?
Ich will aber lieber ganz reales Geld.
Wenn ich eine Manga-Heldin wäre ...
... dann am liebsten eine wie die hier!
...
Äh, natürlich ...
... rein hypothetisch!
Ach so, wirklich ...?
Hä? Hab ich was Komisches gesagt?
Aus 'nem hübschen Mädchen wird mal 'ne schöne Frau, oder wie ...?
Ich mein ...
Die ist aber doch vom Typ her ganz anders.
... sich einen Millionär zu angeln ...
... gelingt doch am ehesten einer Schönheit wie ihr.

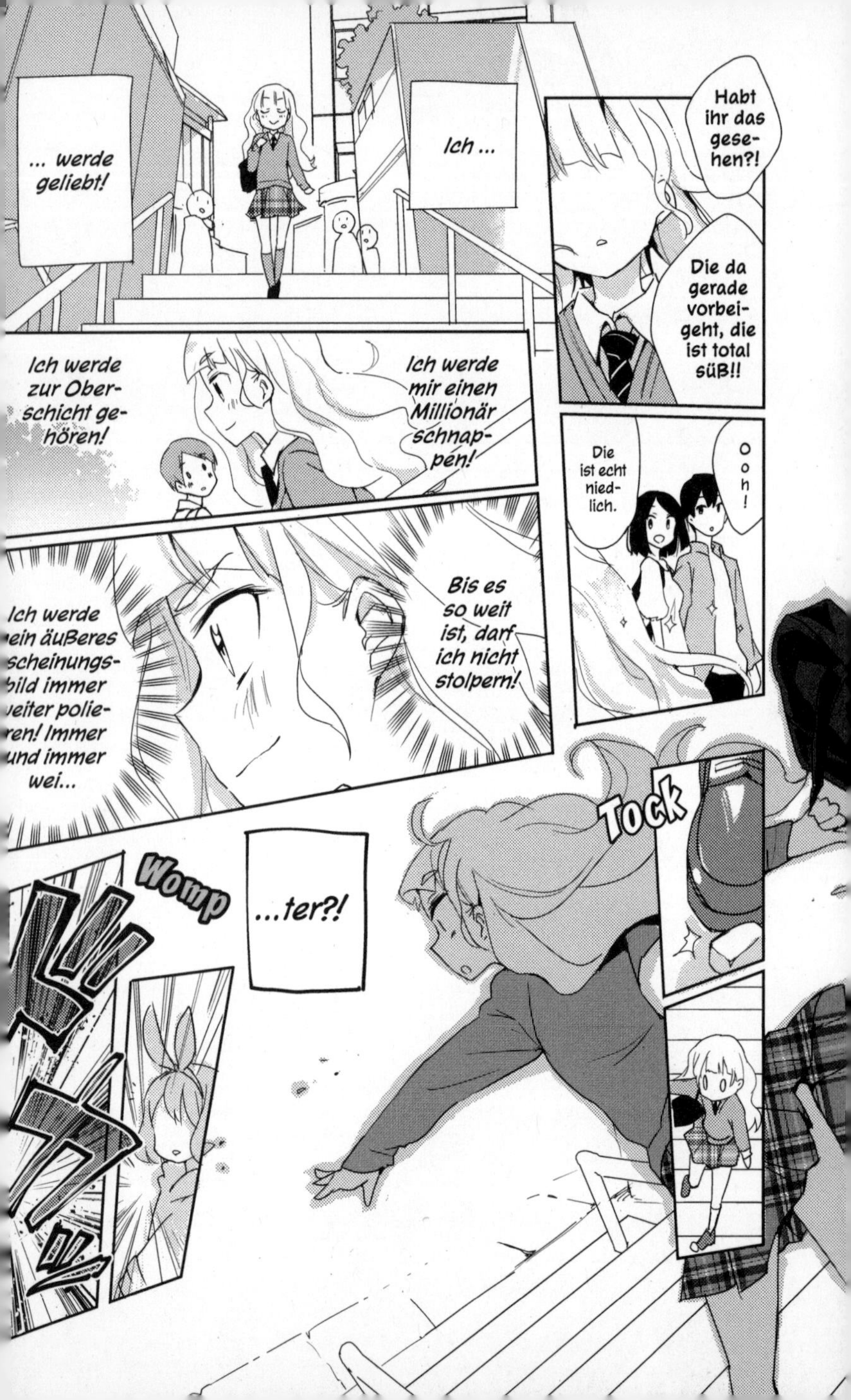
Habt ihr das gesehen?!
Die da gerade vorbeigeht, die ist total süß!!
Ich ...
... werde geliebt!
Ooh!
Die ist echt niedlich.
Ich werde mir einen Millionär schnappen!
Ich werde zur Oberschicht gehören!
Bis es so weit ist, darf ich nicht stolpern!
Ich werde ein äußeres scheinungsbild immer eiter polieren! Immer und immer wei...
Tock
...ter?!
Womp

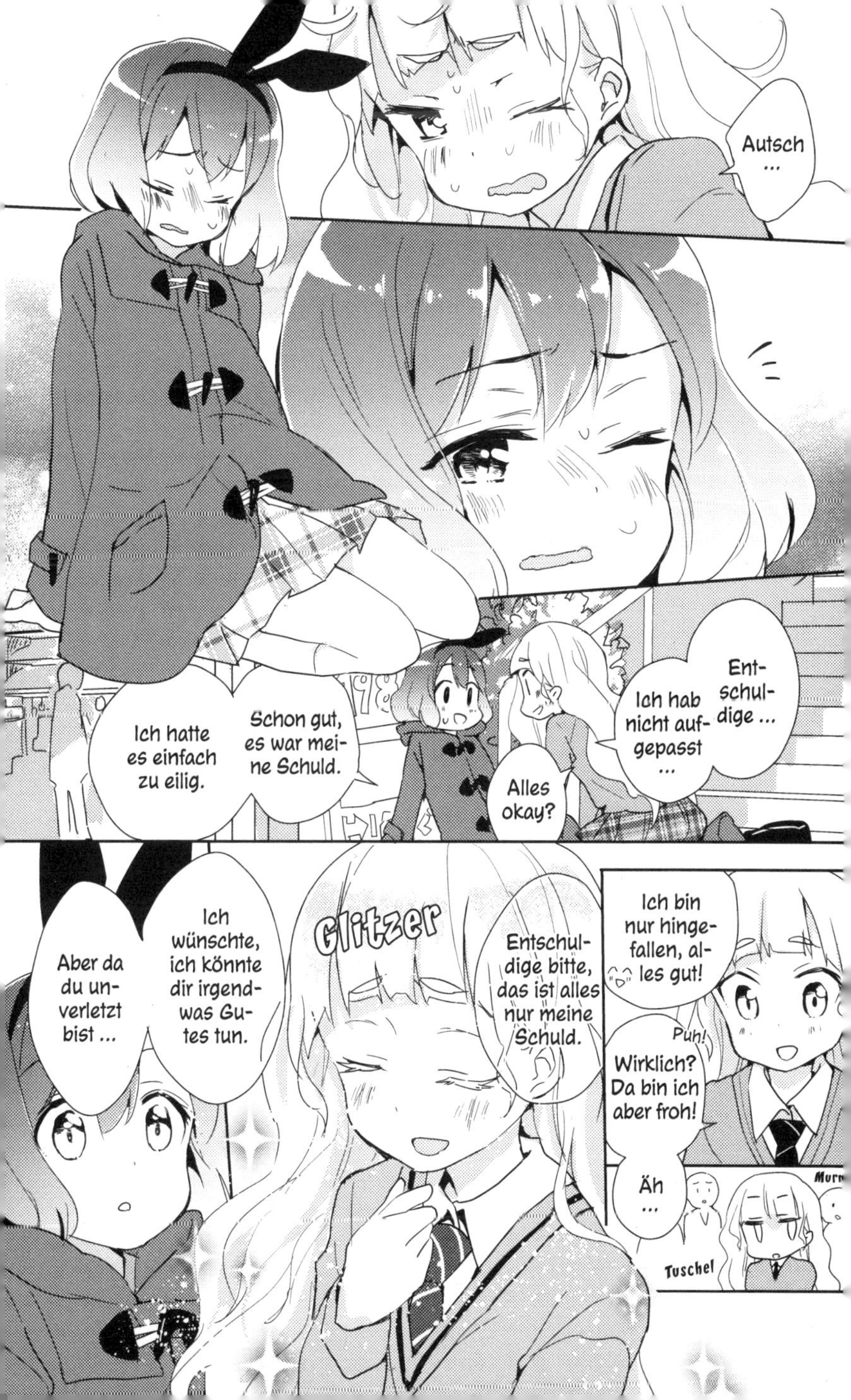
Autsch ...
Entschuldige ...
Ich hab nicht aufgepasst ...
Alles okay?
Schon gut, es war meine Schuld.
Ich hatte es einfach zu eilig.
Ich bin nur hingefallen, alles gut!
Puh!
Wirklich? Da bin ich aber froh!
Äh ...
Tuschel
Entschuldige bitte, das ist alles nur meine Schuld.
Glitzer
Ich wünschte, ich könnte dir irgendwas Gutes tun.
Aber da du unverletzt bist ...

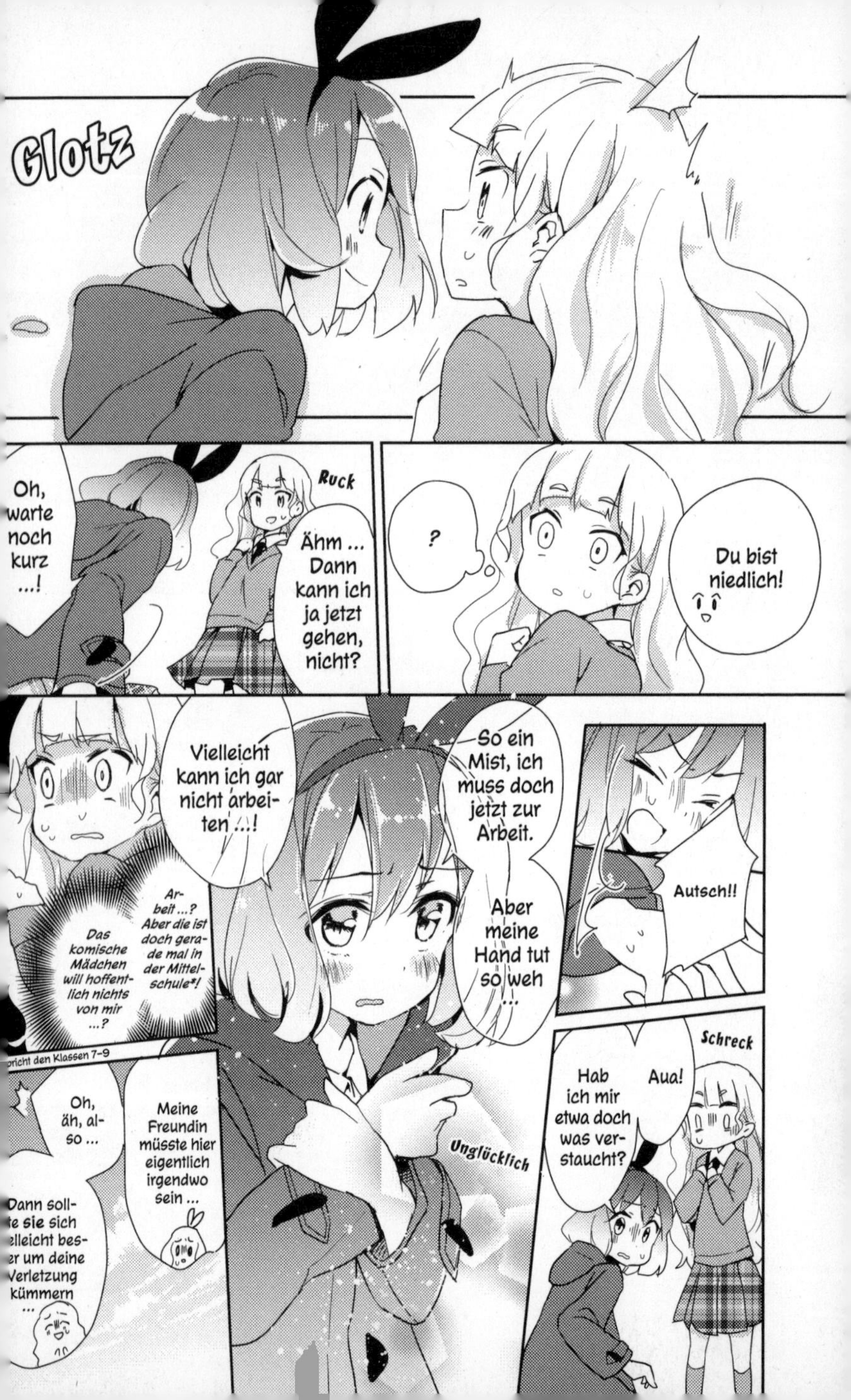
Glotz
?
Du bist niedlich!
Ruck
Ähm ... Dann kann ich ja jetzt gehen, nicht?
Oh, warte noch kurz ...!
Autsch!!
So ein Mist, ich muss doch jetzt zur Arbeit.
Aber meine Hand tut so weh ...
Vielleicht kann ich gar nicht arbeiten ...!
Arbeit ...? Aber die ist doch gerade mal in der Mittelschule*!
Das komische Mädchen will hoffentlich nichts von mir ...?
pricht den Klassen 7–9
Schreck
Aua!
Hab ich mir etwa doch was verstaucht?
Unglücklich
Meine Freundin müsste hier eigentlich irgendwo sein ...
Oh, äh, also ...
Dann sollte sie sich lleicht besr um deine Verletzung kümmern ...

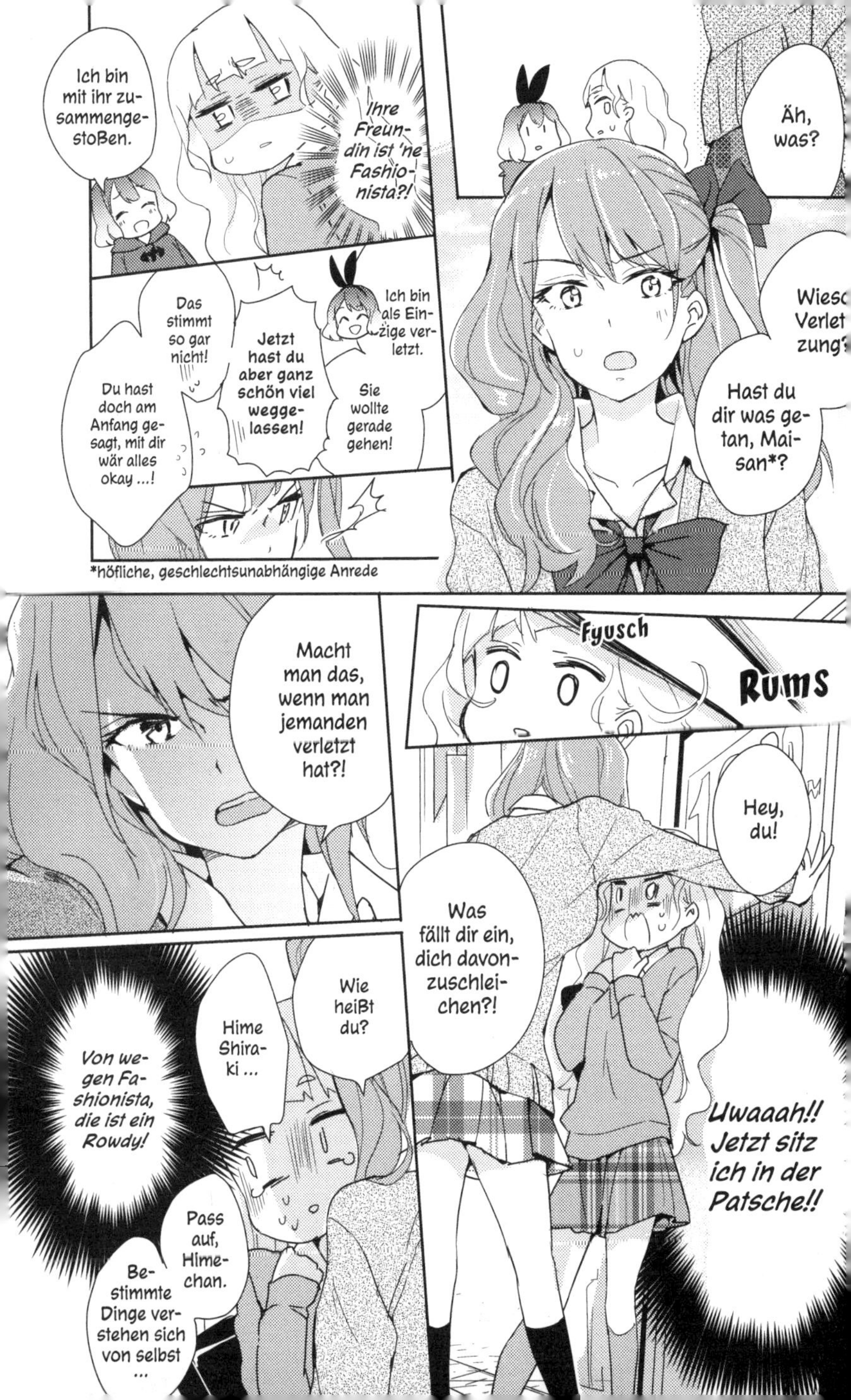

*höfliche, geschlechtsunabhängige Anrede

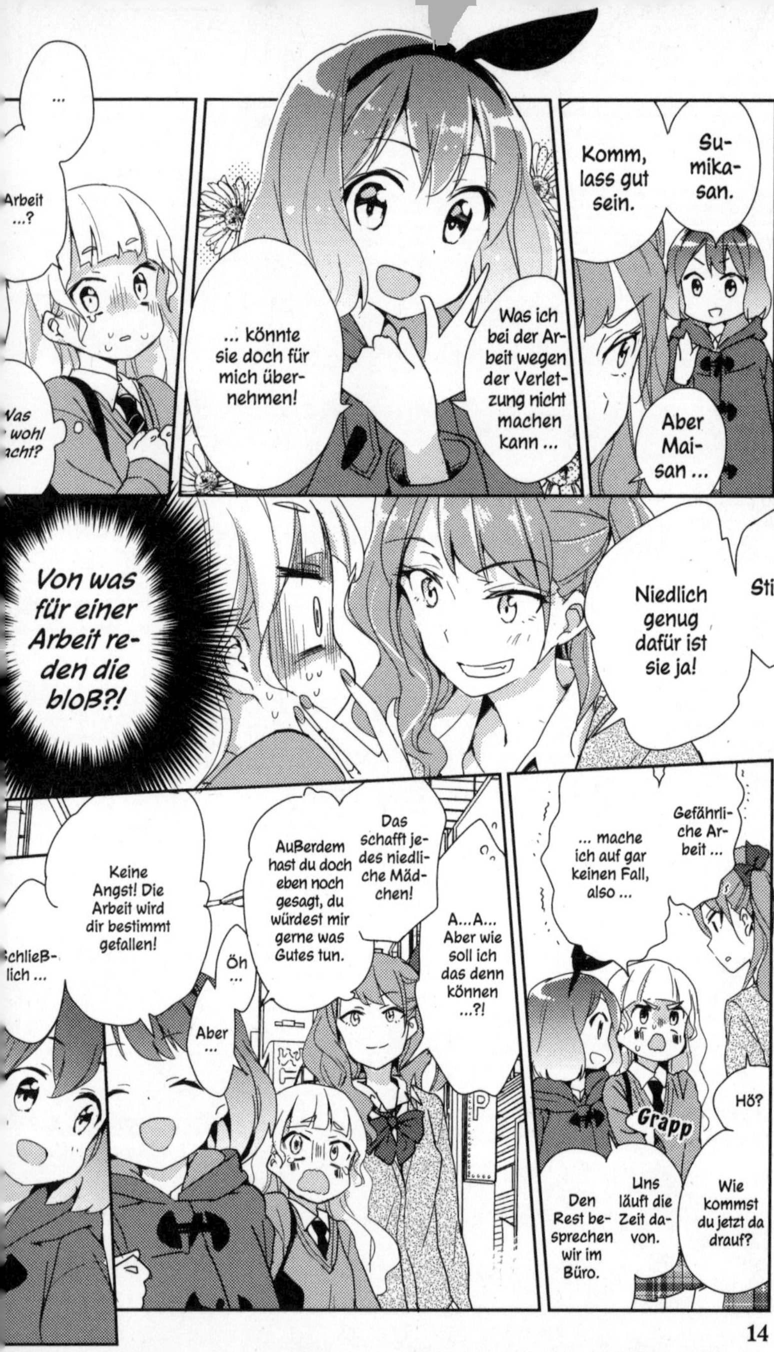
Su-mika-san.
Komm, lass gut sein.
Aber Mai-san ...
Was ich bei der Arbeit wegen der Verletzung nicht machen kann ...
... könnte sie doch für mich übernehmen!
...
Arbeit ...?
Stimmt!
Niedlich genug dafür ist sie ja!
Von was für einer Arbeit reden die bloß?!
Gefährliche Arbeit ...
... mache ich auf gar keinen Fall, also ...
Hö?
Grapp
Wie kommst du jetzt da drauf?
Uns läuft die Zeit davon.
Den Rest besprechen wir im Büro.
Das schafft jedes niedliche Mädchen!
A...A... Aber wie soll ich das denn können ...?!
Außerdem hast du doch eben noch gesagt, du würdest mir gerne was Gutes tun.
Öh ...
Aber ...
Keine Angst! Die Arbeit wird dir bestimmt gefallen!

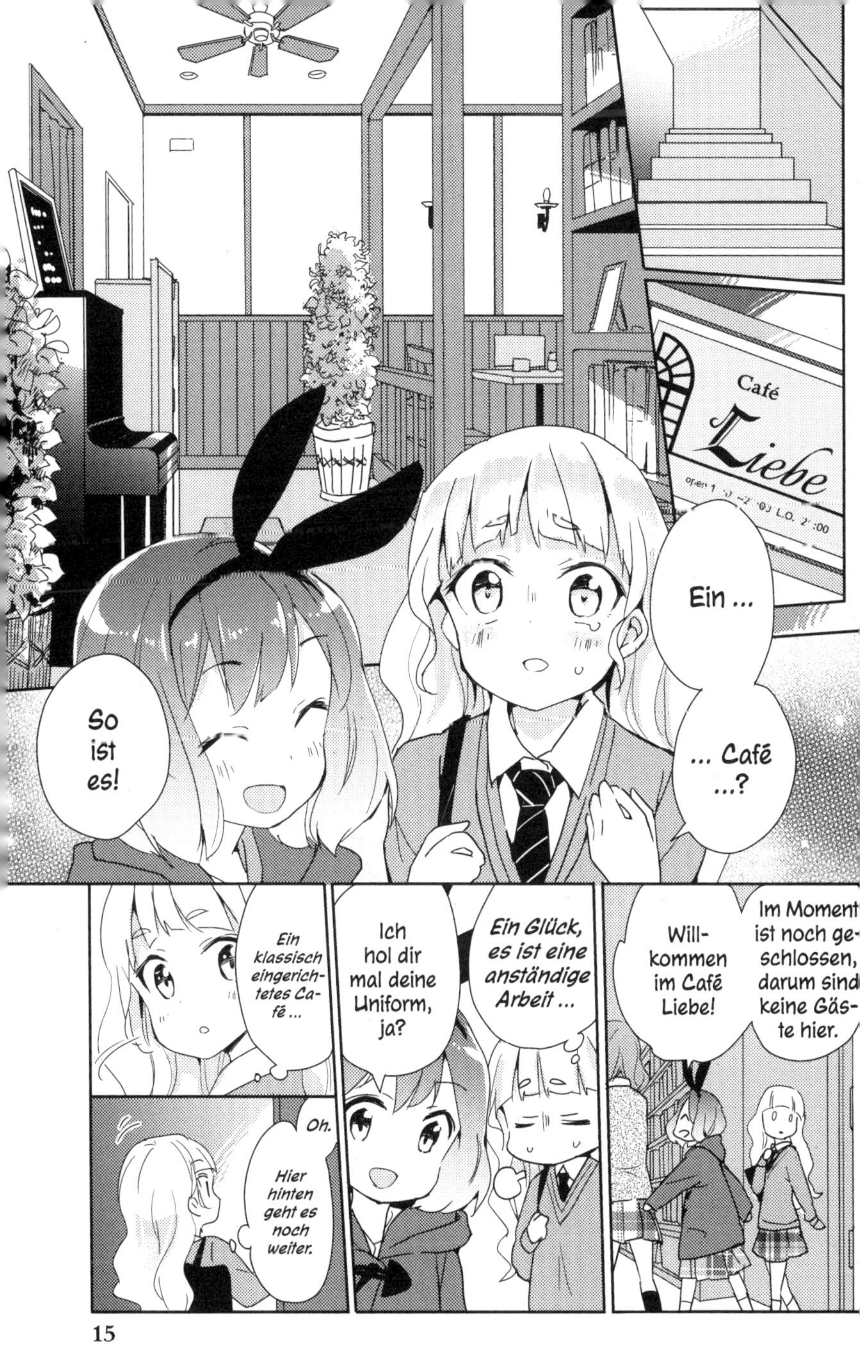
Café
Liebe
Ein ...
... Café ...?
So ist es!
Im Moment ist noch geschlossen, darum sind keine Gäste hier.
Willkommen im Café Liebe!
Ein Glück, es ist eine anständige Arbeit ...
Ich hol dir mal deine Uniform, ja?
Ein klassisch eingerichtetes Café ...
Oh.
Hier hinten geht es noch weiter.

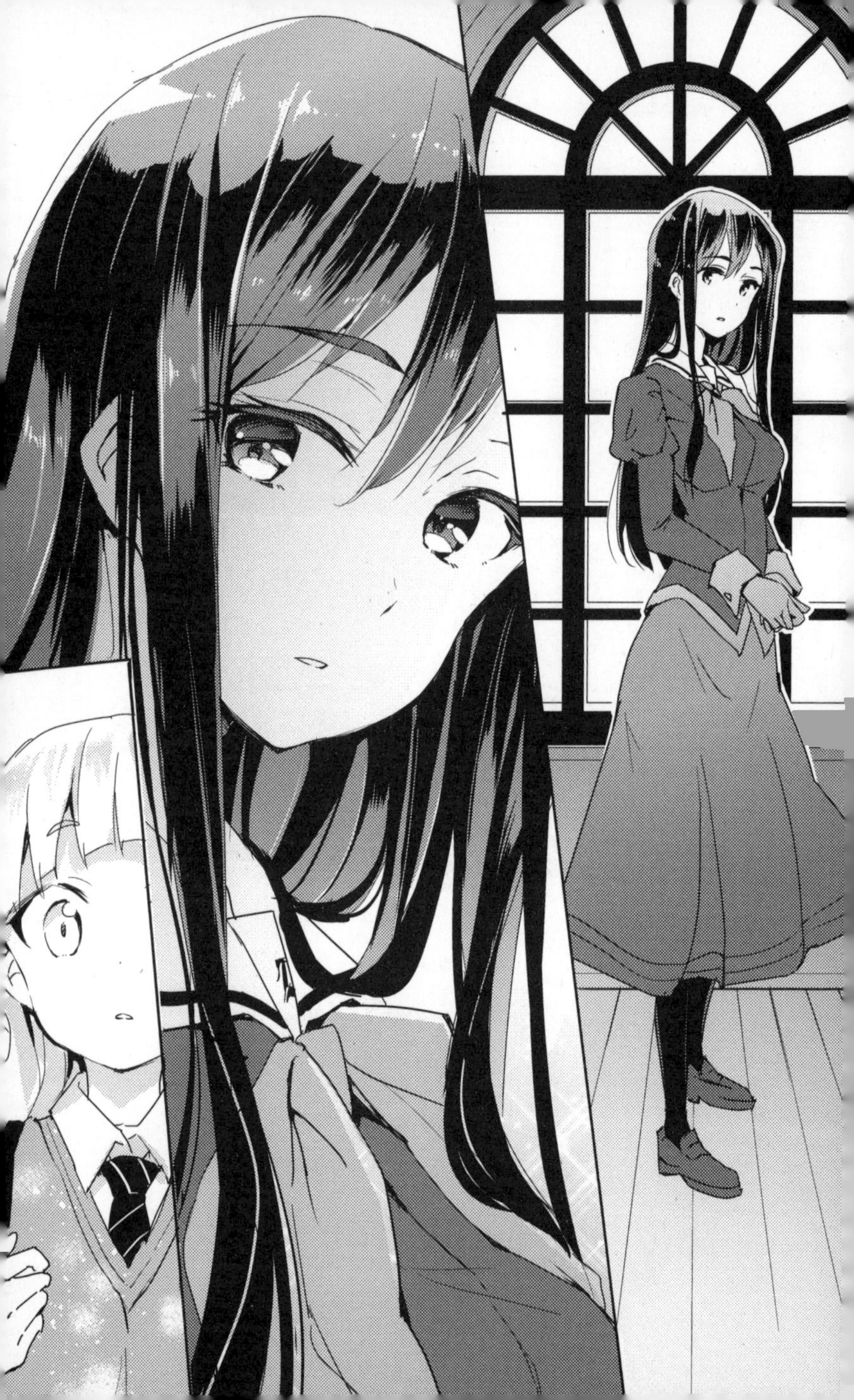

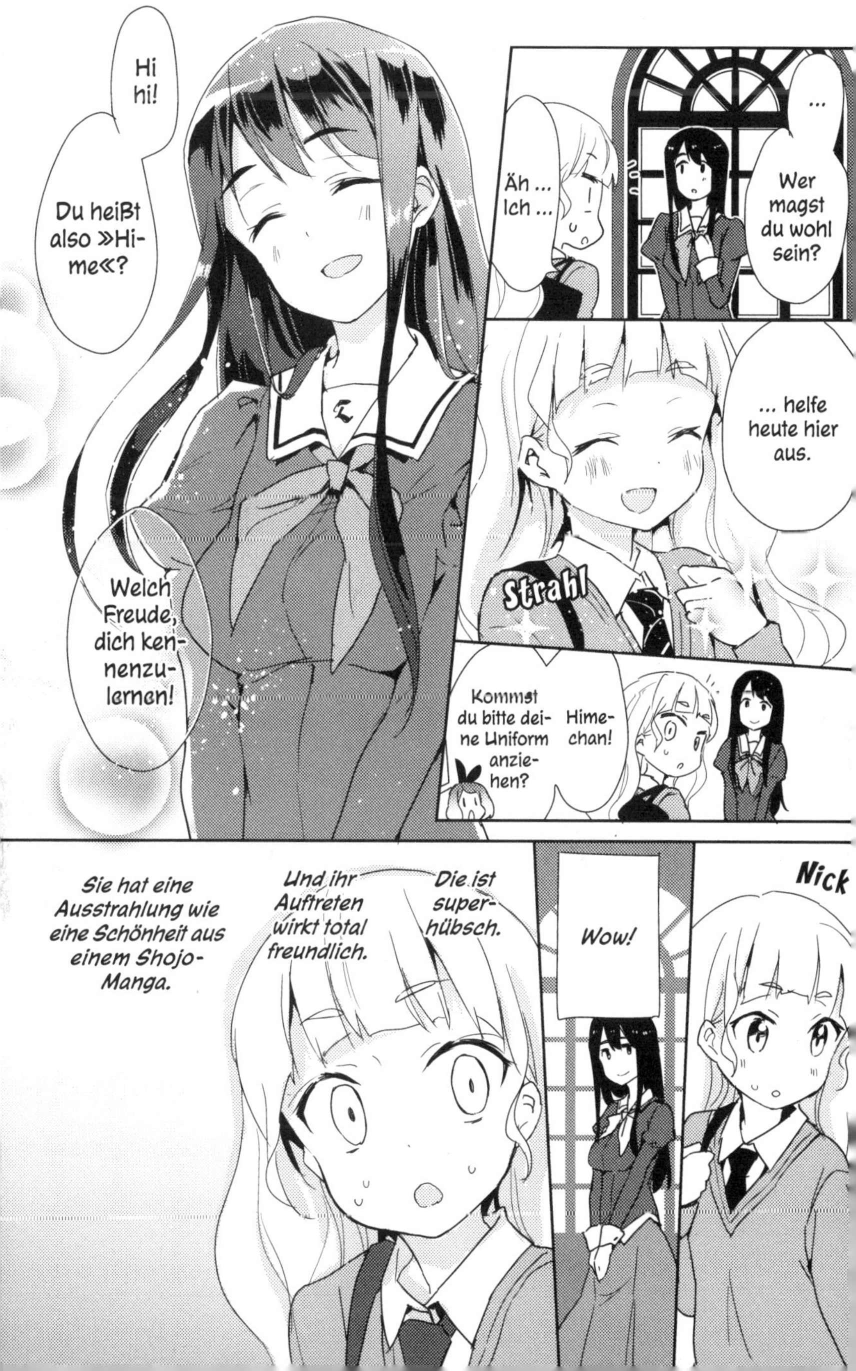
...
Wer magst du wohl sein?
Äh ... Ich ...
... helfe heute hier aus.
Strahl
Hime-chan!
Kommst du bitte deine Uniform anziehen?
Hi hi!
Du heißt also »Hime«?
Welch Freude, dich kennenzulernen!
Nick
Wow!
Die ist superhübsch.
Und ihr Auftreten wirkt total freundlich.
Sie hat eine Ausstrahlung wie eine Schönheit aus einem Shojo-Manga.

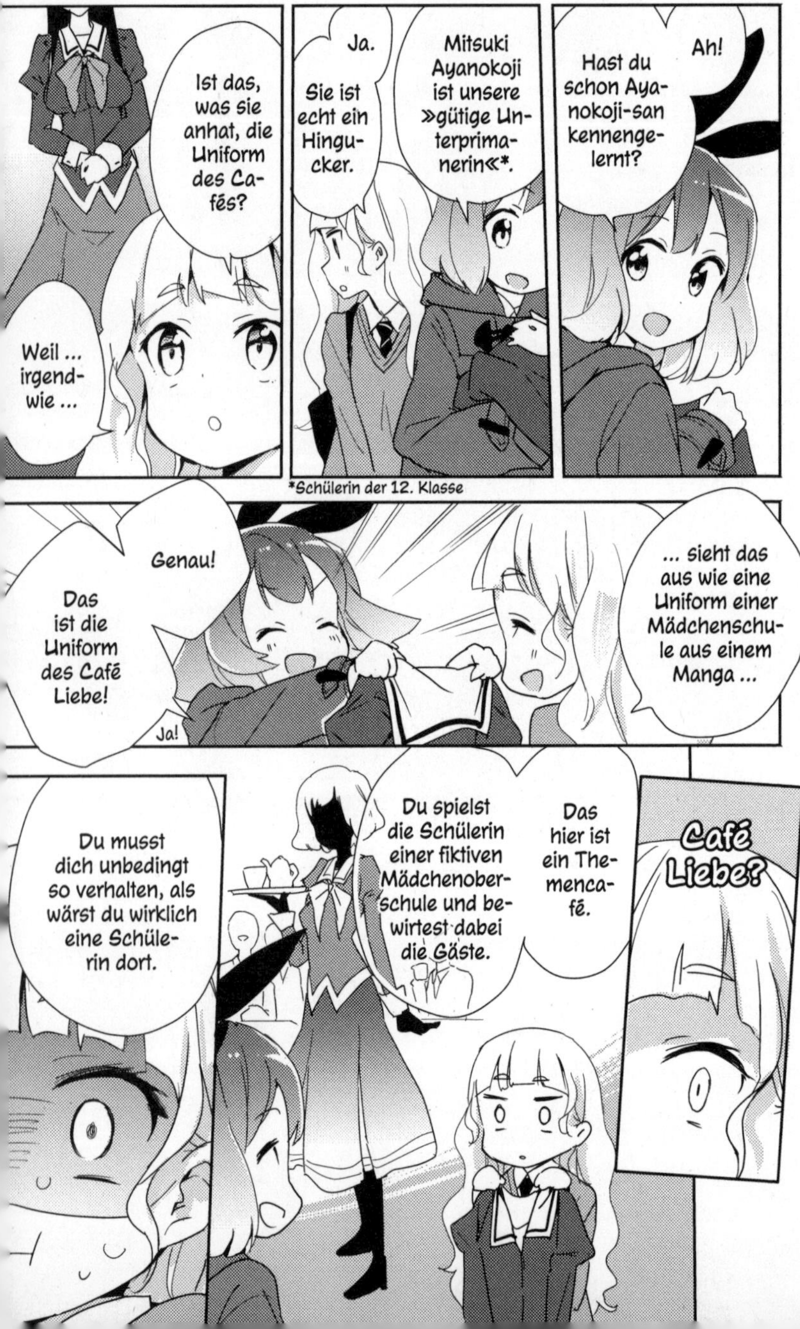

*Schülerin der 12. Klasse

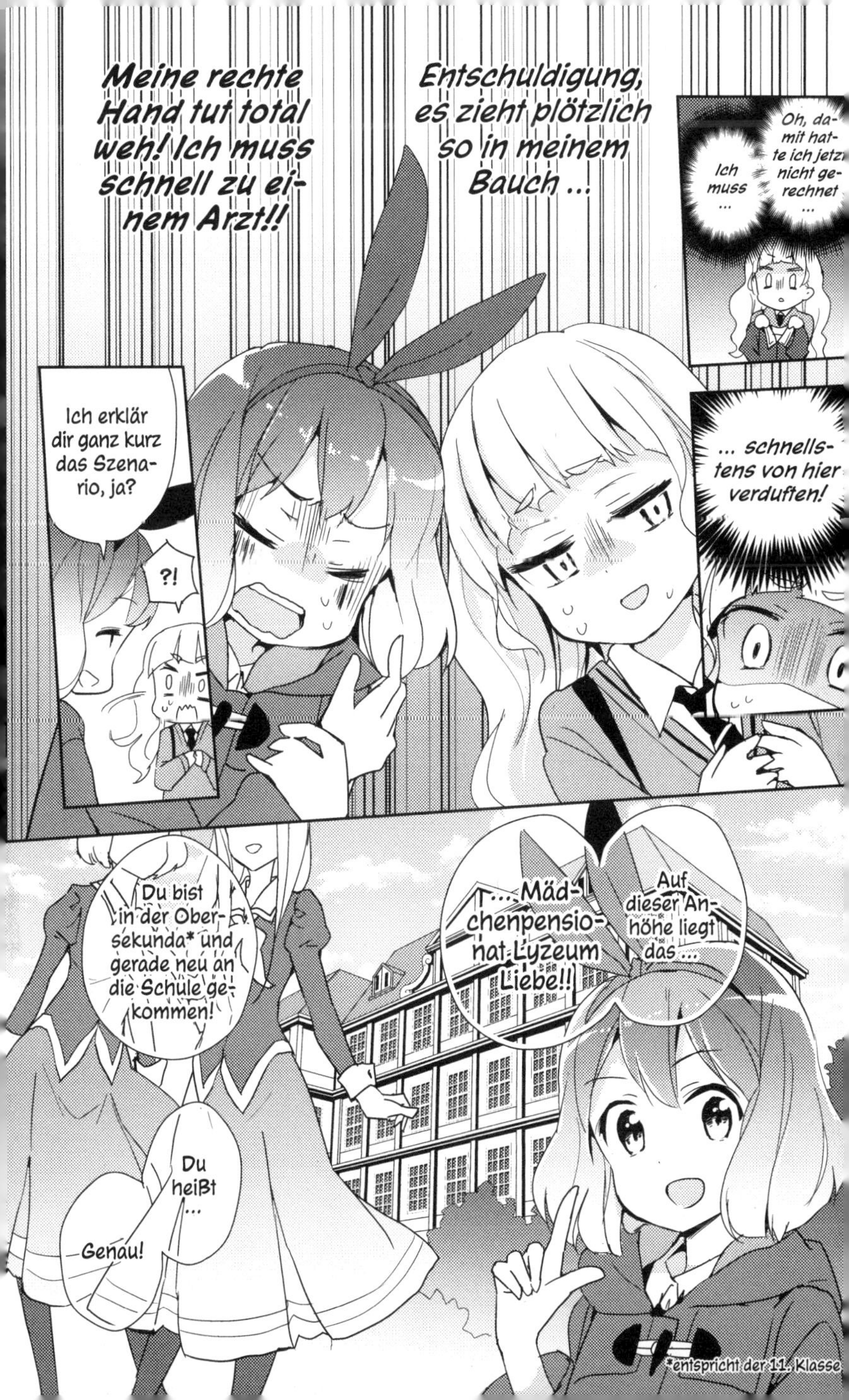
Oh, damit hatte ich jetzt nicht gerechnet …
Ich muss …
… schnellstens von hier verduften!
Entschuldigung, es zieht plötzlich so in meinem Bauch …
Meine rechte Hand tut total weh! Ich muss schnell zu einem Arzt!!
Ich erklär dir ganz kurz das Szenario, ja?
?!
Auf dieser Anhöhe liegt das …
… Mädchenpensionat Lyzeum Liebe!!
Du bist in der Obersekunda* und gerade neu an die Schule gekommen!
Du heißt …
Genau!
*entspricht der 11. Klasse

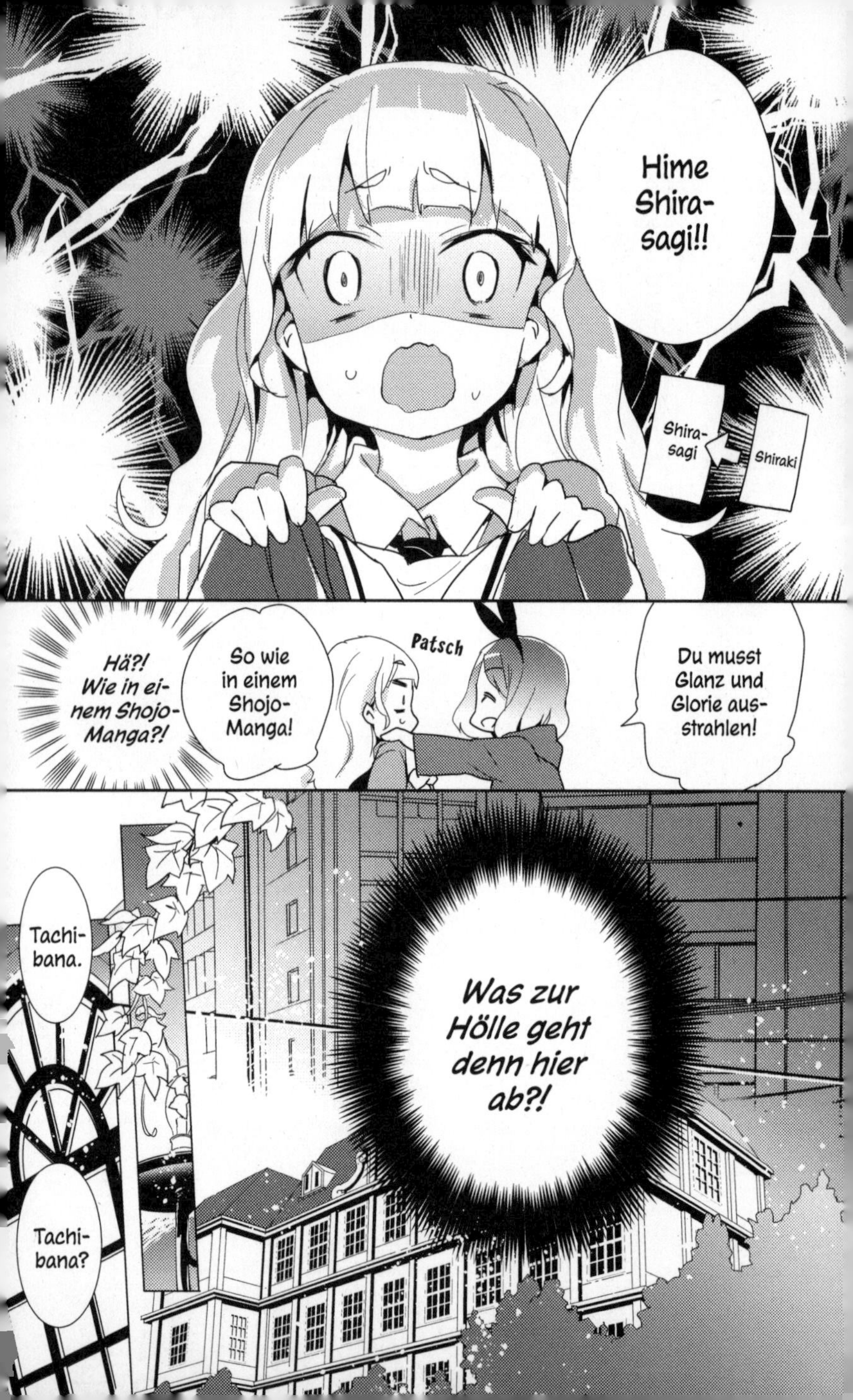
Hime Shira-sagi!!
Shiraki
Shira-sagi
Du musst Glanz und Glorie aus-strahlen!
Patsch
So wie in einem Shojo-Manga!
Hä?! Wie in ei-nem Shojo-Manga?!
Was zur Hölle geht denn hier ab?!
Tachi-bana.
Tachi-bana?

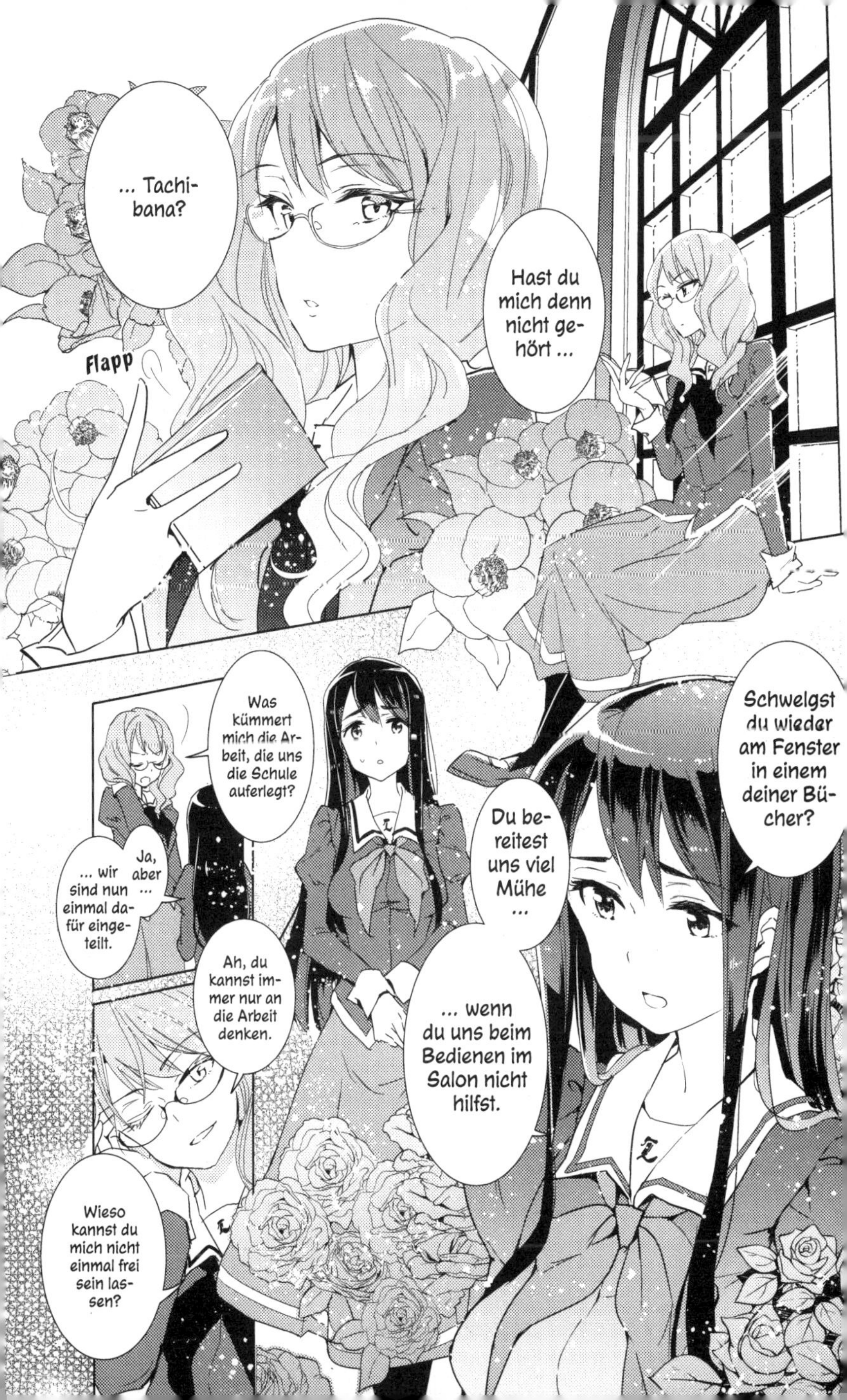
Hast du mich denn nicht gehört ...
... Tachibana?
Flapp
Schwelgst du wieder am Fenster in einem deiner Bücher?
Du bereitest uns viel Mühe ...
... wenn du uns beim Bedienen im Salon nicht hilfst.
Was kümmert mich die Arbeit, die uns die Schule auferlegt?
Ja, aber ...
... wir sind nun einmal dafür eingeteilt.
Ah, du kannst immer nur an die Arbeit denken.
Wieso kannst du mich nicht einmal frei sein lassen?

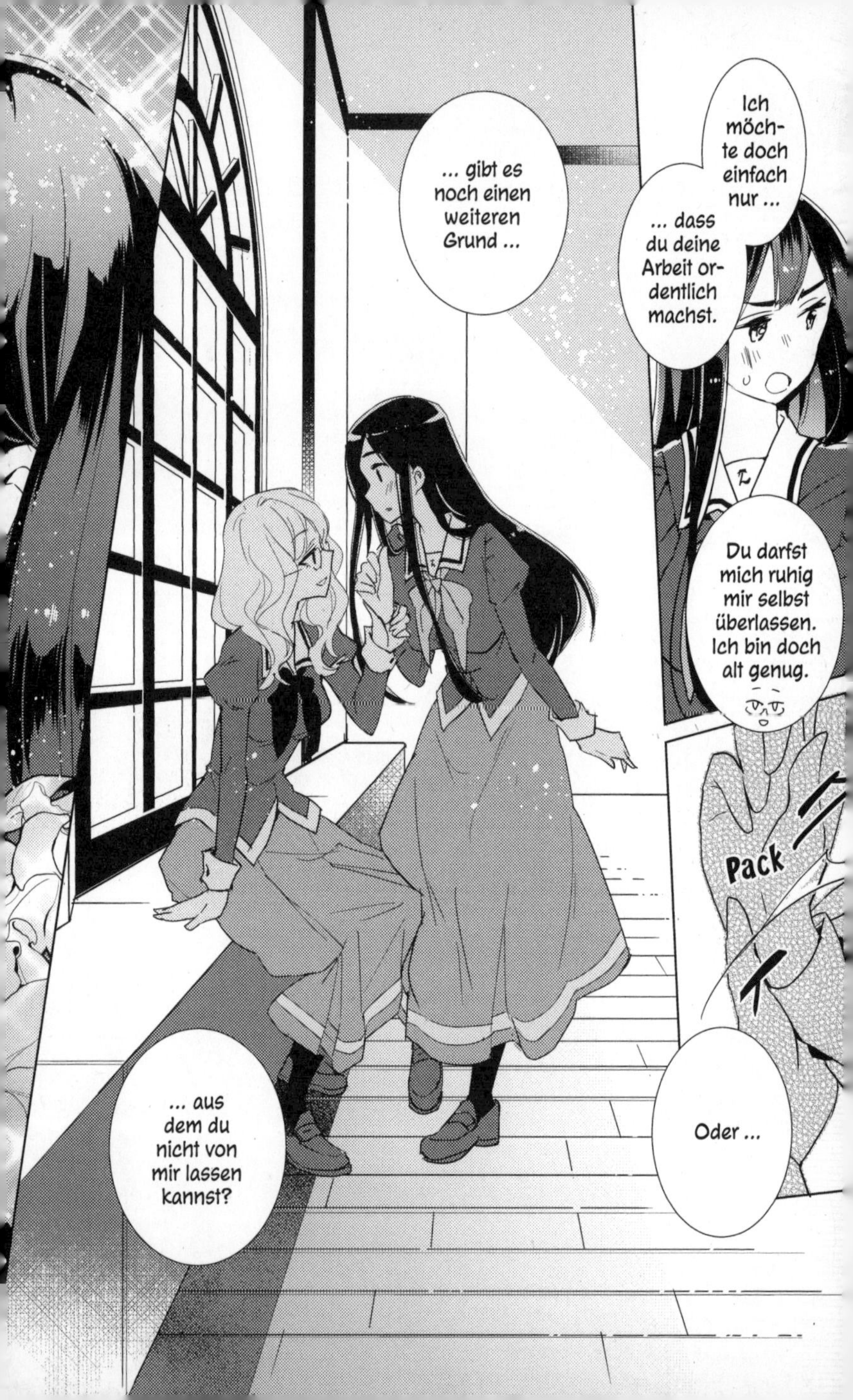
Ich möchte doch einfach nur ...
... dass du deine Arbeit ordentlich machst.
Du darfst mich ruhig mir selbst überlassen. Ich bin doch alt genug.
Pack
Oder ...
... gibt es noch einen weiteren Grund ...
... aus dem du nicht von mir lassen kannst?

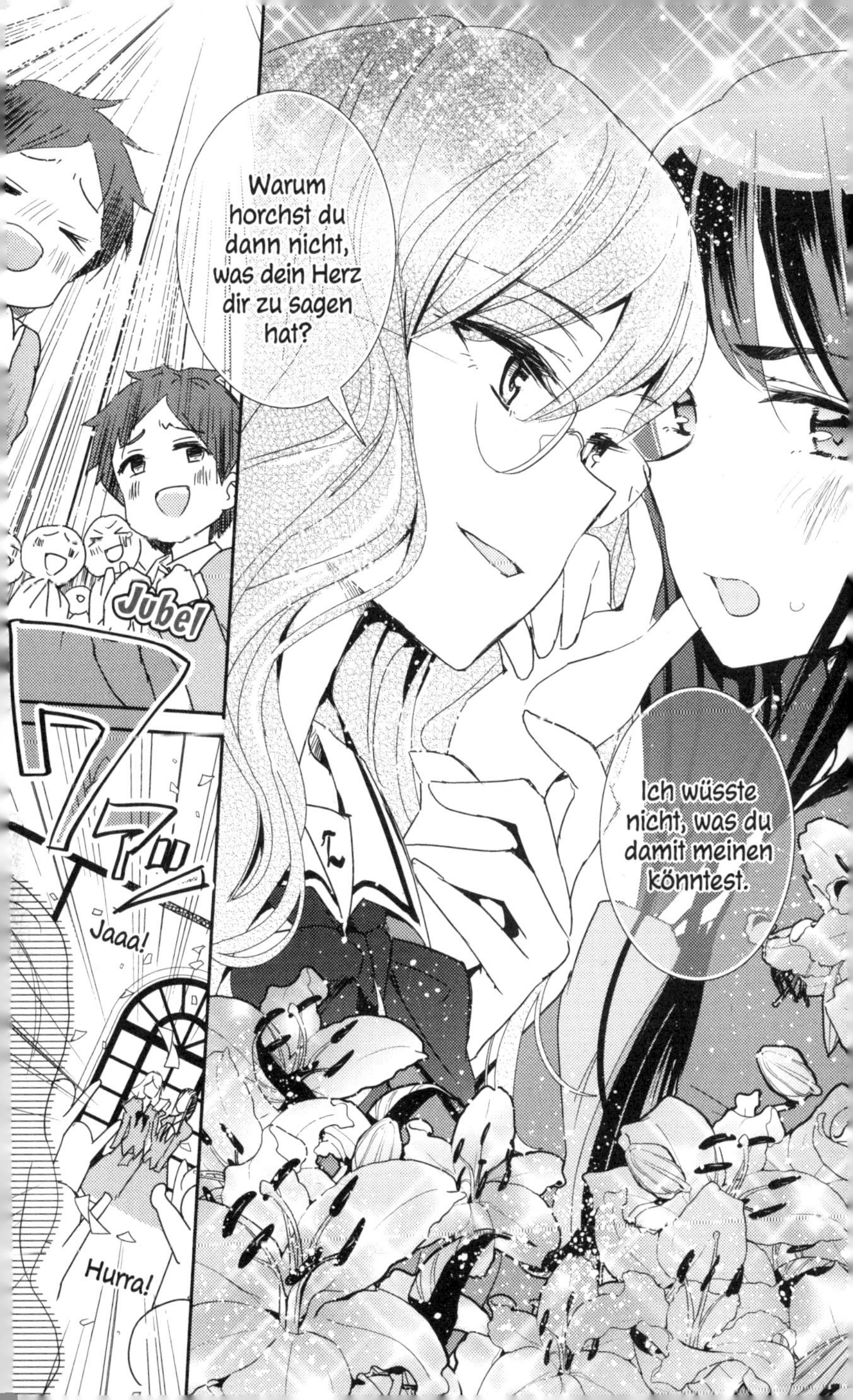
Warum horchst du dann nicht, was dein Herz dir zu sagen hat?
Ich wüsste nicht, was du damit meinen könntest.
Jubel
Jaaa!
Hurra!

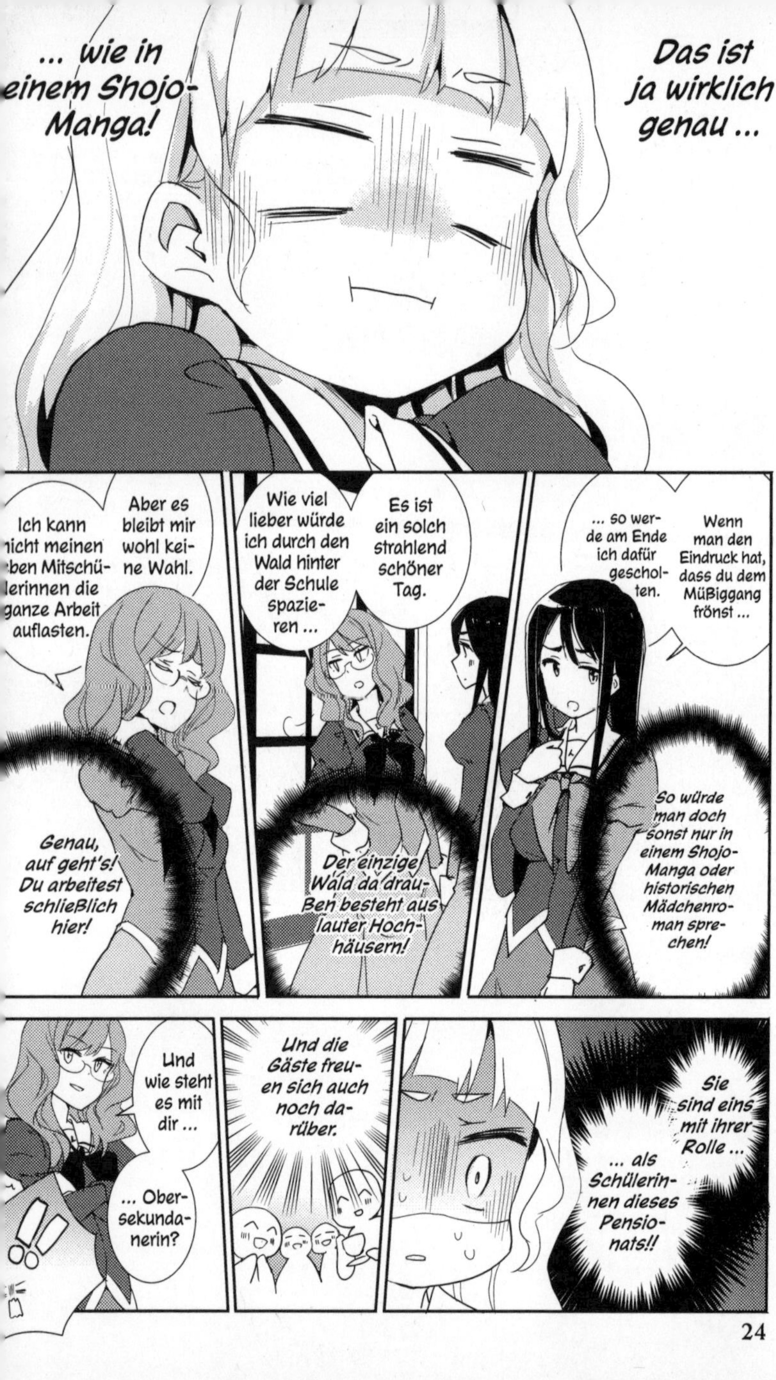

Das ist ja wirklich genau ...
... wie in einem Shojo-Manga!
Wenn man den Eindruck hat, dass du dem Müßiggang frönst ...
... so werde am Ende ich dafür gescholten.
So würde man doch sonst nur in einem Shojo-Manga oder historischen Mädchenroman sprechen!
Es ist ein solch strahlend schöner Tag.
Wie viel lieber würde ich durch den Wald hinter der Schule spazieren ...
Der einzige Wald da draußen besteht aus lauter Hochhäusern!
Aber es bleibt mir wohl keine Wahl.
Ich kann nicht meinen lieben Mitschülerinnen die ganze Arbeit auflasten.
Genau, auf geht's! Du arbeitest schließlich hier!
Sie sind eins mit ihrer Rolle ...
... als Schülerinnen dieses Pensionats!!
Und die Gäste freuen sich auch noch darüber.
Und wie steht es mit dir ...
... Obersekundanerin?

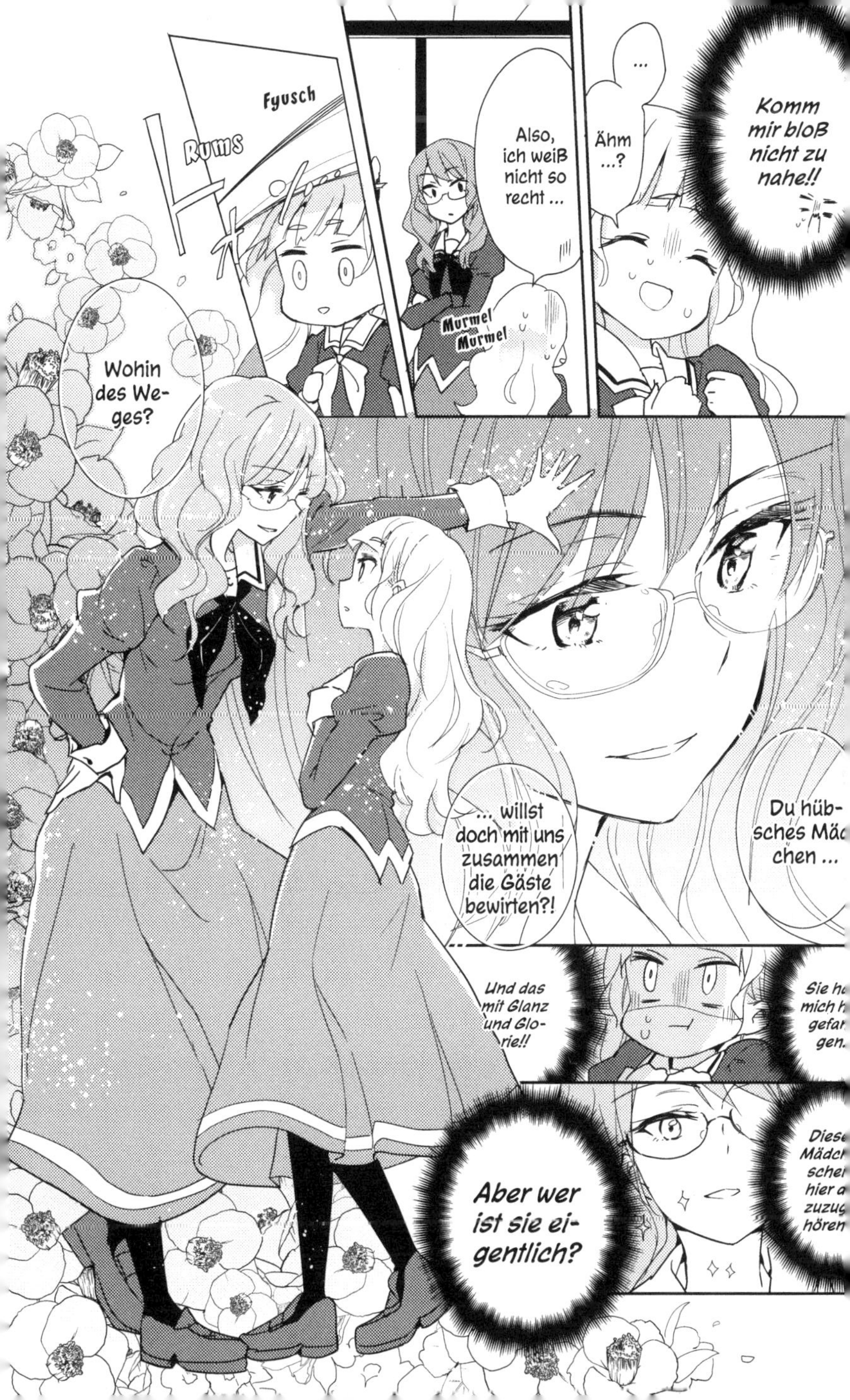

Komm mir bloß nicht zu nahe!!
...
Ähm ...?
Also, ich weiß nicht so recht ...
Murmel Murmel
Fyusch
Rums
Wohin des Weges?
Du hüb-sches Mäd chen ...
... willst doch mit uns zusammen die Gäste bewirten?!
Und das mit Glanz und Glo-rie!!
Aber wer ist sie ei-gentlich?

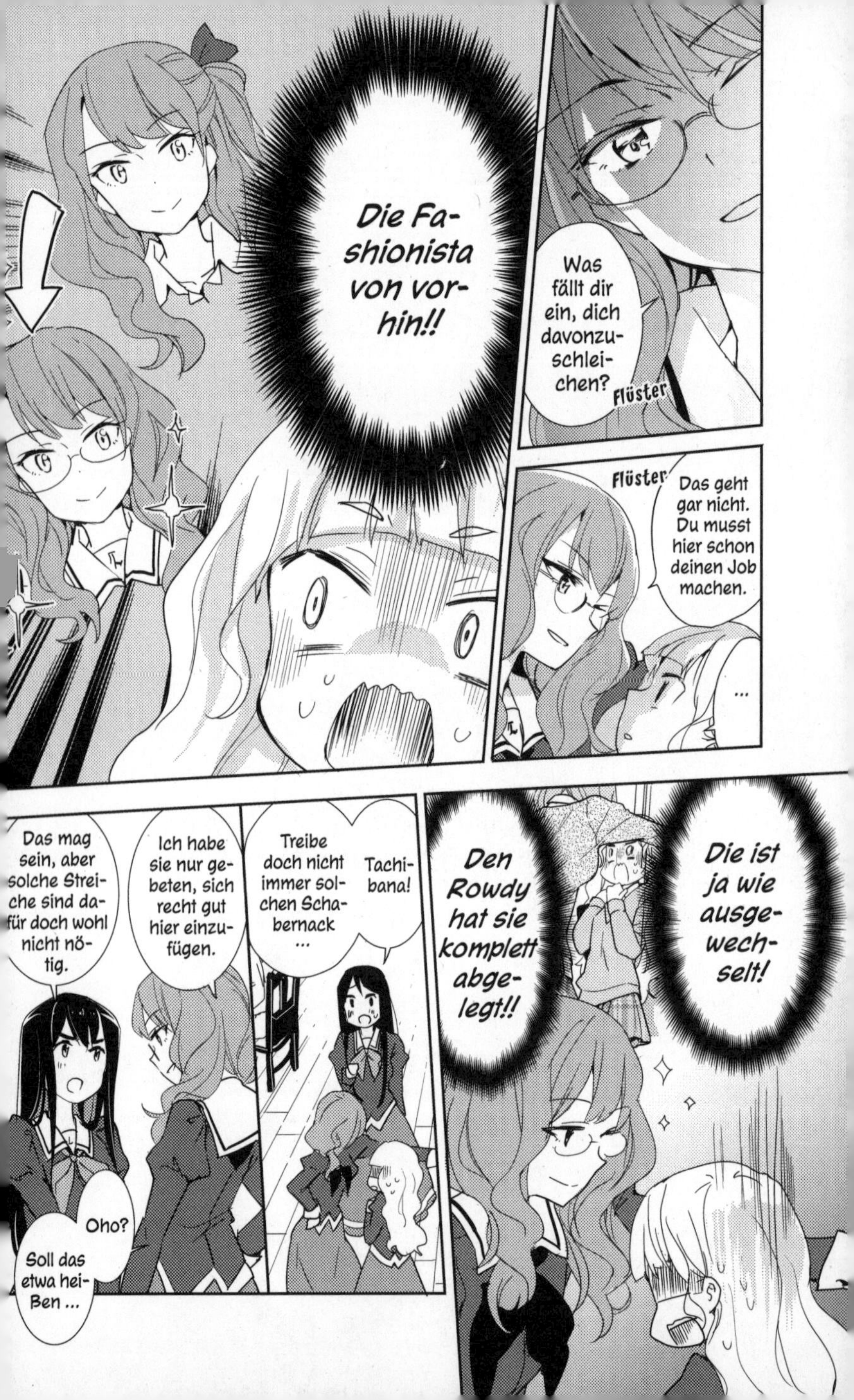
Was fällt dir ein, dich davonzuschleichen?
Flüster
Die Fashionista von vorhin!!
Flüster
Das geht gar nicht. Du musst hier schon deinen Job machen.
...
Die ist ja wie ausgewechselt!
Den Rowdy hat sie komplett abgelegt!!
Tachibana!
Treibe doch nicht immer solchen Schabernack ...
Ich habe sie nur gebeten, sich recht gut hier einzufügen.
Das mag sein, aber solche Streiche sind dafür doch wohl nicht nötig.
Oho?
Soll das etwa heißen ...

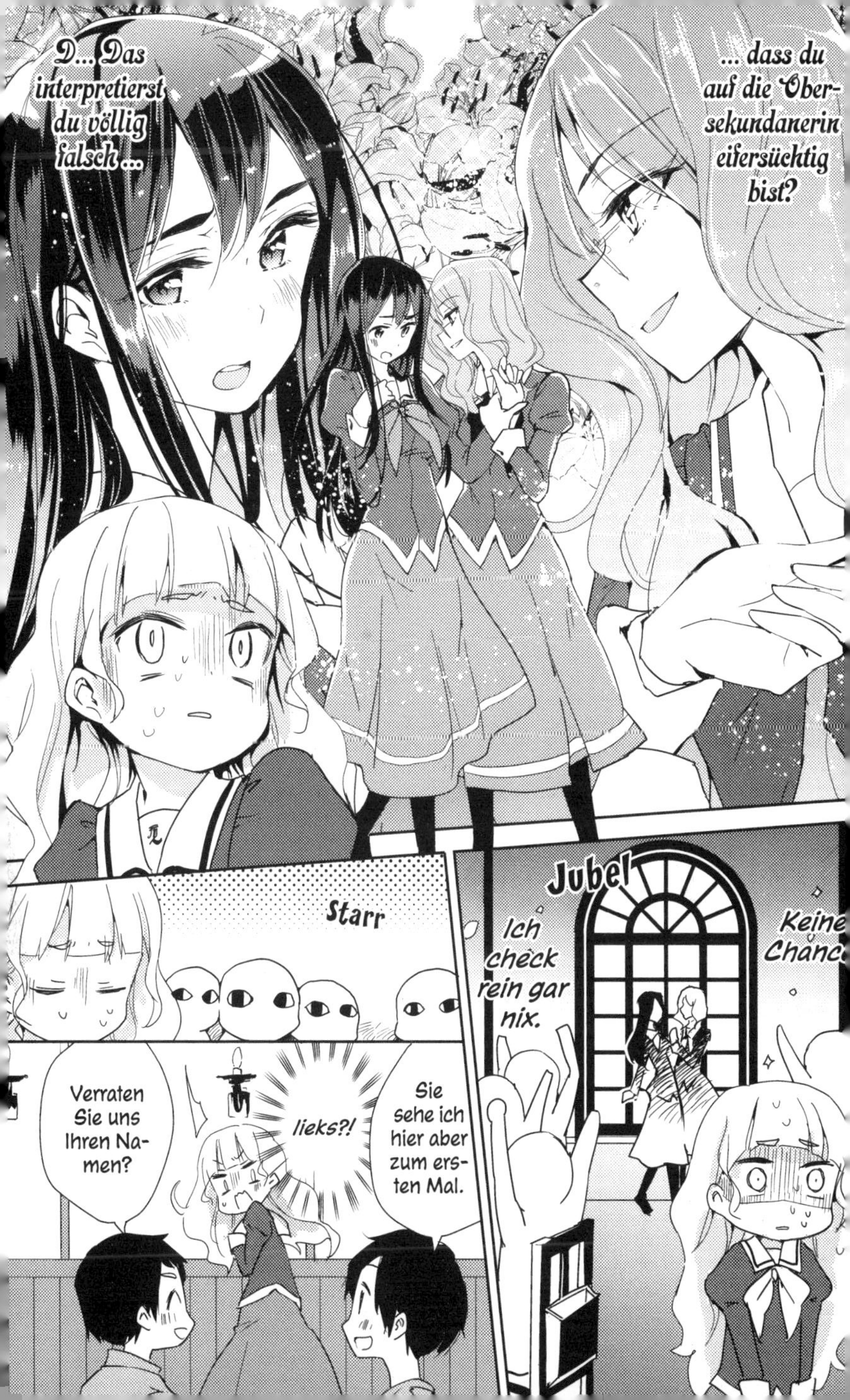
... dass du auf die Obersekundanerin eifersüchtig bist?
D... Das interpretierst du völlig falsch ...
Starr
Jubel
Keine Chanc
Ich check rein gar nix.
Sie sehe ich hier aber zum ersten Mal.
Verraten Sie uns Ihren Namen?
Iieks?!

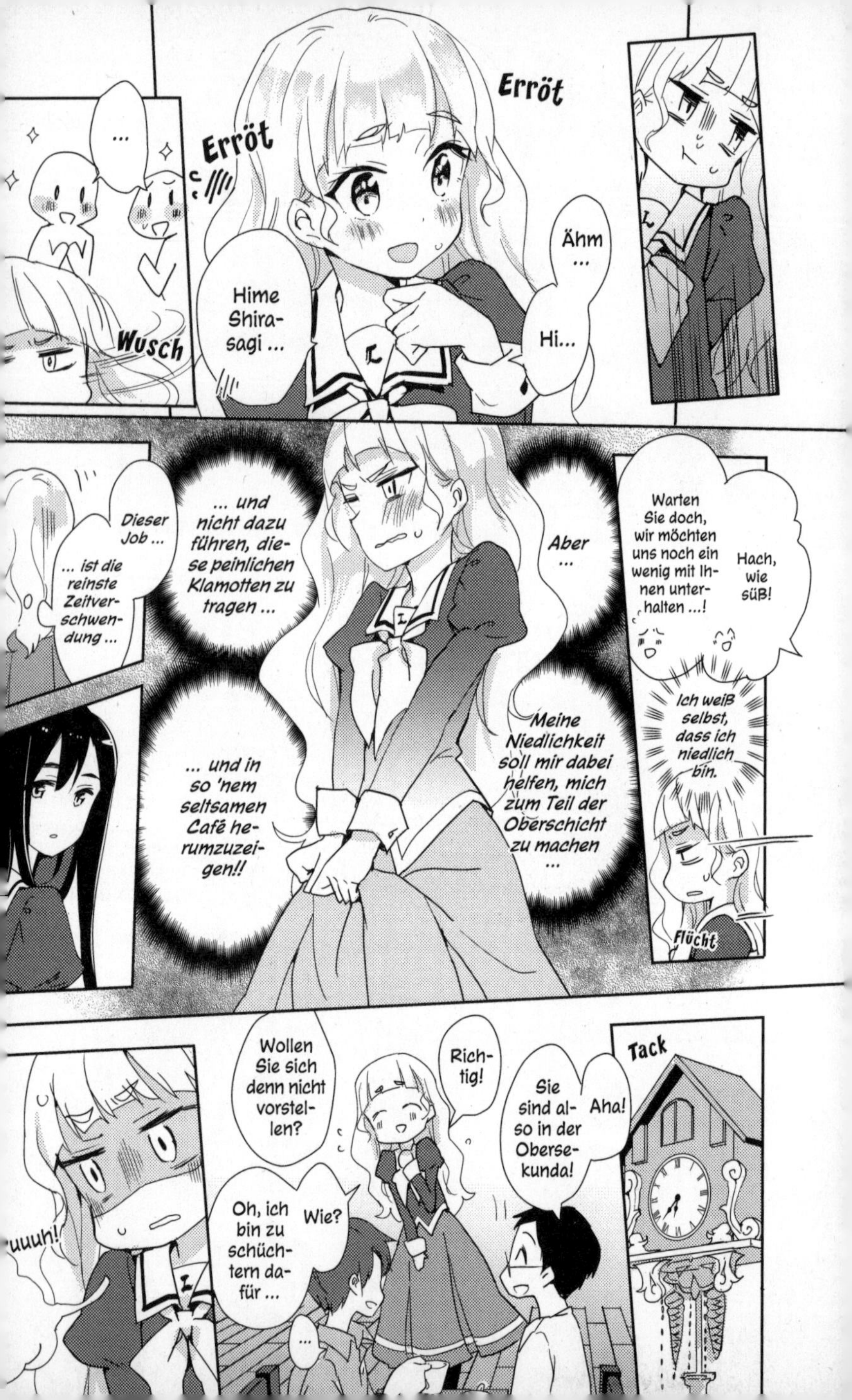
Erröt
Ähm ...
Hi...
Hime Shirasagi ...
Erröt
...
Wusch
Warten Sie doch, wir möchten uns noch ein wenig mit Ihnen unterhalten ...!
Hach, wie süß!
Ich weiß selbst, dass ich niedlich bin.
Flücht
Aber ...
Meine Niedlichkeit soll mir dabei helfen, mich zum Teil der Oberschicht zu machen ...
... und nicht dazu führen, diese peinlichen Klamotten zu tragen ...
... und in so 'nem seltsamen Café herumzuzeigen!!
Dieser Job ...
... ist die reinste Zeitverschwendung ...
Tack
Aha!
Sie sind also in der Obersekunda!
Rich-tig!
Wollen Sie sich denn nicht vorstellen?
Wie?
Oh, ich bin zu schüchtern dafür ...
...
uuuh!

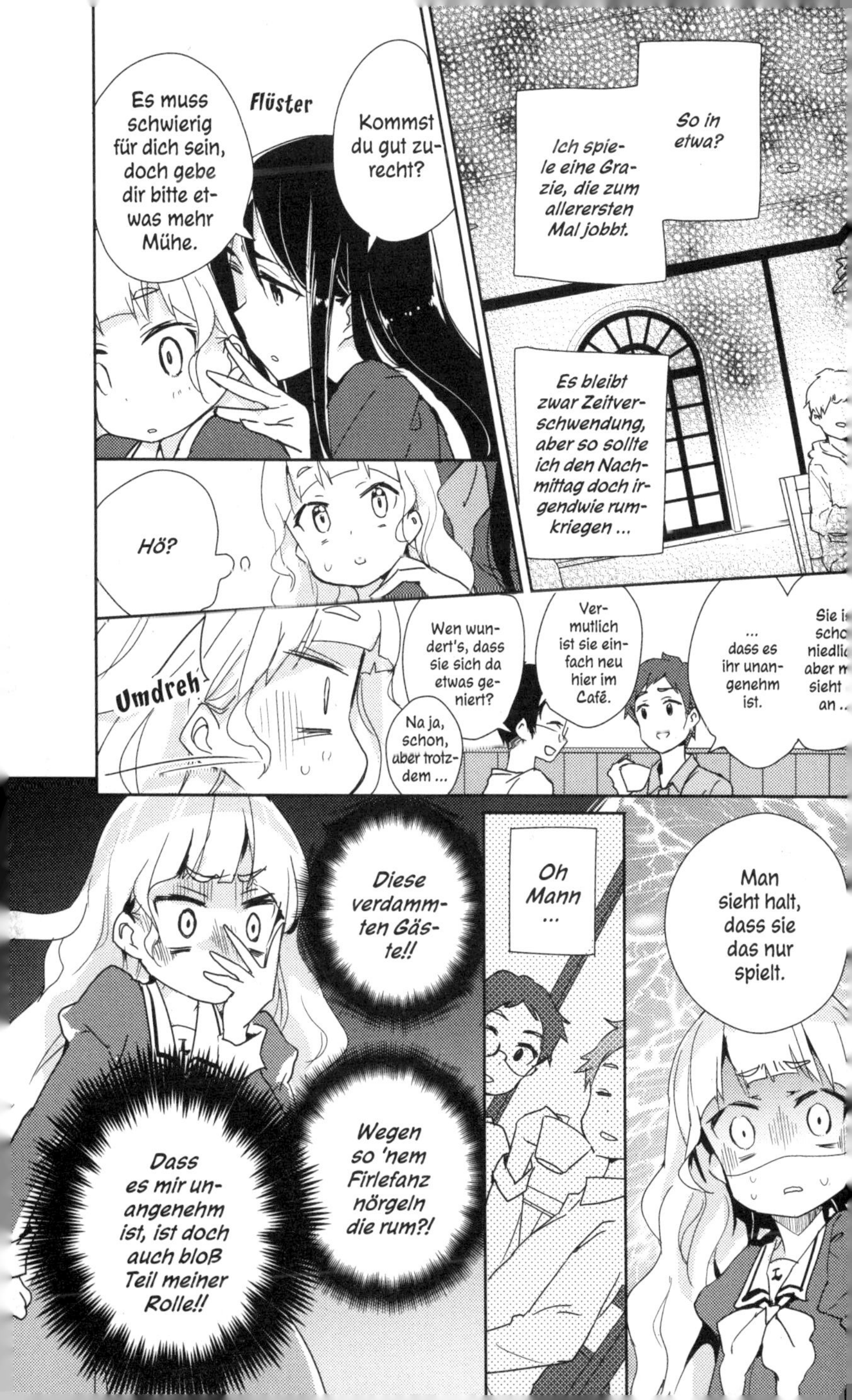

Ich spiele eine Grazie, die zum allerersten Mal jobbt.
So in etwa?
Es bleibt zwar Zeitverschwendung, aber so sollte ich den Nachmittag doch irgendwie rumkriegen ...
Kommst du gut zurecht?
Flüster
Es muss schwierig für dich sein, doch gebe dir bitte etwas mehr Mühe.
Hö?
Sie is scho niedlic aber m sieht an ...
... dass es ihr unangenehm ist.
Vermutlich ist sie einfach neu hier im Café.
Wen wundert's, dass sie sich da etwas geniert?
Na ja, schon, aber trotzdem ...
Umdreh
Man sieht halt, dass sie das nur spielt.
Oh Mann ...
Diese verdammten Gäste!!
Wegen so 'nem Firlefanz nörgeln die rum?!
Dass es mir unangenehm ist, ist doch auch bloß Teil meiner Rolle!!

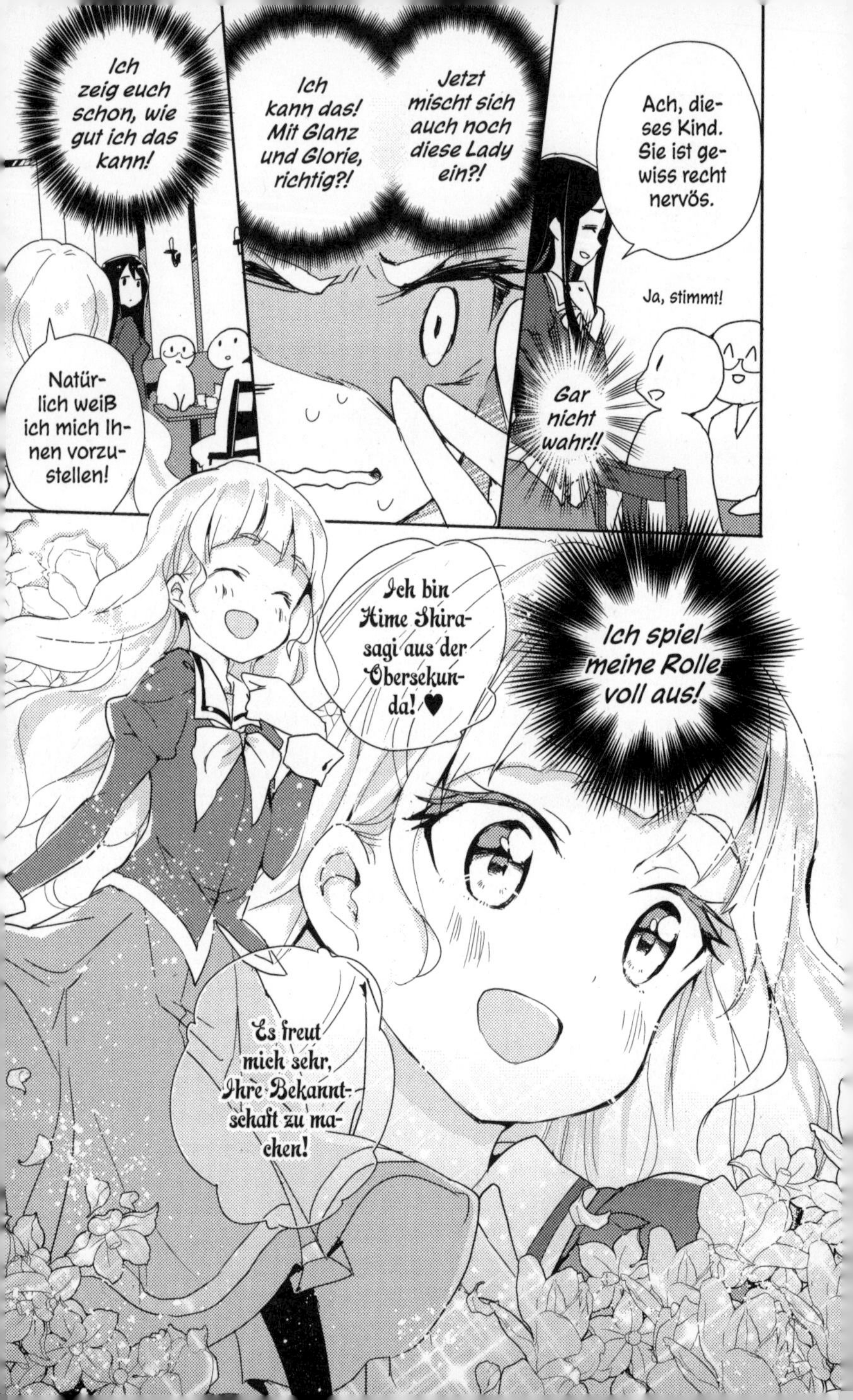
Ach, dieses Kind. Sie ist gewiss recht nervös.
Ja, stimmt!
Gar nicht wahr!!
Jetzt mischt sich auch noch diese Lady ein?!
Ich kann das! Mit Glanz und Glorie, richtig?!
Ich zeig euch schon, wie gut ich das kann!
Natürlich weiß ich mich Ihnen vorzustellen!
Ich spiel meine Rolle voll aus!
Ich bin Hime Shirasagi aus der Obersekunda! ♥
Es freut mich sehr, Ihre Bekanntschaft zu machen!

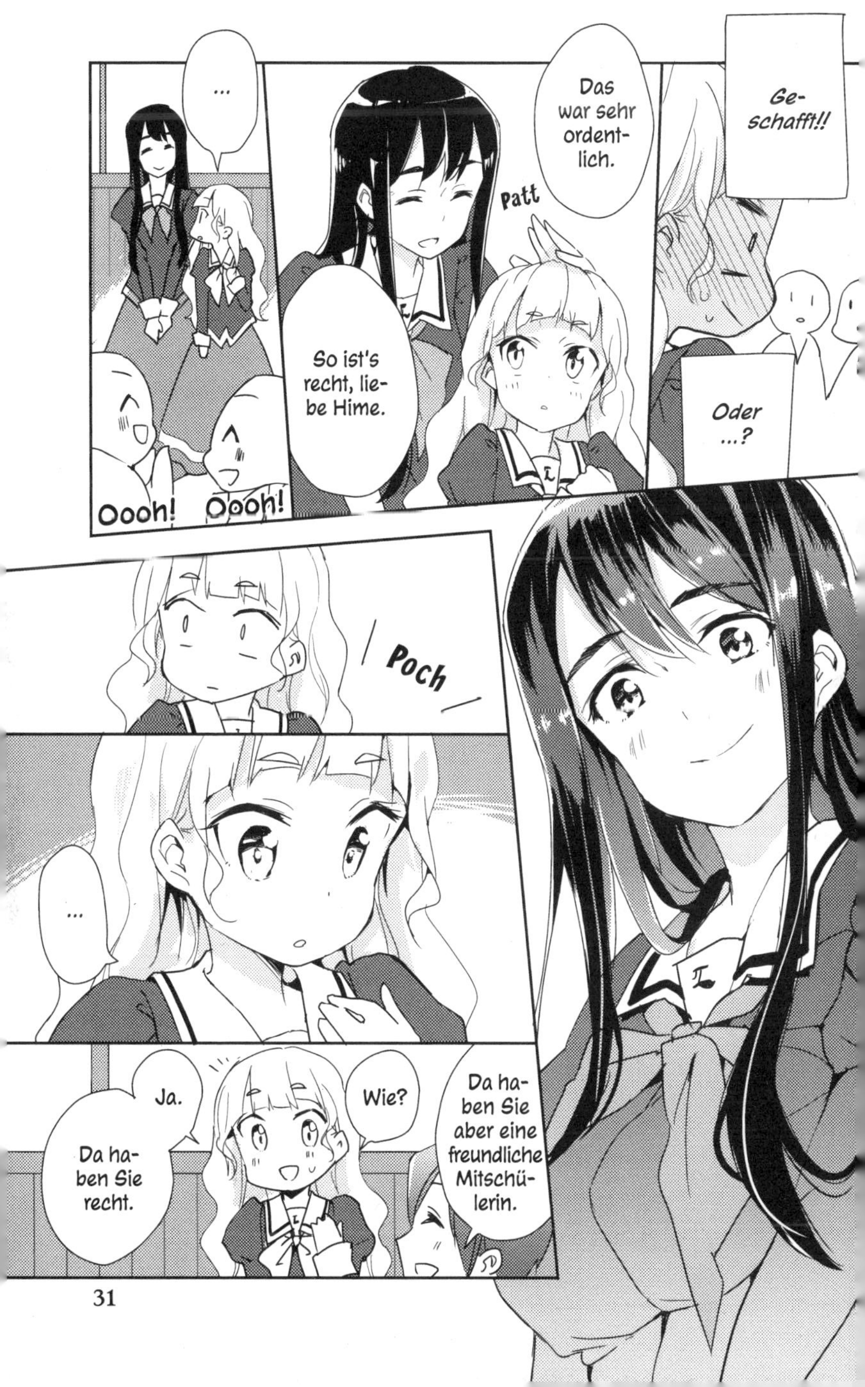
Ge-
schafft!!
Oder
...?
Das war sehr ordent-
lich.
Patt
So ist's
recht, lie-
be Hime.
...
Oooh!
Oooh!
Poch
...
Da ha-
ben Sie
aber eine
freundliche
Mitschü-
lerin.
Wie?
Ja.
Da ha-
ben Sie
recht.

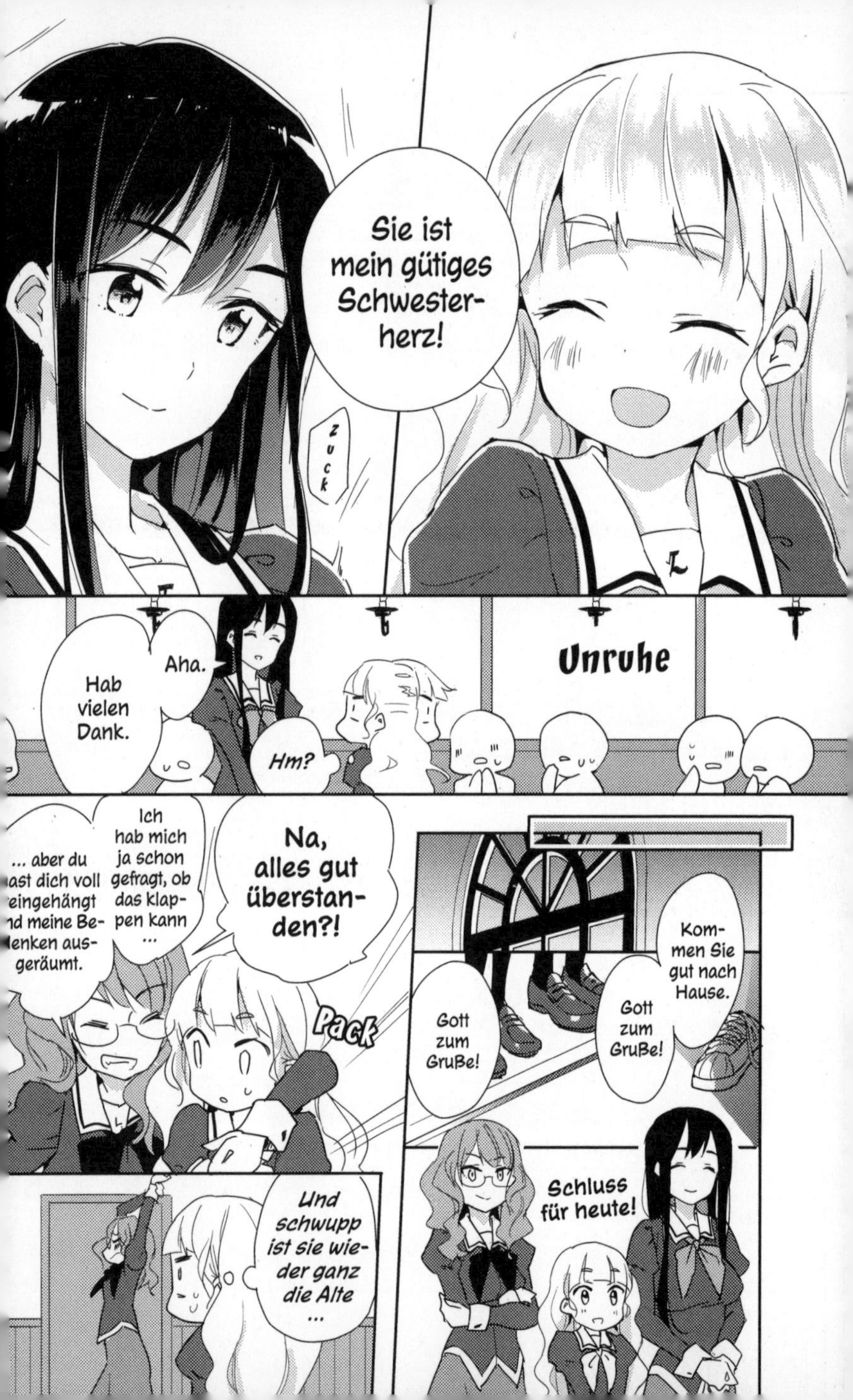

Sie ist mein gütiges Schwester-herz!
Zuck
Unruhe
Aha.
Hab vielen Dank.
Hm?
Na, alles gut überstan-den?!
Ich hab mich ja schon gefragt, ob das klap-pen kann …
… aber du ast dich voll eingehängt nd meine Be-lenken aus-geräumt.
Pack
Kom-men Sie gut nach Hause.
Gott zum Gruße!
Gott zum Gruße!
Und schwupp ist sie wie-der ganz die Alte …
Schluss für heute!

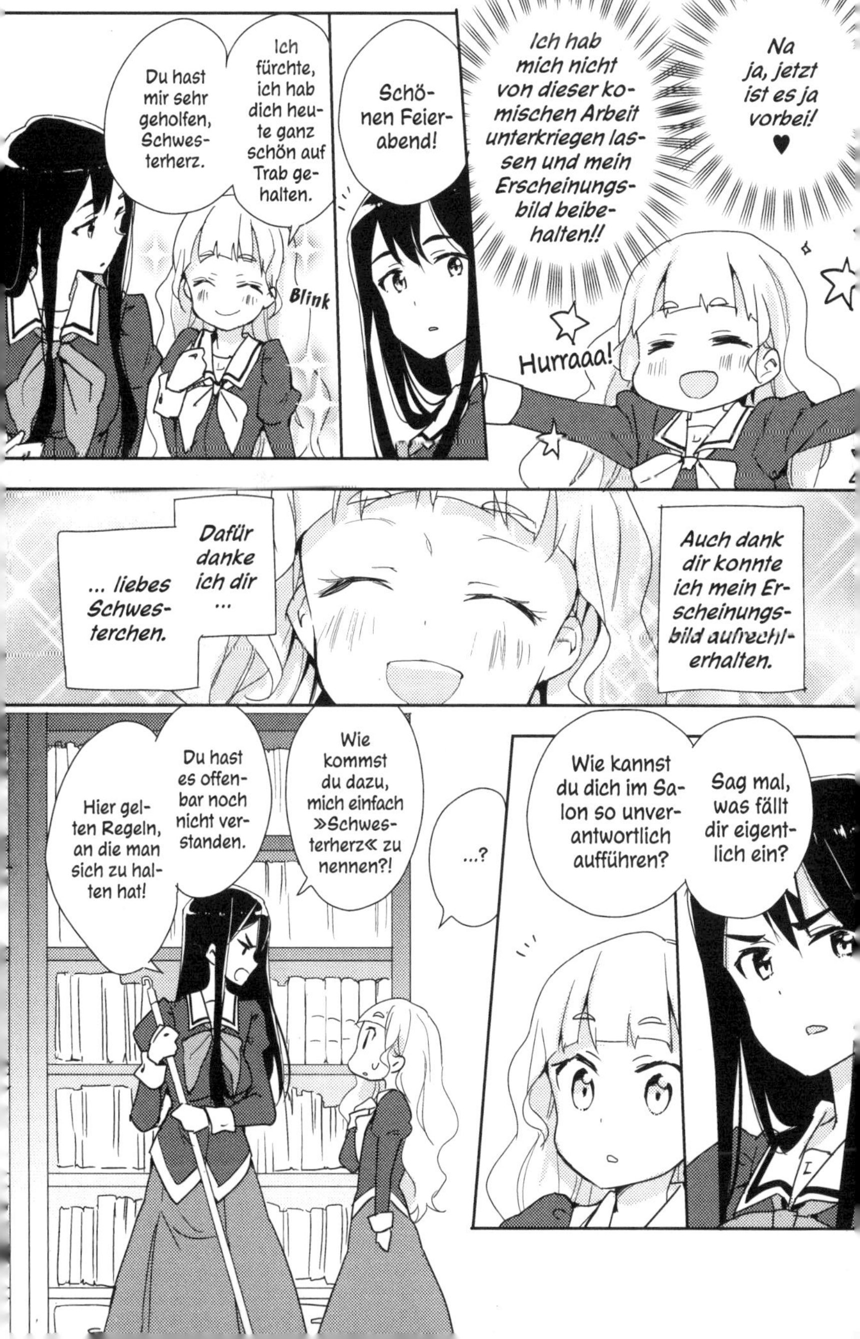
Na ja, jetzt ist es ja vorbei! ♥
Ich hab mich nicht von dieser komischen Arbeit unterkriegen lassen und mein Erscheinungsbild beibehalten!!
Hurraaa!
Schönen Feierabend!
Ich fürchte, ich hab dich heute ganz schön auf Trab gehalten.
Blink
Du hast mir sehr geholfen, Schwesterherz.
Auch dank dir konnte ich mein Erscheinungsbild aufrechterhalten.
Dafür danke ich dir ...
... liebes Schwesterchen.
Sag mal, was fällt dir eigentlich ein?
Wie kannst du dich im Salon so unverantwortlich aufführen?
...?
Wie kommst du dazu, mich einfach »Schwesterherz« zu nennen?!
Du hast es offenbar noch nicht verstanden.
Hier gelten Regeln, an die man sich zu halten hat!

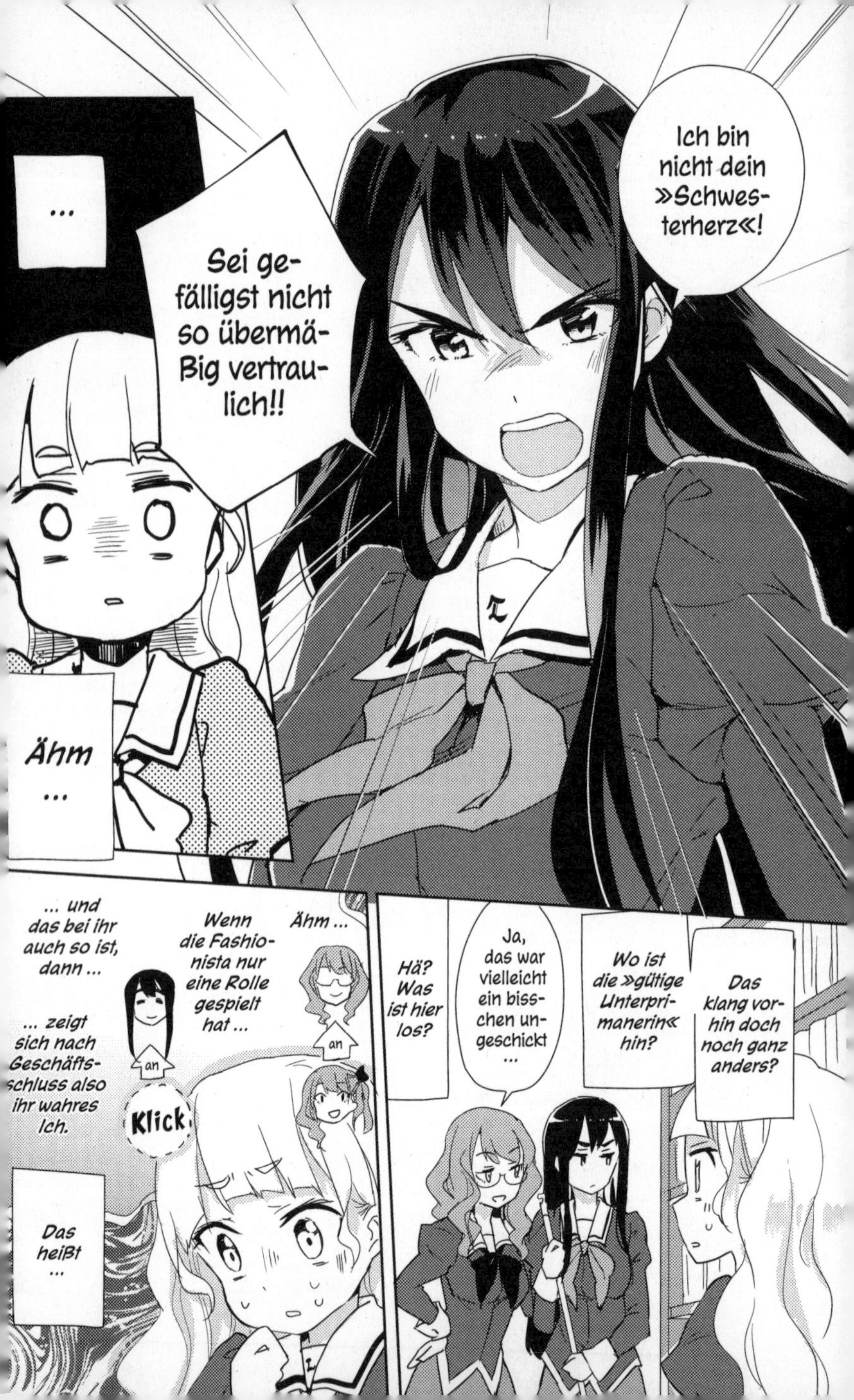

Ich bin nicht dein »Schwesterherz«!
Sei gefälligst nicht so übermäßig vertraulich!!
...
Ähm ...
Das klang vorhin doch noch ganz anders?
Wo ist die »gütige Unterprimanerin« hin?
Ja, das war vielleicht ein bisschen ungeschickt ...
Hä? Was ist hier los?
Ähm ...
Wenn die Fashionista nur eine Rolle gespielt hat ...
... und das bei ihr auch so ist, dann ...
an
an
Klick
... zeigt sich nach Geschäftsschluss also ihr wahres Ich.
Das heißt ...

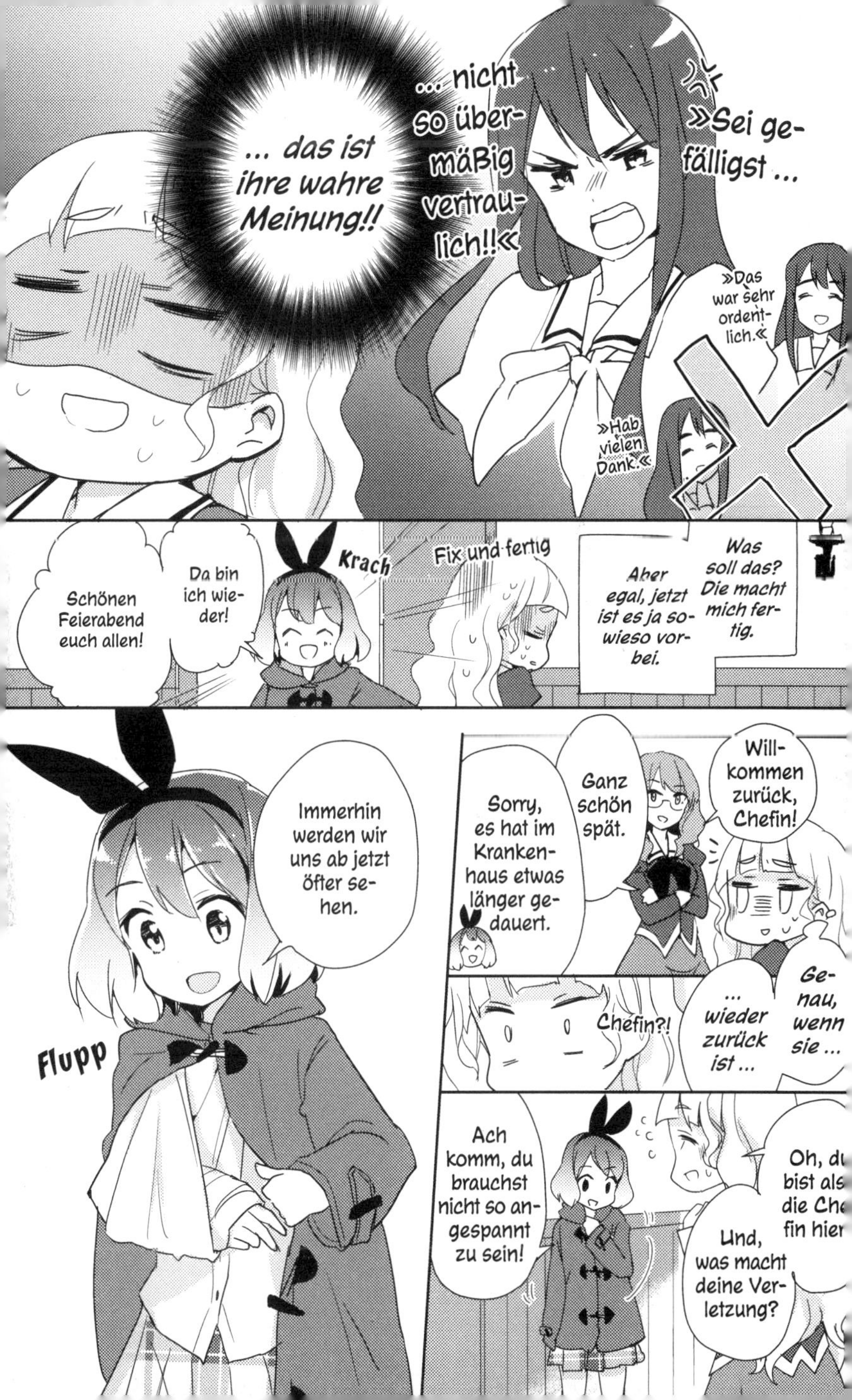
»Sei gefälligst ...
... nicht so übermäßig vertraulich!!«
... das ist ihre wahre Meinung!!
»Das war sehr ordentlich.«
»Hab vielen Dank.«
Was soll das? Die macht mich fertig.
Aber egal, jetzt ist es ja sowieso vorbei.
Fix und fertig
Krach
Da bin ich wieder!
Schönen Feierabend euch allen!
Willkommen zurück, Chefin!
Ganz schön spät.
Sorry, es hat im Krankenhaus etwas länger gedauert.
Genau, wenn sie ...
... wieder zurück ist ...
Chefin?!
Oh, d bist als die Ch fin hier
Und, was macht deine Verletzung?
Ach komm, du brauchst nicht so angespannt zu sein!
Immerhin werden wir uns ab jetzt öfter sehen.
Flupp

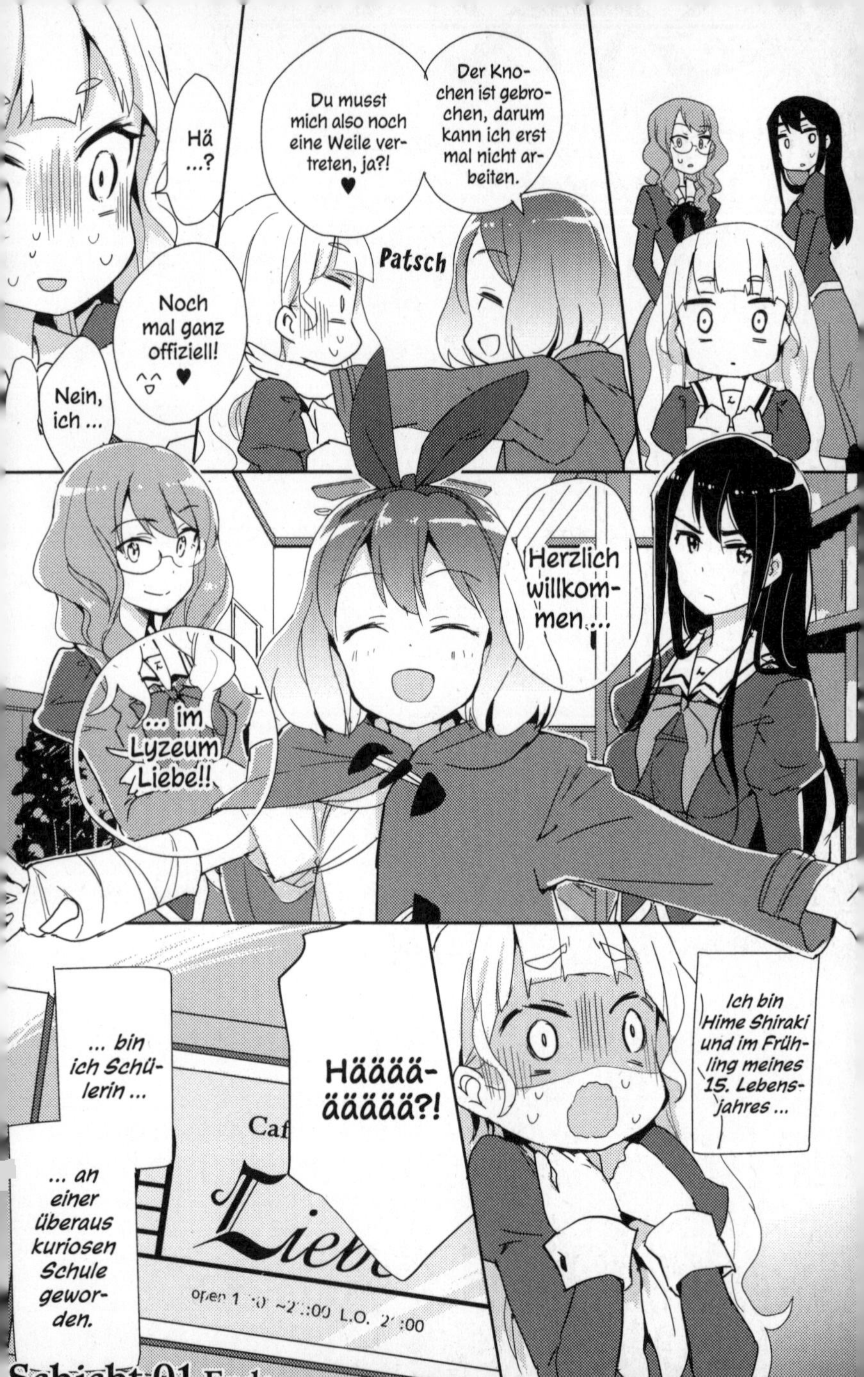

Schicht 01 Ende

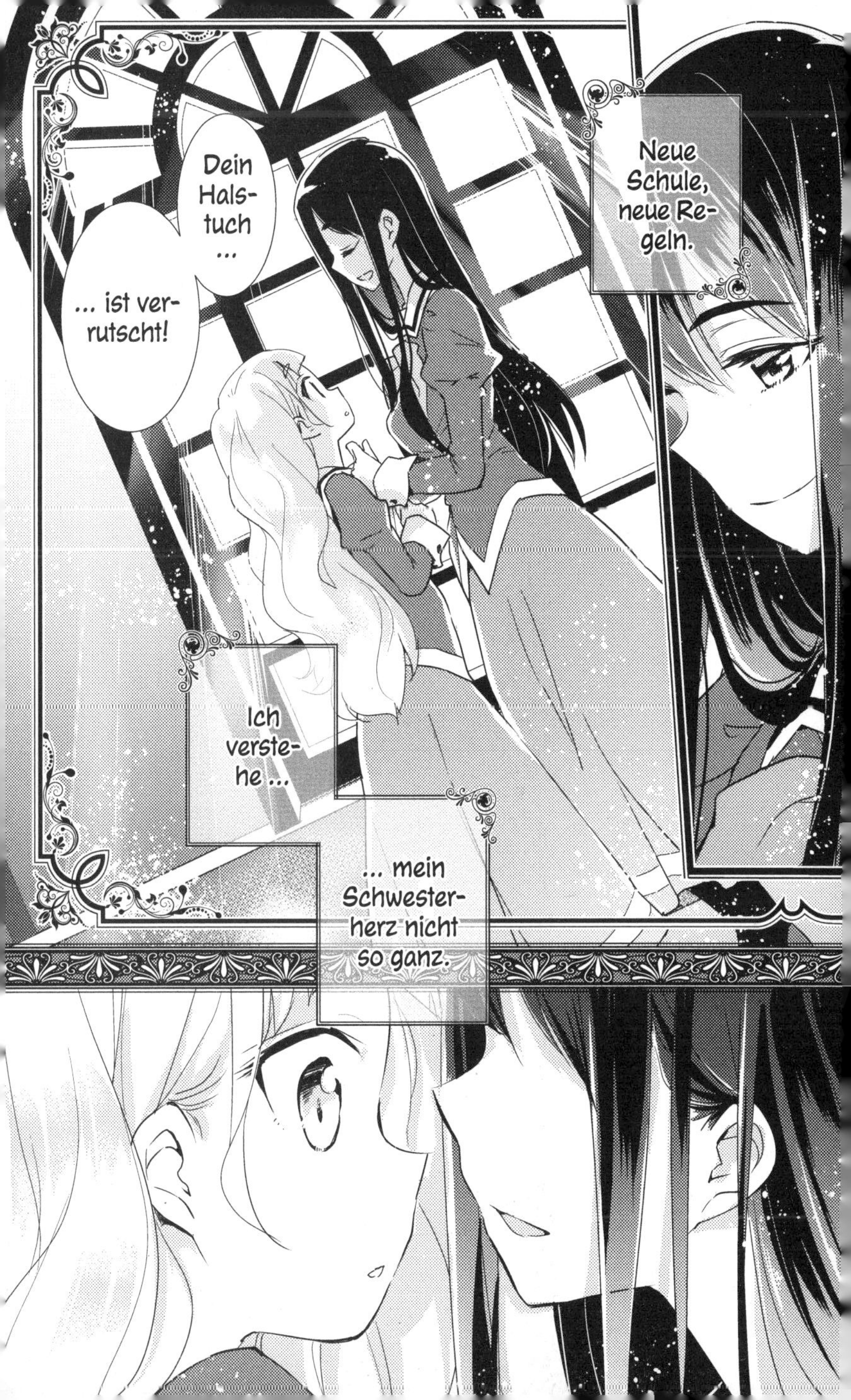
Neue Schule, neue Regeln.
Dein Halstuch ...
... ist verrutscht!
Ich verstehe ...
... mein Schwesterherz nicht so ganz.

Schicht 02
Gott zum Gruße, Schwesterherz!

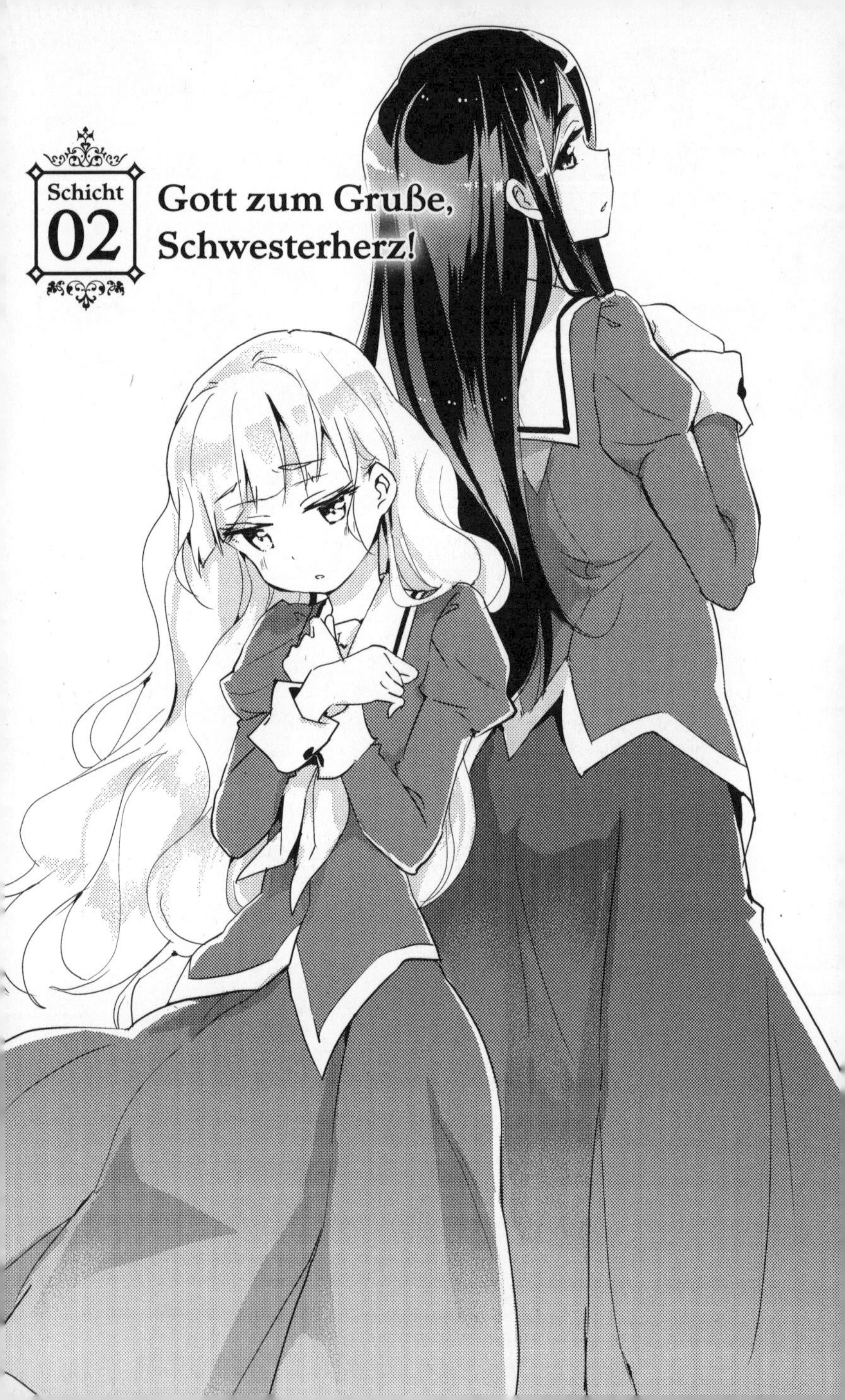

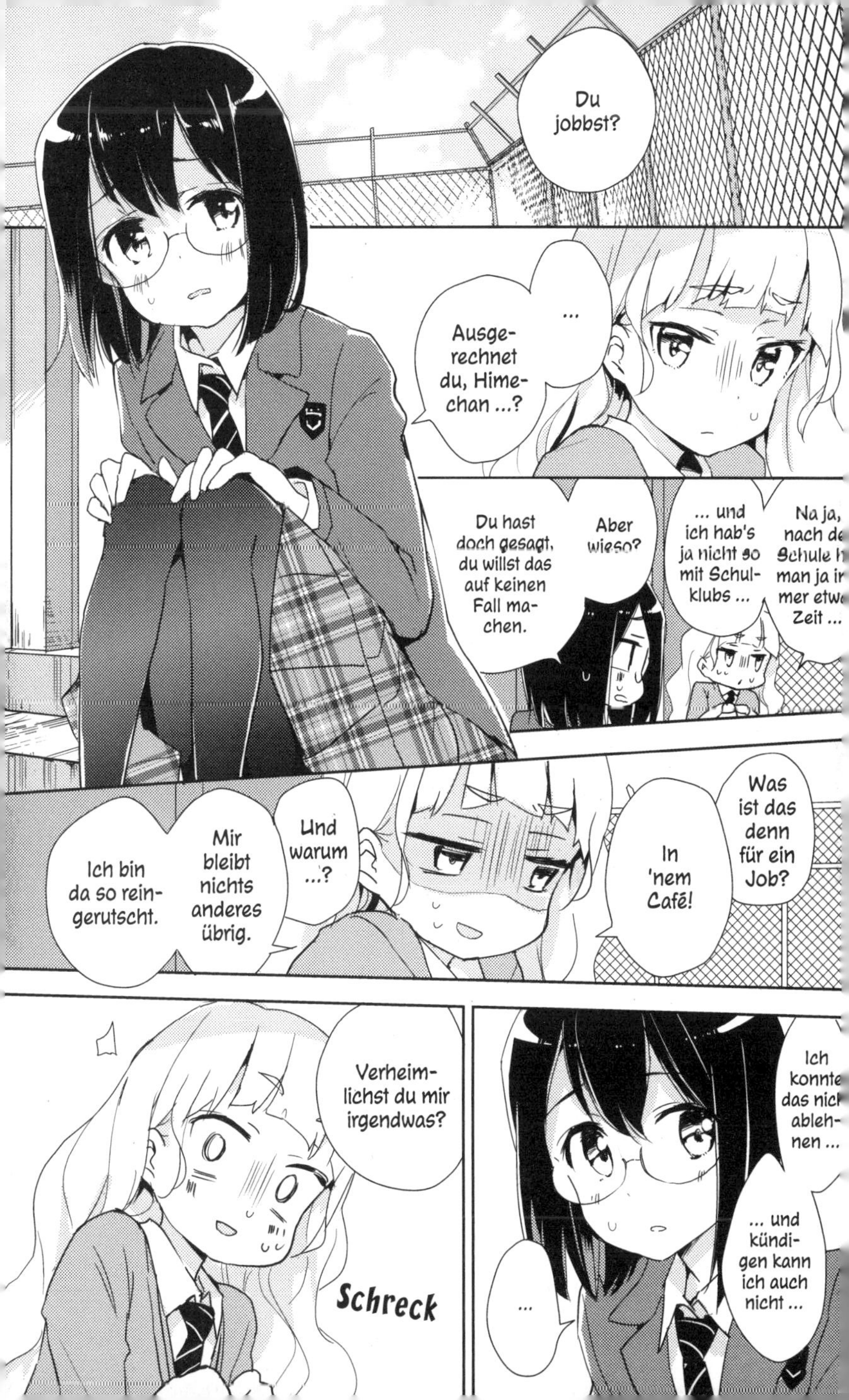
Du jobbst?
…
Ausge-rechnet du, Hime-chan …?
Na ja, nach de Schule h man ja ir mer etw Zeit …
… und ich hab's ja nicht so mit Schul-klubs …
Aber wieso?
Du hast doch gesagt, du willst das auf keinen Fall ma-chen.
Was ist das denn für ein Job?
In 'nem Café!
Und warum …?
Mir bleibt nichts anderes übrig.
Ich bin da so rein-gerutscht.
Ich konnte das nich ableh-nen …
… und kündi-gen kann ich auch nicht …
…
Verheim-lichst du mir irgendwas?
Schreck

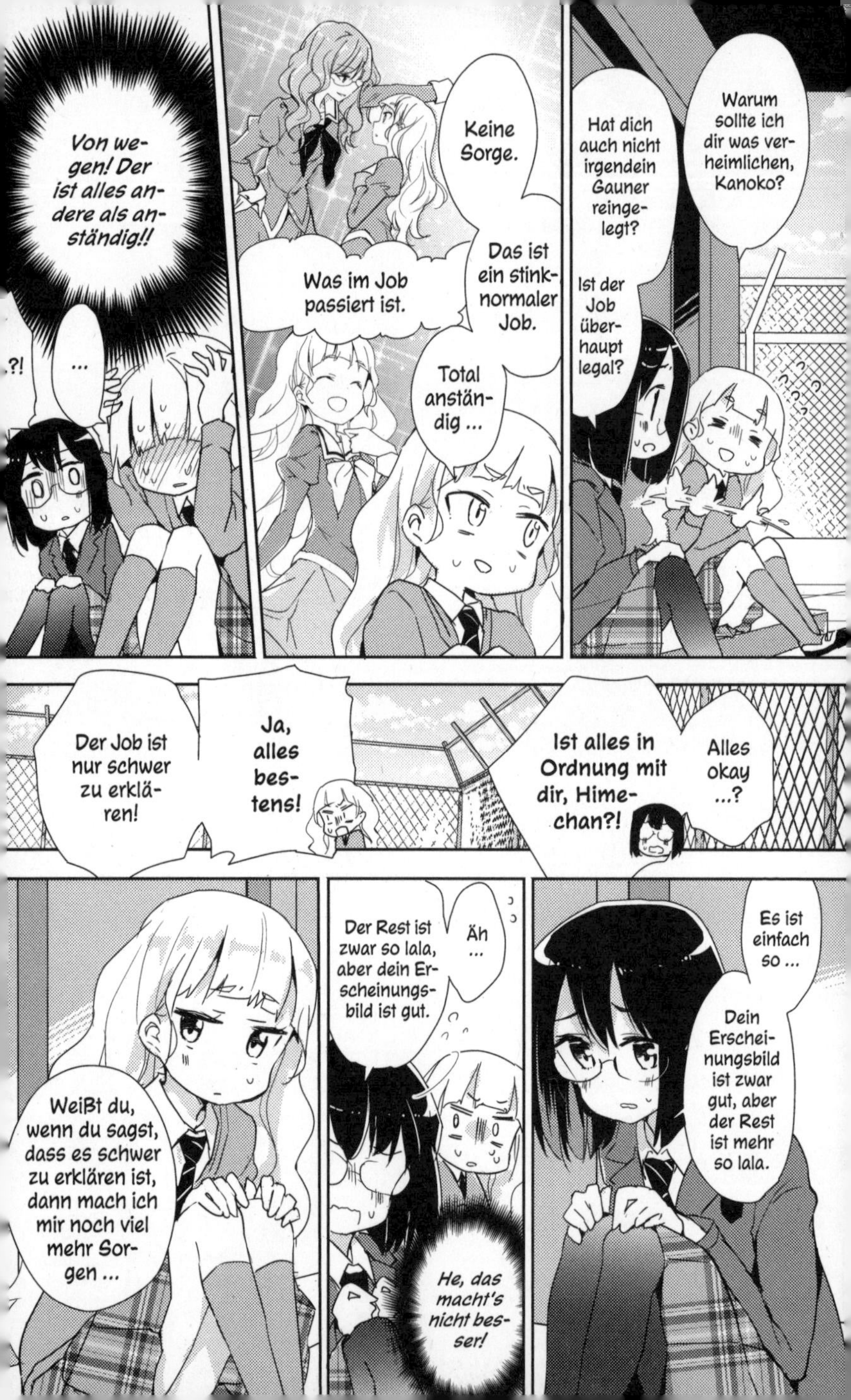
Warum sollte ich dir was verheimlichen, Kanoko?
Hat dich auch nicht irgendein Gauner reingelegt?
Ist der Job überhaupt legal?
Keine Sorge.
Das ist ein stinknormaler Job.
Was im Job passiert ist.
Total anständig ...
Von wegen! Der ist alles andere als anständig!!
...
.?!
Alles okay ...?
Ist alles in Ordnung mit dir, Hime-chan?!
Ja, alles bestens!
Der Job ist nur schwer zu erklären!
Es ist einfach so ...
Dein Erscheinungsbild ist zwar gut, aber der Rest ist mehr so lala.
Äh ...
Der Rest ist zwar so lala, aber dein Erscheinungsbild ist gut.
He, das macht's nicht besser!
Weißt du, wenn du sagst, dass es schwer zu erklären ist, dann mach ich mir noch viel mehr Sorgen ...

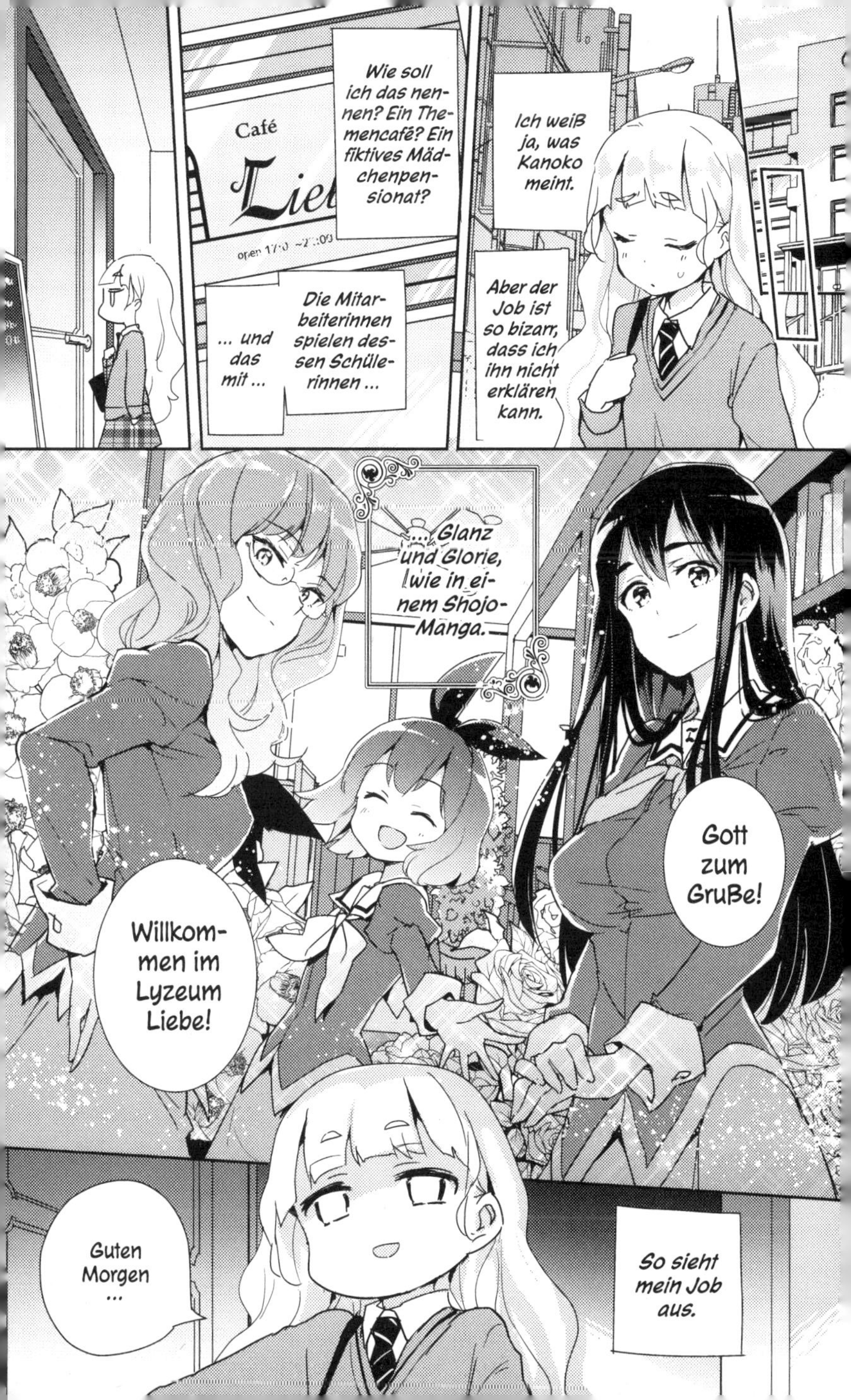
Ich weiß ja, was Kanoko meint.
Aber der Job ist so bizarr, dass ich ihn nicht erklären kann.
Café Lieb
open 17:0 ~21:00
Wie soll ich das nennen? Ein Themencafé? Ein fiktives Mädchenpensionat?
Die Mitarbeiterinnen spielen dessen Schülerinnen ...
... und das mit ...
Glanz und Glorie, wie in einem Shojo-Manga.
Gott zum Gruße!
Willkommen im Lyzeum Liebe!
So sieht mein Job aus.
Guten Morgen ...

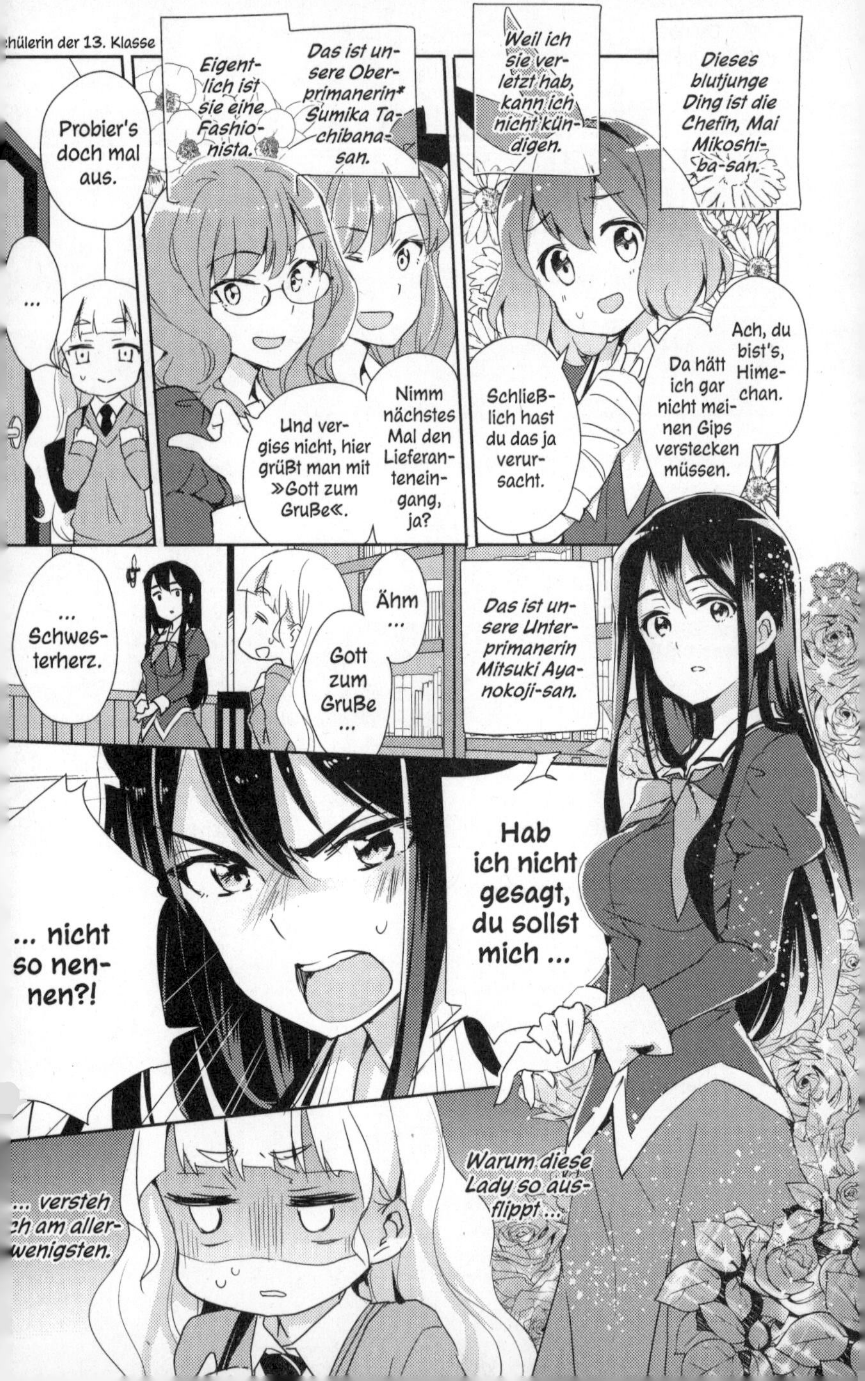
Dieses blutjunge Ding ist die Chefin, Mai Mikoshiba-san.
Ach, du bist's, Hime-chan.
Da hätt ich gar nicht meinen Gips verstecken müssen.
Weil ich sie verletzt hab, kann ich nicht kündigen.
Schließlich hast du das ja verursacht.
Das ist unsere Oberprimanerin* Sumika Tachibana-san.
Eigentlich ist sie eine Fashionista.
Nimm nächstes Mal den Lieferanteneingang, ja?
Und vergiss nicht, hier grüßt man mit »Gott zum Gruße«.
chülerin der 13. Klasse
Probier's doch mal aus.
...
Das ist unsere Unterprimanerin Mitsuki Ayanokoji-san.
Ähm ...
Gott zum Gruße ...
... Schwesterherz.
Hab ich nicht gesagt, du sollst mich ...
... nicht so nennen?!
Warum diese Lady so ausflippt ...
... versteh ch am aller-wenigsten.

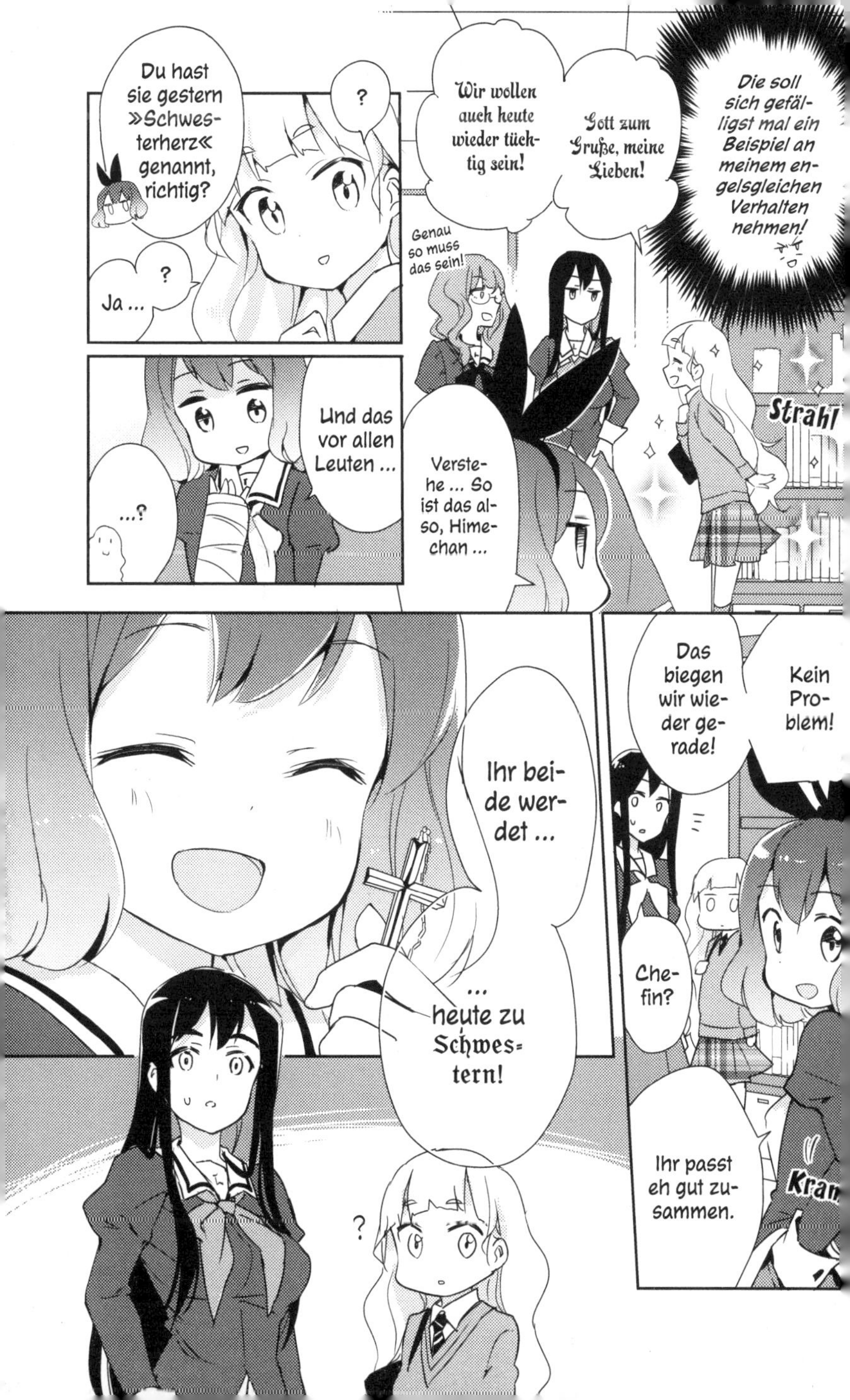

Die soll sich gefälligst mal ein Beispiel an meinem engelsgleichen Verhalten nehmen!
Gott zum Gruße, meine Lieben!
Wir wollen auch heute wieder tüchtig sein!
Genau so muss das sein!
Strahl
?
Du hast sie gestern »Schwesterherz« genannt, richtig?
?
Ja ...
Verstehe ... So ist das also, Hime-chan ...
Und das vor allen Leuten ...
...?
Kein Problem!
Das biegen wir wieder gerade!
Chefin?
Kram
Ihr passt eh gut zusammen.
Ihr beide werdet ...
... heute zu Schwestern!
?

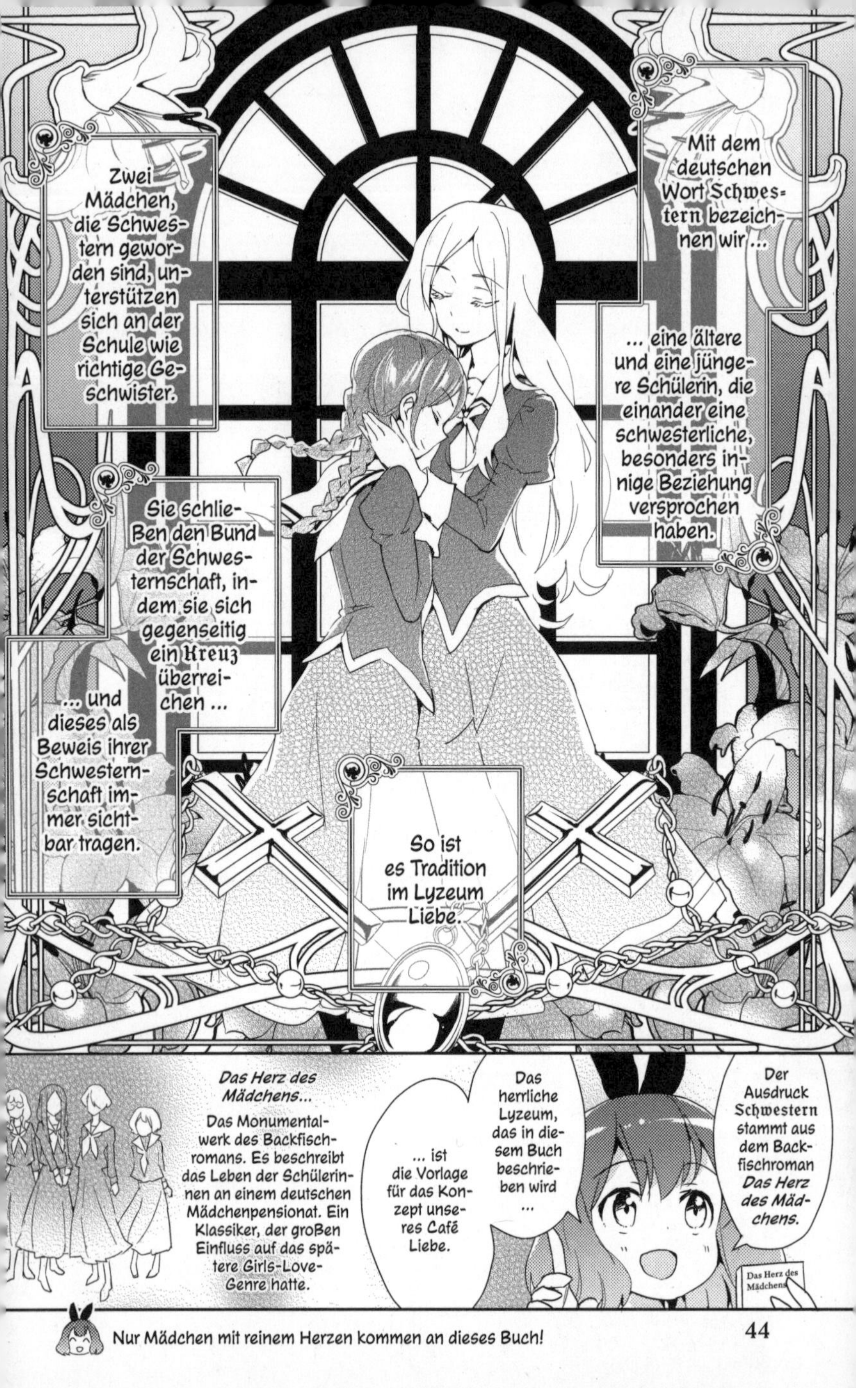
Mit dem deutschen Wort Schwestern bezeichnen wir ...
... eine ältere und eine jüngere Schülerin, die einander eine schwesterliche, besonders innige Beziehung versprochen haben.
Zwei Mädchen, die Schwestern geworden sind, unterstützen sich an der Schule wie richtige Geschwister.
Sie schließen den Bund der Schwesternschaft, indem sie sich gegenseitig ein Kreuz überreichen ...
... und dieses als Beweis ihrer Schwesternschaft immer sichtbar tragen.
So ist es Tradition im Lyzeum Liebe.
Der Ausdruck Schwestern stammt aus dem Backfischroman *Das Herz des Mädchens.*
Das herrliche Lyzeum, das in diesem Buch beschrieben wird ...
... ist die Vorlage für das Konzept unseres Café Liebe.
Das Herz des Mädchens...
Das Monumentalwerk des Backfischromans. Es beschreibt das Leben der Schülerinnen an einem deutschen Mädchenpensionat. Ein Klassiker, der großen Einfluss auf das spätere Girls-Love-Genre hatte.
Das Herz des Mädchens

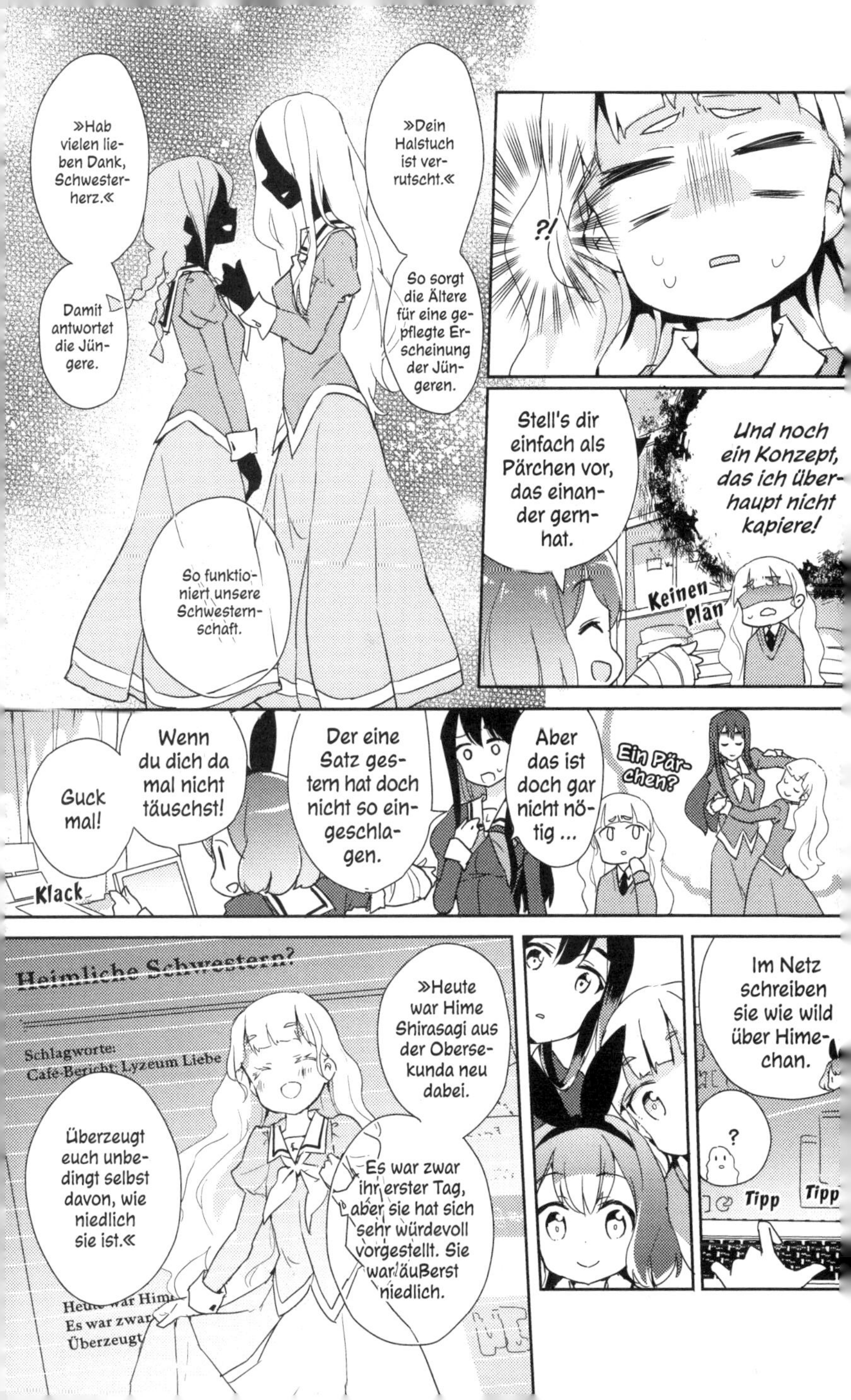
»Dein Halstuch ist verrutscht.«
»Hab vielen lieben Dank, Schwesterherz.«
So sorgt die Ältere für eine gepflegte Erscheinung der Jüngeren.
Damit antwortet die Jüngere.
So funktioniert unsere Schwesternschaft.
?!
Und noch ein Konzept, das ich überhaupt nicht kapiere!
Stell's dir einfach als Pärchen vor, das einander gernhat.
Keinen Plan
Ein Pärchen?
Aber das ist doch gar nicht nötig ...
Der eine Satz gestern hat doch nicht so eingeschlagen.
Wenn du dich da mal nicht täuschst!
Guck mal!
Klack
Im Netz schreiben sie wie wild über Hime-chan.
?
Tipp
Tipp
Heimliche Schwestern?
Schlagworte: Café-Bericht, Lyzeum Liebe
»Heute war Hime Shirasagi aus der Obersekunda neu dabei.
Es war zwar ihr erster Tag, aber sie hat sich sehr würdevoll vorgestellt. Sie war äußerst niedlich.
Überzeugt euch unbedingt selbst davon, wie niedlich sie ist.«
Heute war Him
Es war zwar
Überzeugt

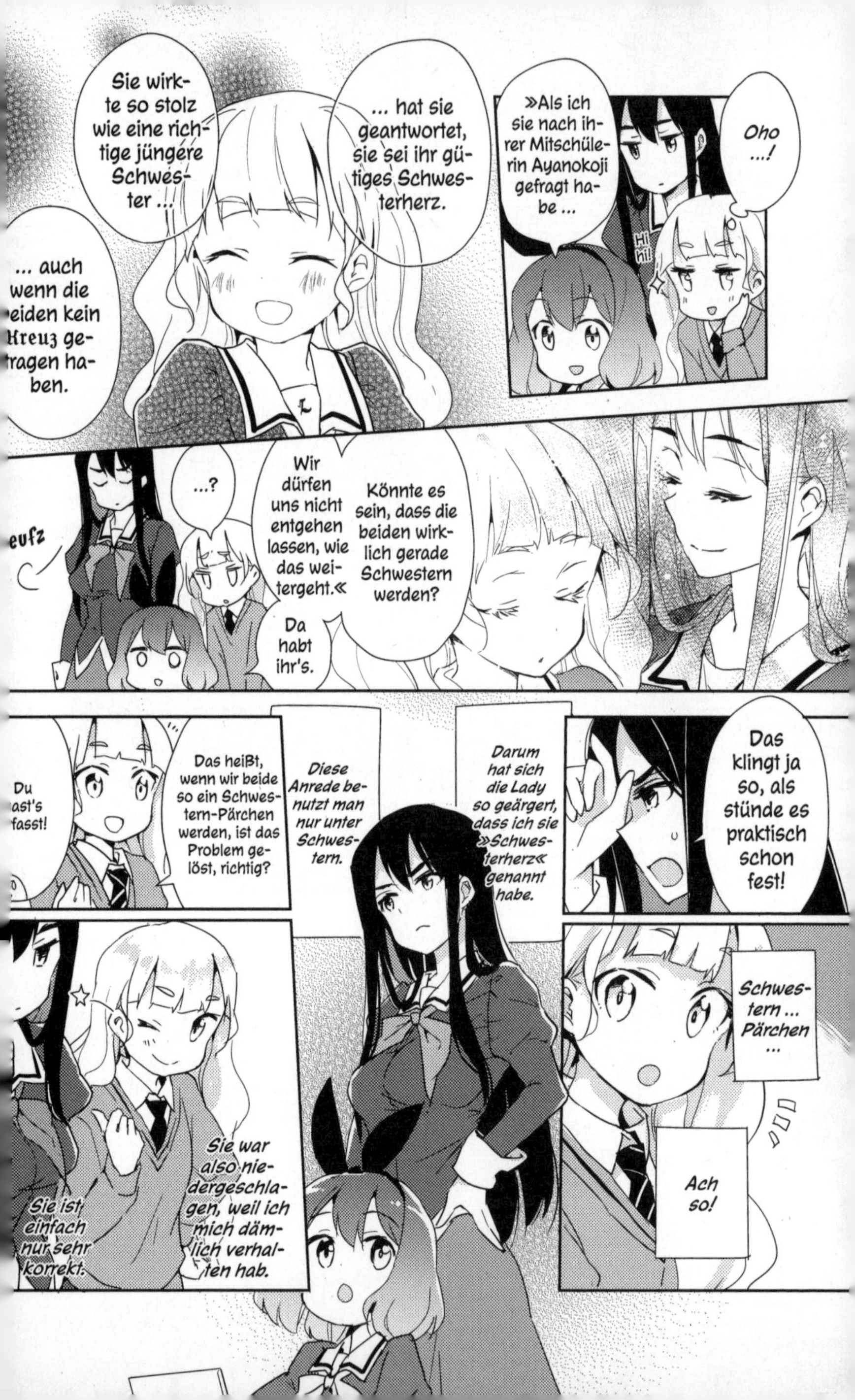

»Als ich sie nach ihrer Mitschülerin Ayanokoji gefragt habe ...
Oho ...!
Hi hi!
... hat sie geantwortet, sie sei ihr gütiges Schwesterherz.
Sie wirkte so stolz wie eine richtige jüngere Schwester ...
... auch wenn die beiden kein Kreuz getragen haben.
Könnte es sein, dass die beiden wirklich gerade Schwestern werden?
Wir dürfen uns nicht entgehen lassen, wie das weitergeht.«
Da habt ihr's.
...?
eufz
Das klingt ja so, als stünde es praktisch schon fest!
Darum hat sich die Lady so geärgert, dass ich sie »Schwesterherz« genannt habe.
Diese Anrede benutzt man nur unter Schwestern.
Das heißt, wenn wir beide so ein Schwestern-Pärchen werden, ist das Problem gelöst, richtig?
Du ast's fasst!
Schwestern ... Pärchen ...
Ach so!
Sie war also niedergeschlagen, weil ich mich dämlich verhalten hab.
Sie ist einfach nur sehr korrekt.

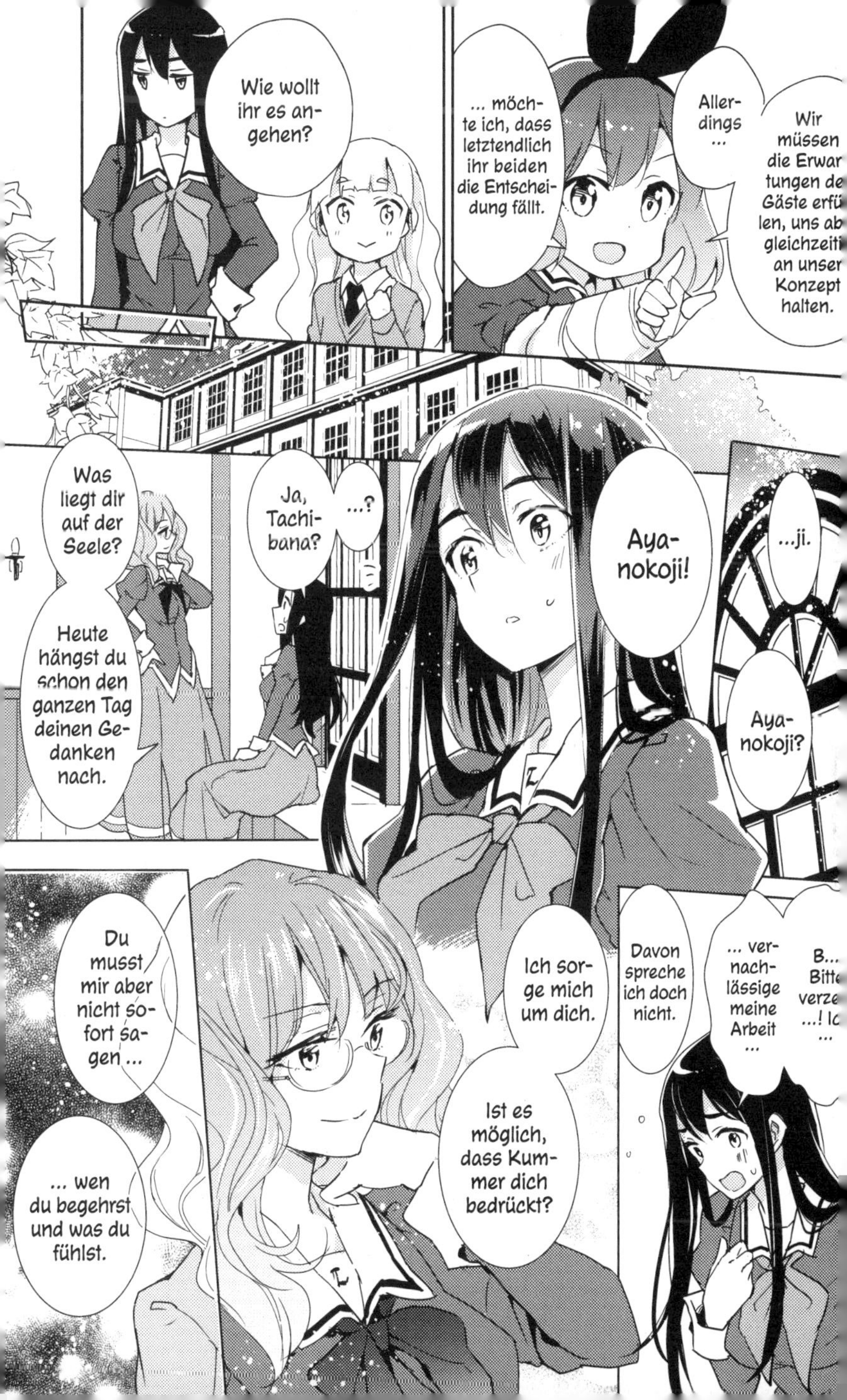

Wir müssen die Erwar tungen de Gäste erfü len, uns ab gleichzeiti an unser Konzept halten.
Aller- dings ...
... möchte ich, dass letztendlich ihr beiden die Entscheidung fällt.
Wie wollt ihr es angehen?
...ji.
Aya- nokoji?
Aya- nokoji!
...?
Ja, Tachi- bana?
Was liegt dir auf der Seele?
Heute hängst du schon den ganzen Tag deinen Gedanken nach.
B... Bitte verze ...! Ic ...
... vernachlässige meine Arbeit ...
Davon spreche ich doch nicht.
Ich sorge mich um dich.
Ist es möglich, dass Kummer dich bedrückt?
Du musst mir aber nicht sofort sagen ...
... wen du begehrst und was du fühlst.

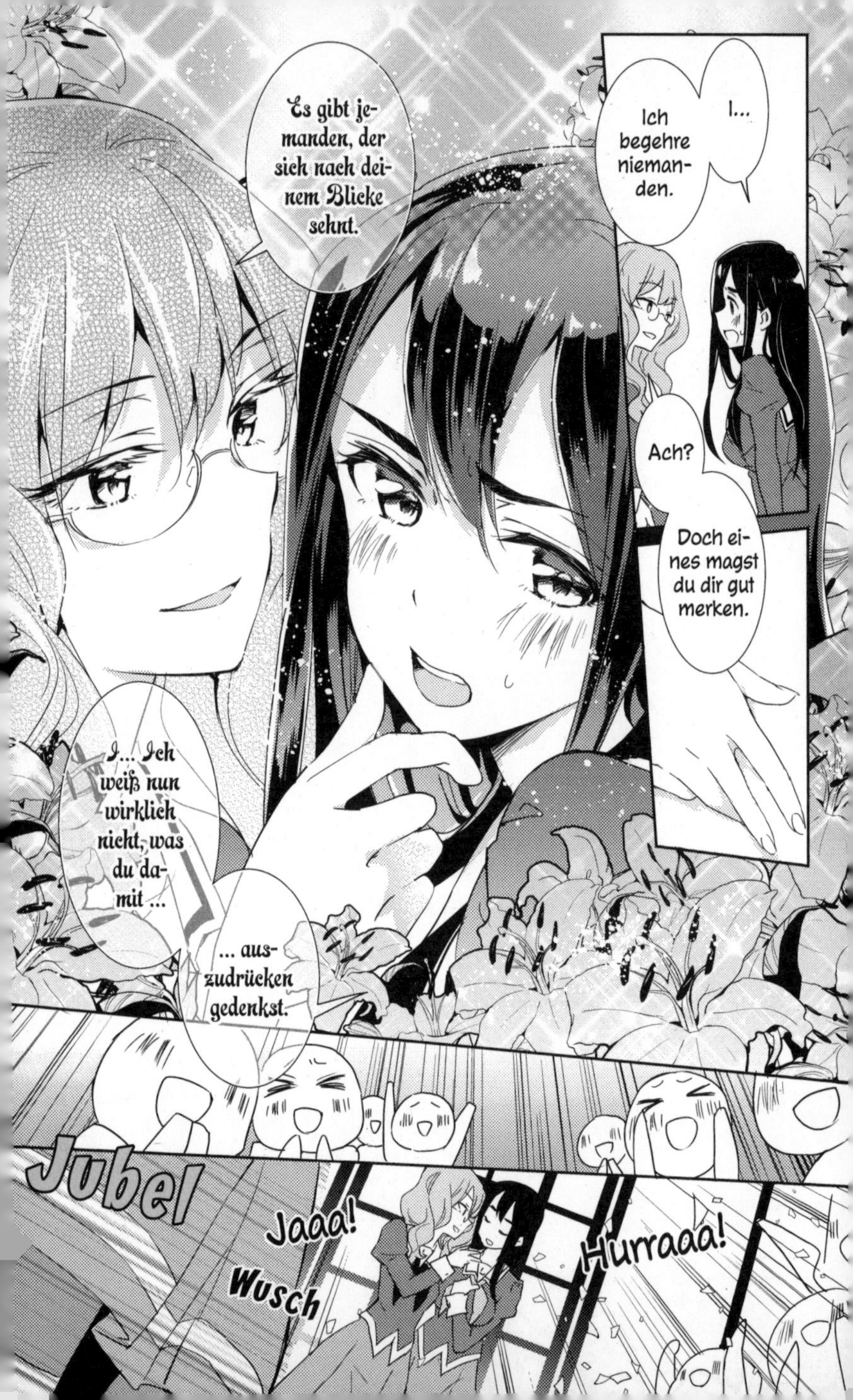

I...
Ich begehre niemanden.
Ach?
Doch eines magst du dir gut merken.
Es gibt jemanden, der sich nach deinem Blicke sehnt.
I... Ich weiß nun wirklich nicht, was du damit ...
... auszudrücken gedenkst.
Jubel
Hurraaa!
Jaaa!
Wusch

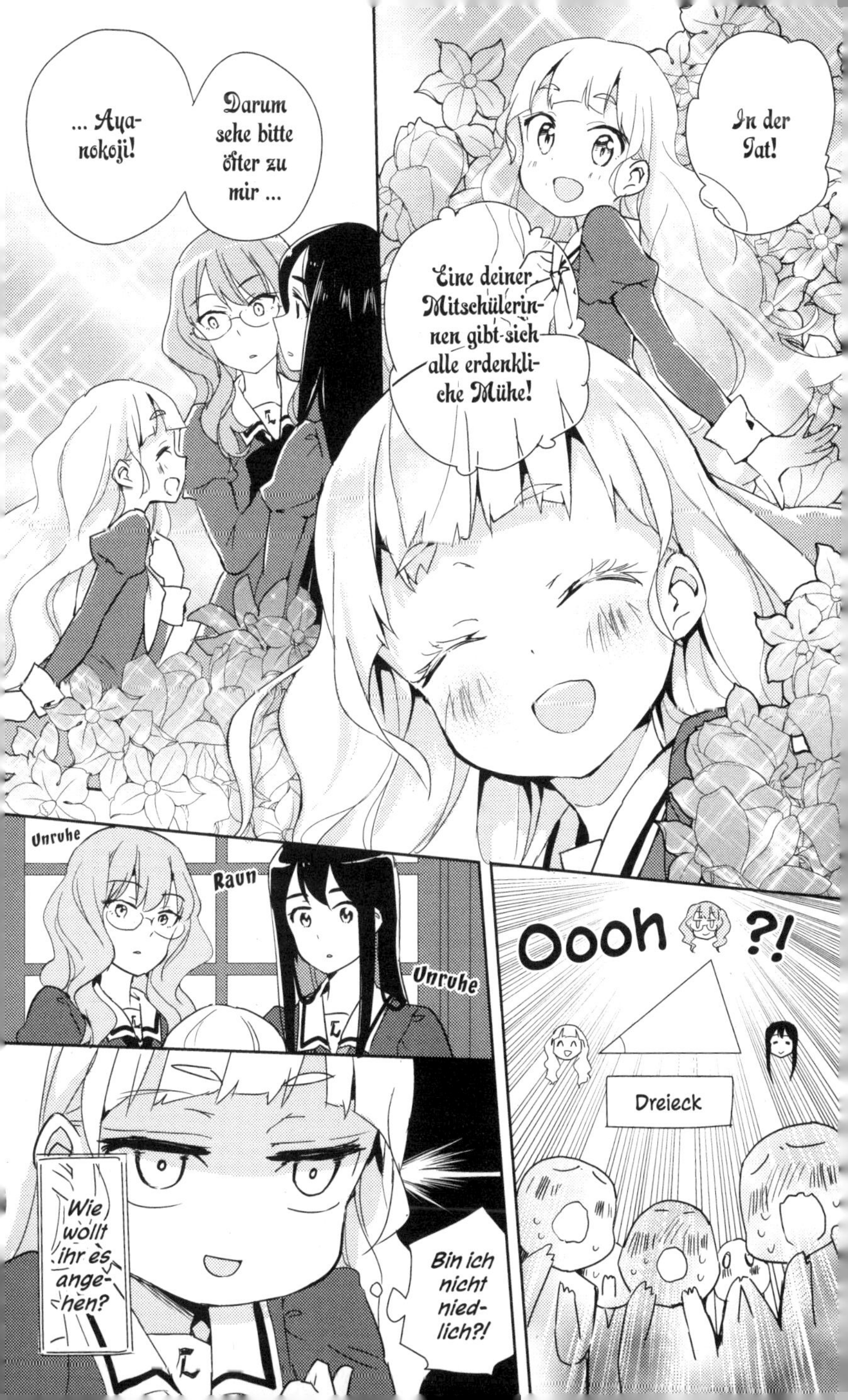
In der Tat!
Eine deiner Mitschülerinnen gibt sich alle erdenkliche Mühe!
Darum sehe bitte öfter zu mir ...
... Aya-nokoji!
Oooh ?!
Dreieck
Unruhe
Raun
Unruhe
Bin ich nicht niedlich?!
Wie wollt ihr es angehen?

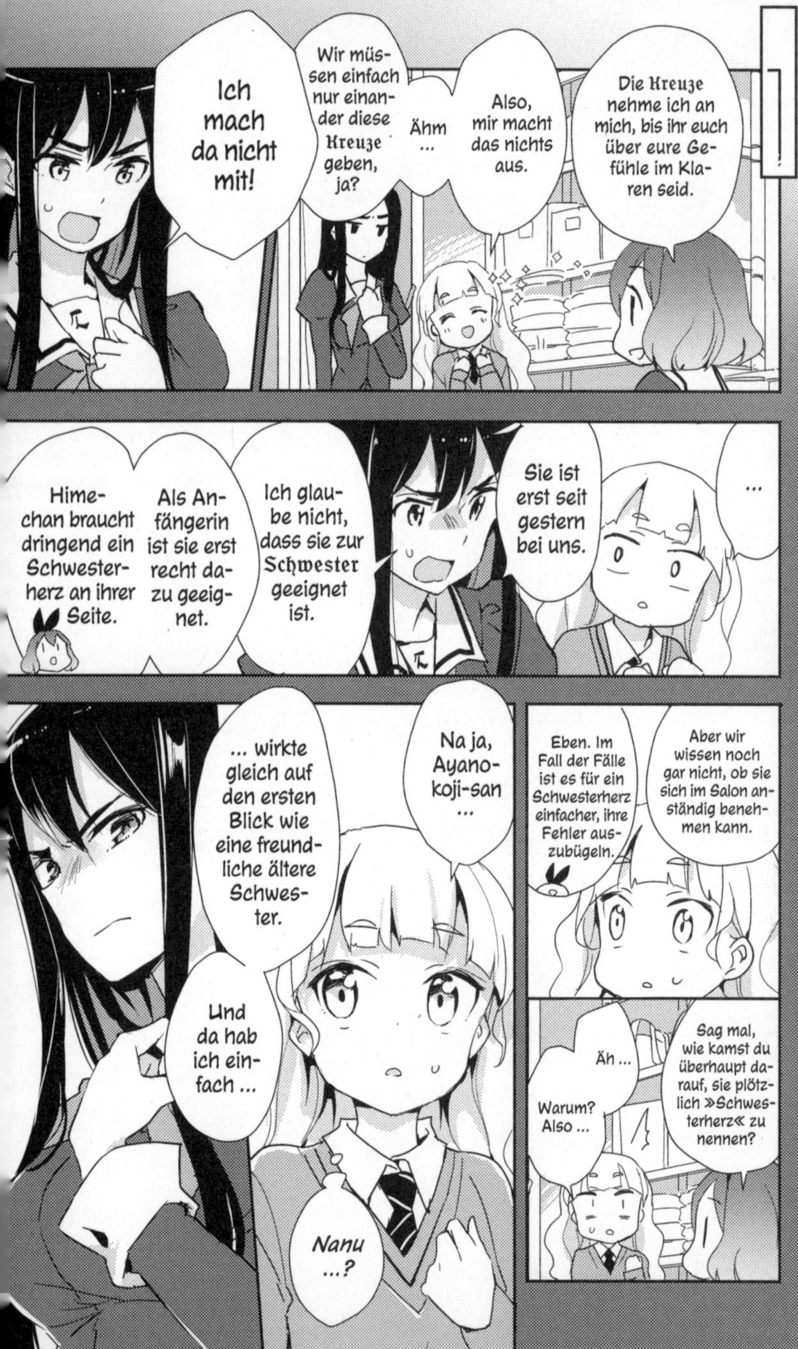
Die Kreuze nehme ich an mich, bis ihr euch über eure Gefühle im Klaren seid.
Also, mir macht das nichts aus.
Ähm ...
Wir müssen einfach nur einander diese Kreuze geben, ja?
Ich mach da nicht mit!
...
Sie ist erst seit gestern bei uns.
Ich glaube nicht, dass sie zur Schwester geeignet ist.
Als Anfängerin ist sie erst recht dazu geeignet.
Hime-chan braucht dringend ein Schwesterherz an ihrer Seite.
Aber wir wissen noch gar nicht, ob sie sich im Salon anständig benehmen kann.
Eben. Im Fall der Fälle ist es für ein Schwesterherz einfacher, ihre Fehler auszubügeln.
Sag mal, wie kamst du überhaupt darauf, sie plötzlich »Schwesterherz« zu nennen?
Äh ...
Warum? Also ...
Na ja, Ayanokoji-san ...
... wirkte gleich auf den ersten Blick wie eine freundliche ältere Schwester.
Und da hab ich einfach ...
Nanu ...?

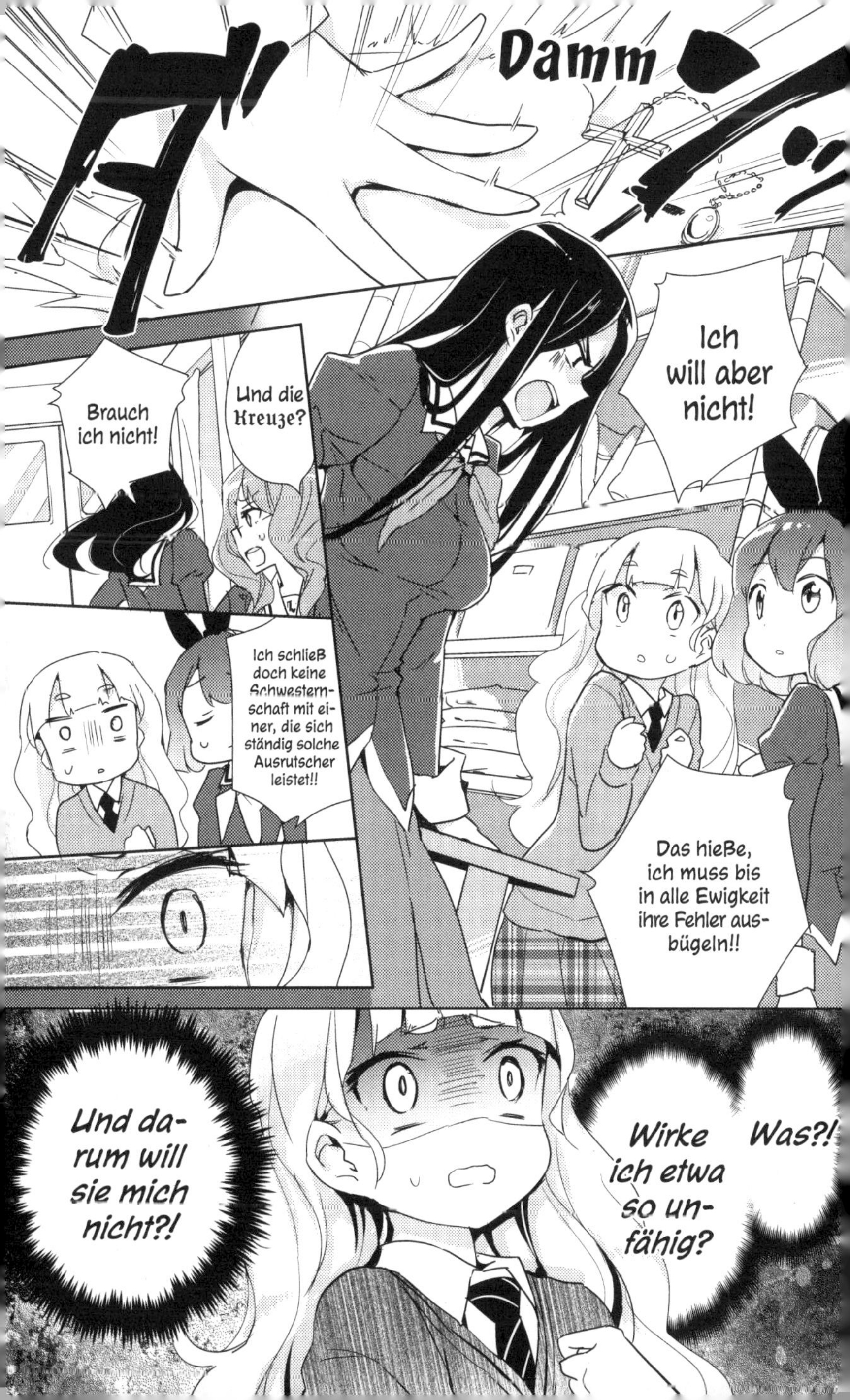
Damm
Ich will aber nicht!
Und die Kreuze?
Brauch ich nicht!
Das hieße, ich muss bis in alle Ewigkeit ihre Fehler ausbügeln!!
Ich schließ doch keine Schwesternschaft mit einer, die sich ständig solche Ausrutscher leistet!!
Was?!
Wirke ich etwa so unfähig?
Und darum will sie mich nicht?!

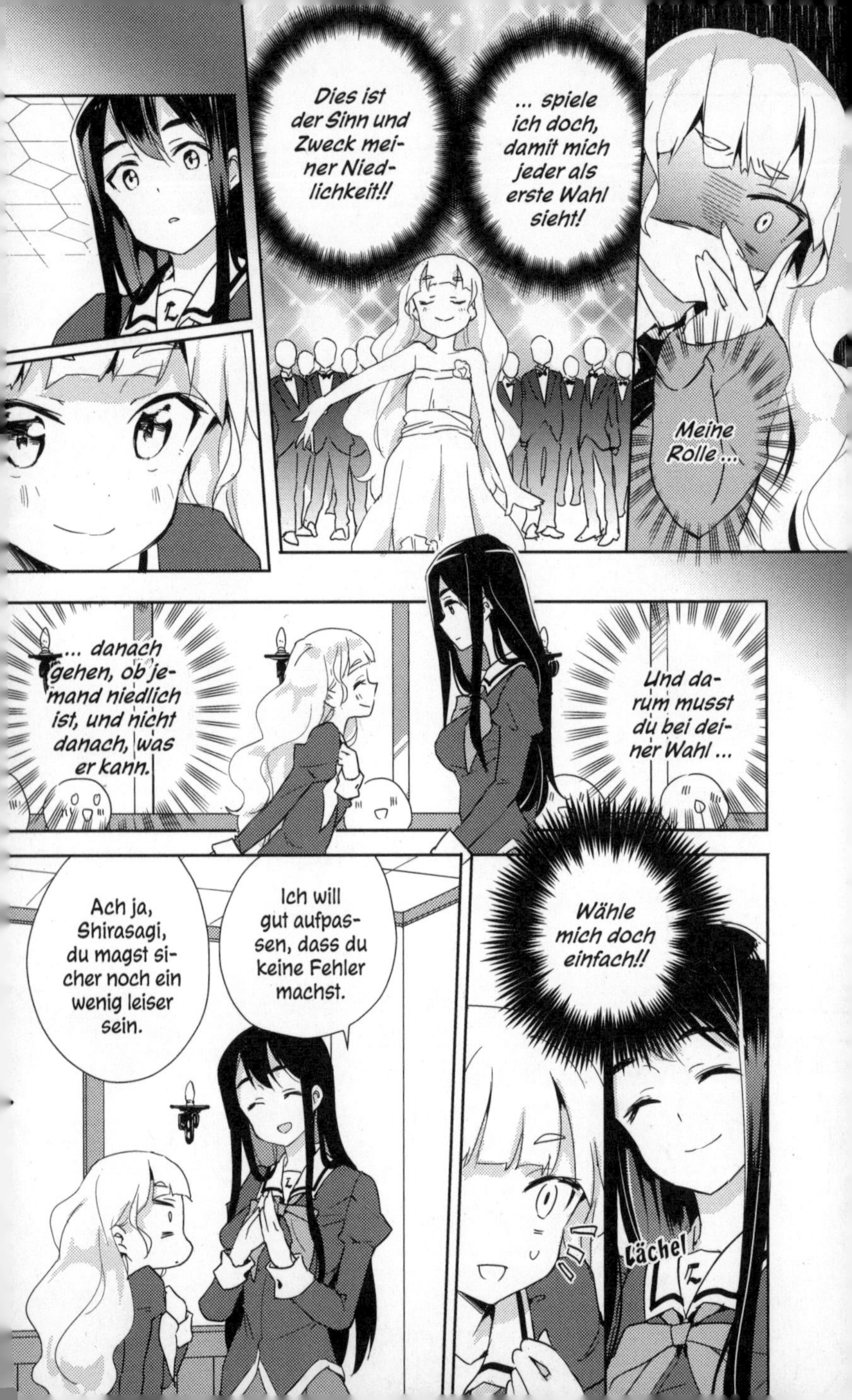

Meine Rolle ...
... spiele ich doch, damit mich jeder als erste Wahl sieht!
Dies ist der Sinn und Zweck meiner Niedlichkeit!!
Und darum musst du bei deiner Wahl ...
... danach gehen, ob jemand niedlich ist, und nicht danach, was er kann.
Wähle mich doch einfach!!
Lächel
Ich will gut aufpassen, dass du keine Fehler machst.
Ach ja, Shirasagi, du magst sicher noch ein wenig leiser sein.

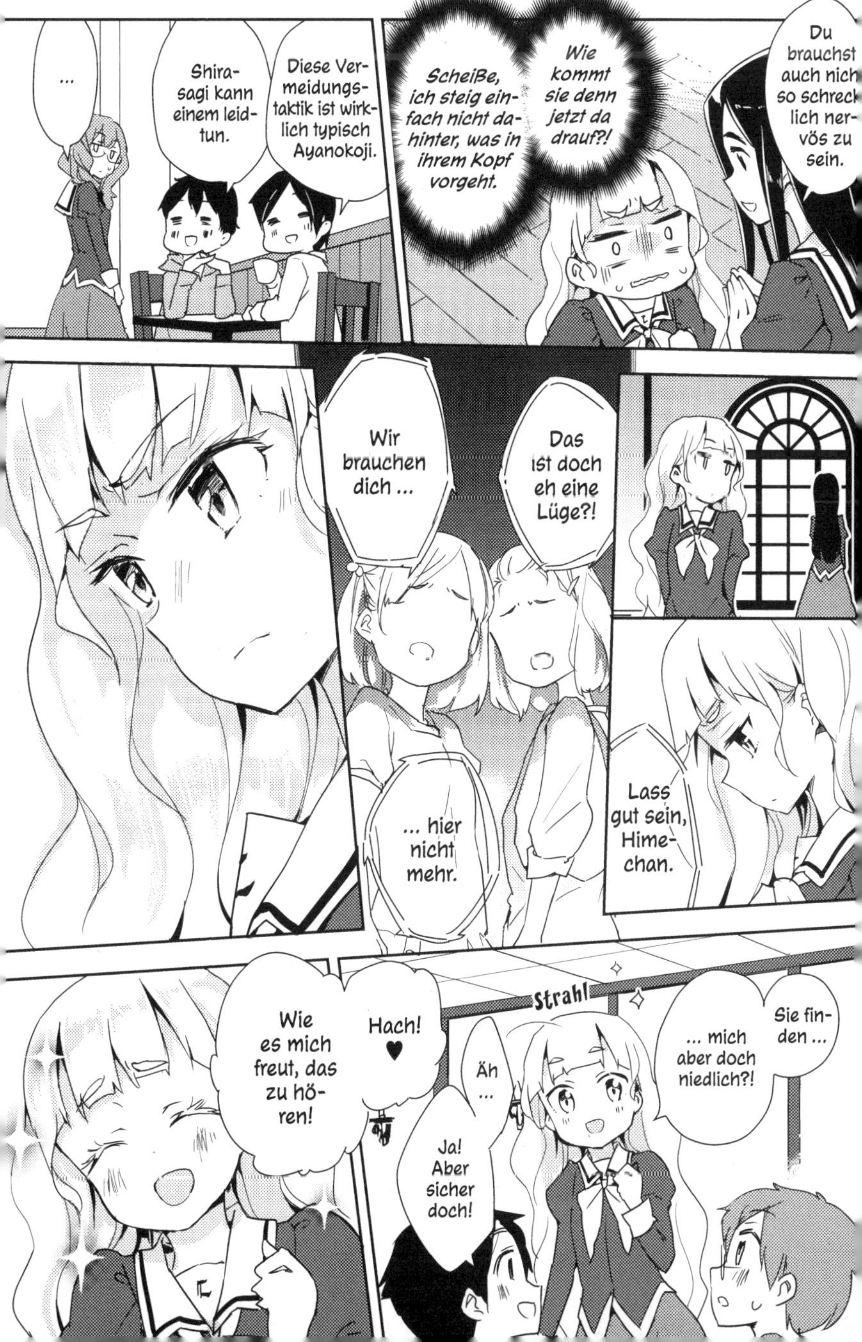
Du brauchst auch nich so schreck lich nervös zu sein.
Wie kommt sie denn jetzt da drauf?!
Scheiße, ich steig einfach nicht dahinter, was in ihrem Kopf vorgeht.
Diese Vermeidungstaktik ist wirklich typisch Ayanokoji.
Shirasagi kann einem leidtun.
...
Das ist doch eh eine Lüge?!
Wir brauchen dich ...
... hier nicht mehr.
Lass gut sein, Hime-chan.
Sie finden ...
... mich aber doch niedlich?!
Strahl
Äh ...
Ja! Aber sicher doch!
Hach! ♥
Wie es mich freut, das zu hören!

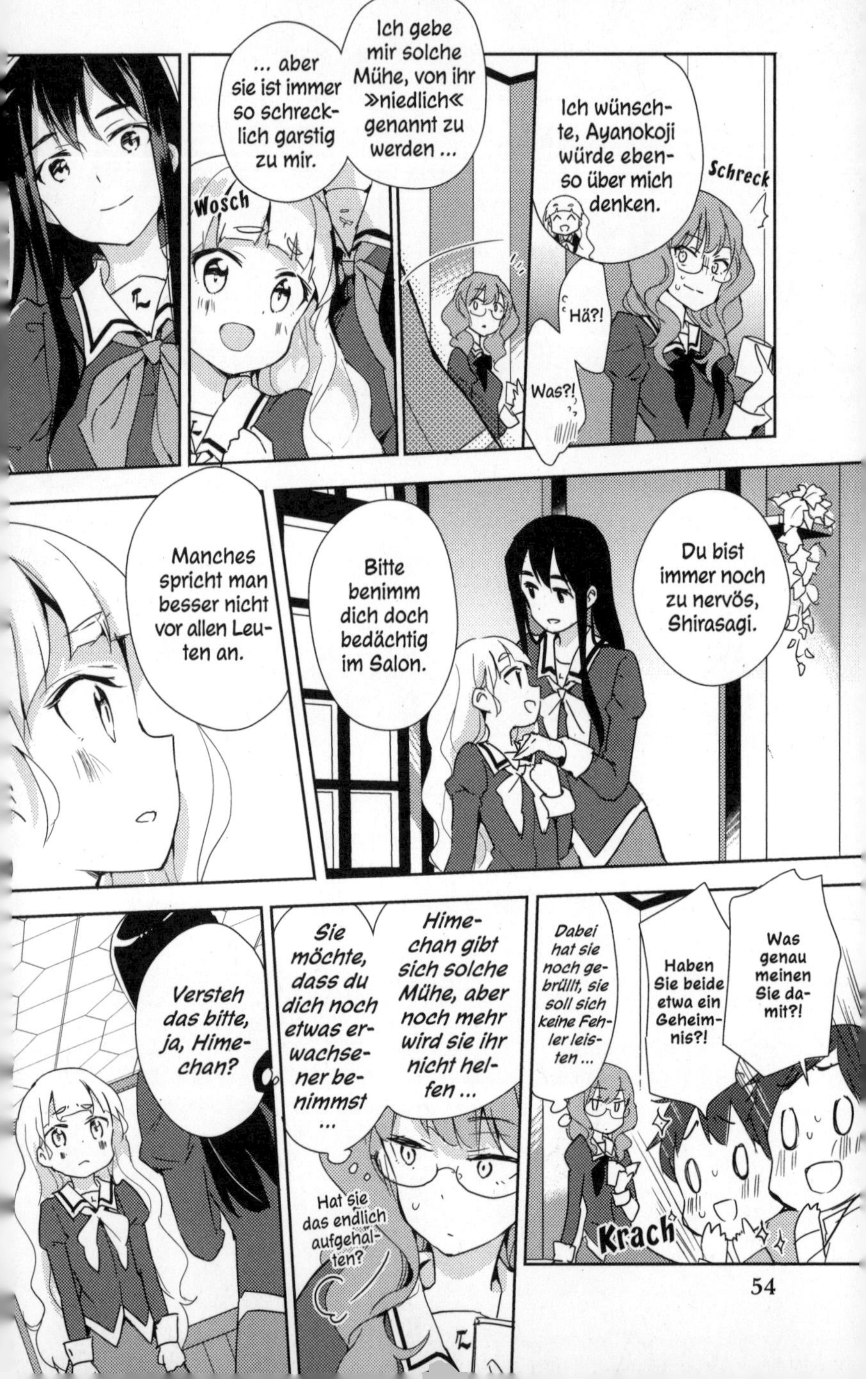
Ich wünschte, Ayanokoji würde ebenso über mich denken.
Schreck
Ich gebe mir solche Mühe, von ihr »niedlich« genannt zu werden ...
... aber sie ist immer so schrecklich garstig zu mir.
Wosch
Hä?!
Was?!
Du bist immer noch zu nervös, Shirasagi.
Bitte benimm dich doch bedächtig im Salon.
Manches spricht man besser nicht vor allen Leuten an.
Was genau meinen Sie damit?!
Haben Sie beide etwa ein Geheimnis?!
Dabei hat sie noch gebrüllt, sie soll sich keine Fehler leisten ...
Krach
Hime-chan gibt sich solche Mühe, aber noch mehr wird sie ihr nicht helfen ...
Sie möchte, dass du dich noch etwas erwachsener benimmst ...
Hat sie das endlich aufgehalten?
Versteh das bitte, ja, Hime-chan?

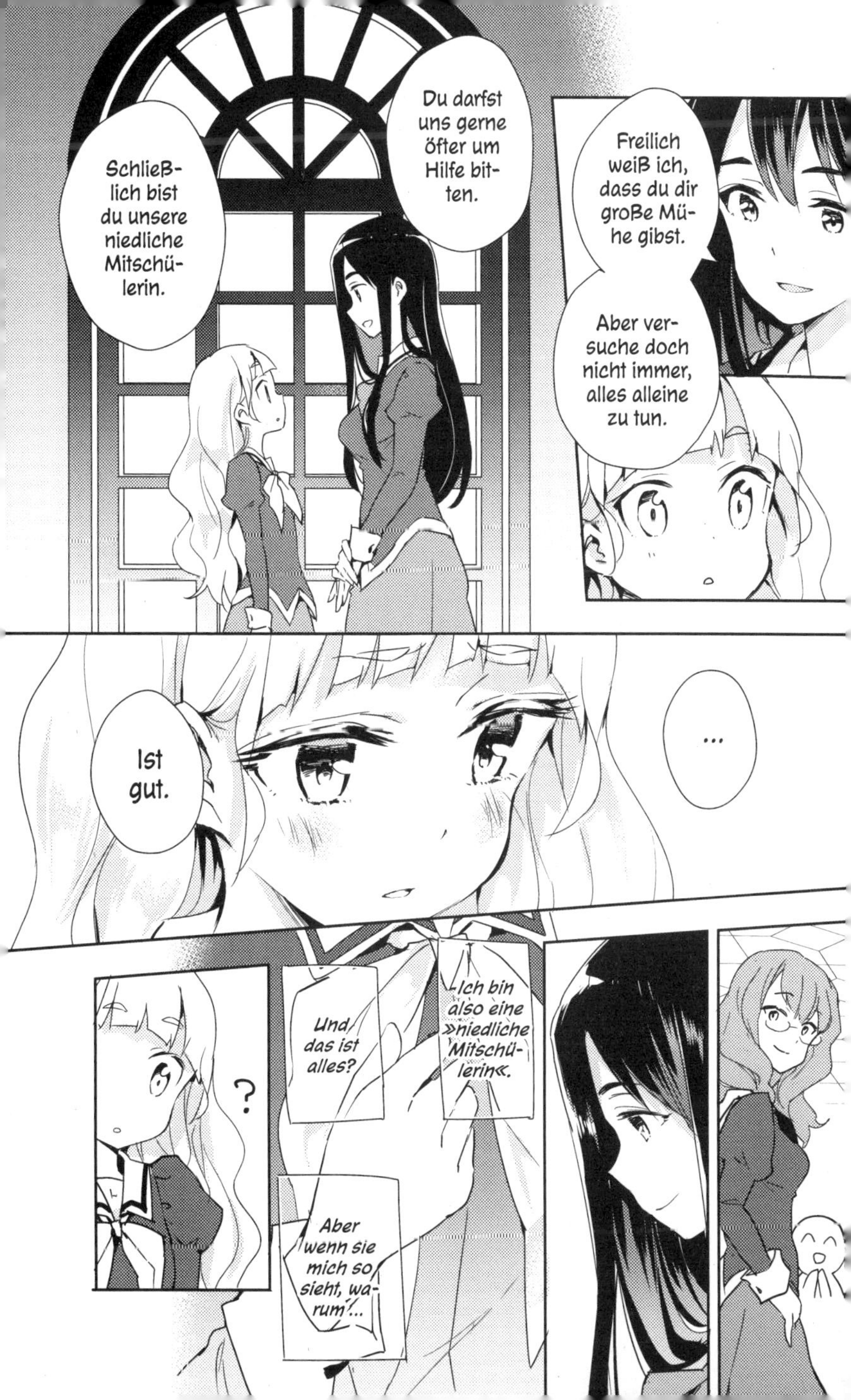
Freilich weiß ich, dass du dir große Mühe gibst.
Aber versuche doch nicht immer, alles alleine zu tun.
Du darfst uns gerne öfter um Hilfe bitten.
Schließlich bist du unsere niedliche Mitschülerin.
...
Ist gut.
Ich bin also eine »niedliche Mitschülerin«.
Und das ist alles?
Aber wenn sie mich so sieht, warum ...
?

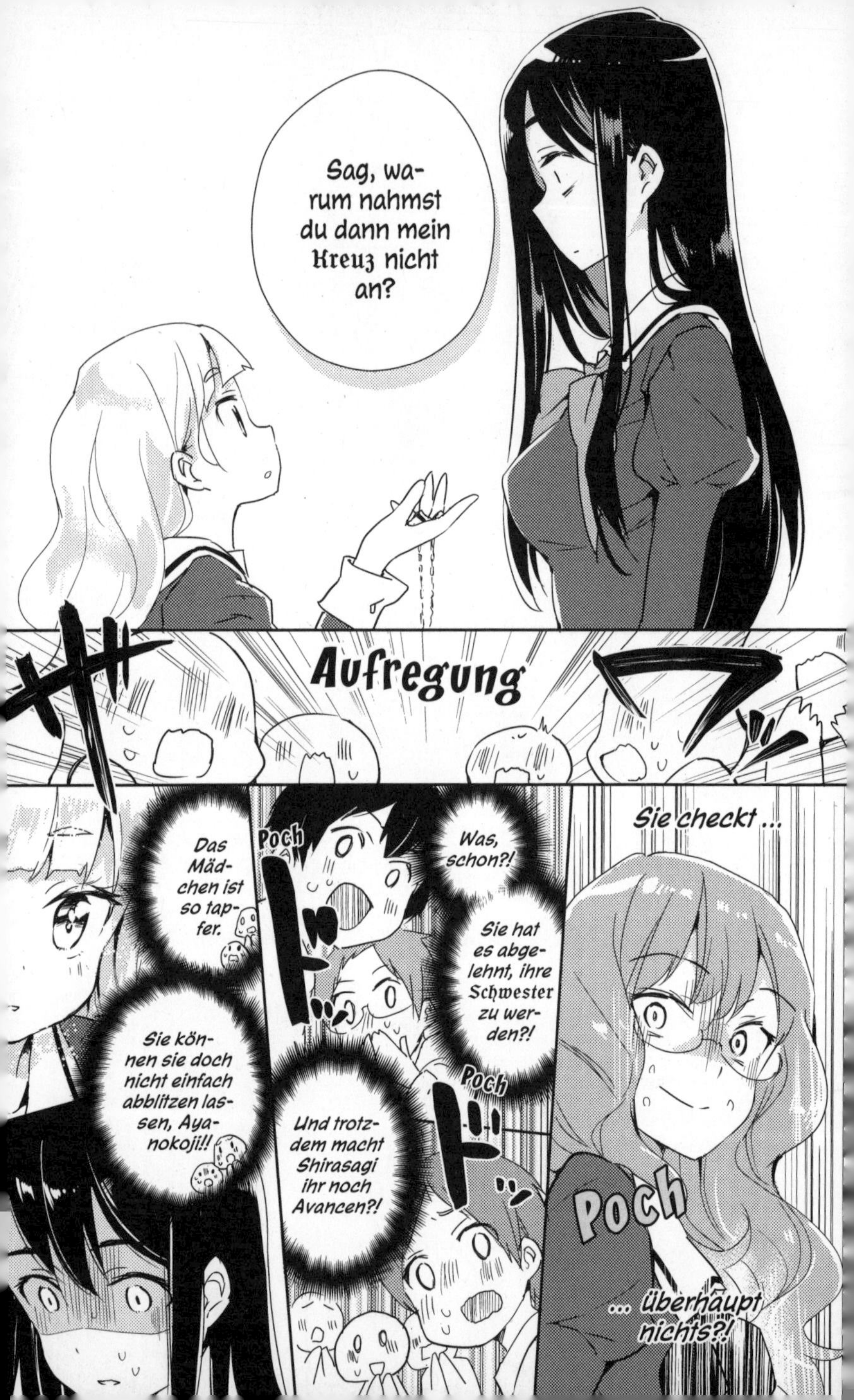

Sag, warum nahmst du dann mein Kreuz nicht an?
Aufregung
Sie checkt ...
... überhaupt nichts?!
Was, schon?!
Sie hat es abgelehnt, ihre Schwester zu werden?!
Poch
Poch
Poch
Das Mädchen ist so tapfer.
Und trotzdem macht Shirasagi ihr noch Avancen?!
Sie können sie doch nicht einfach abblitzen lassen, Ayanokoji!!

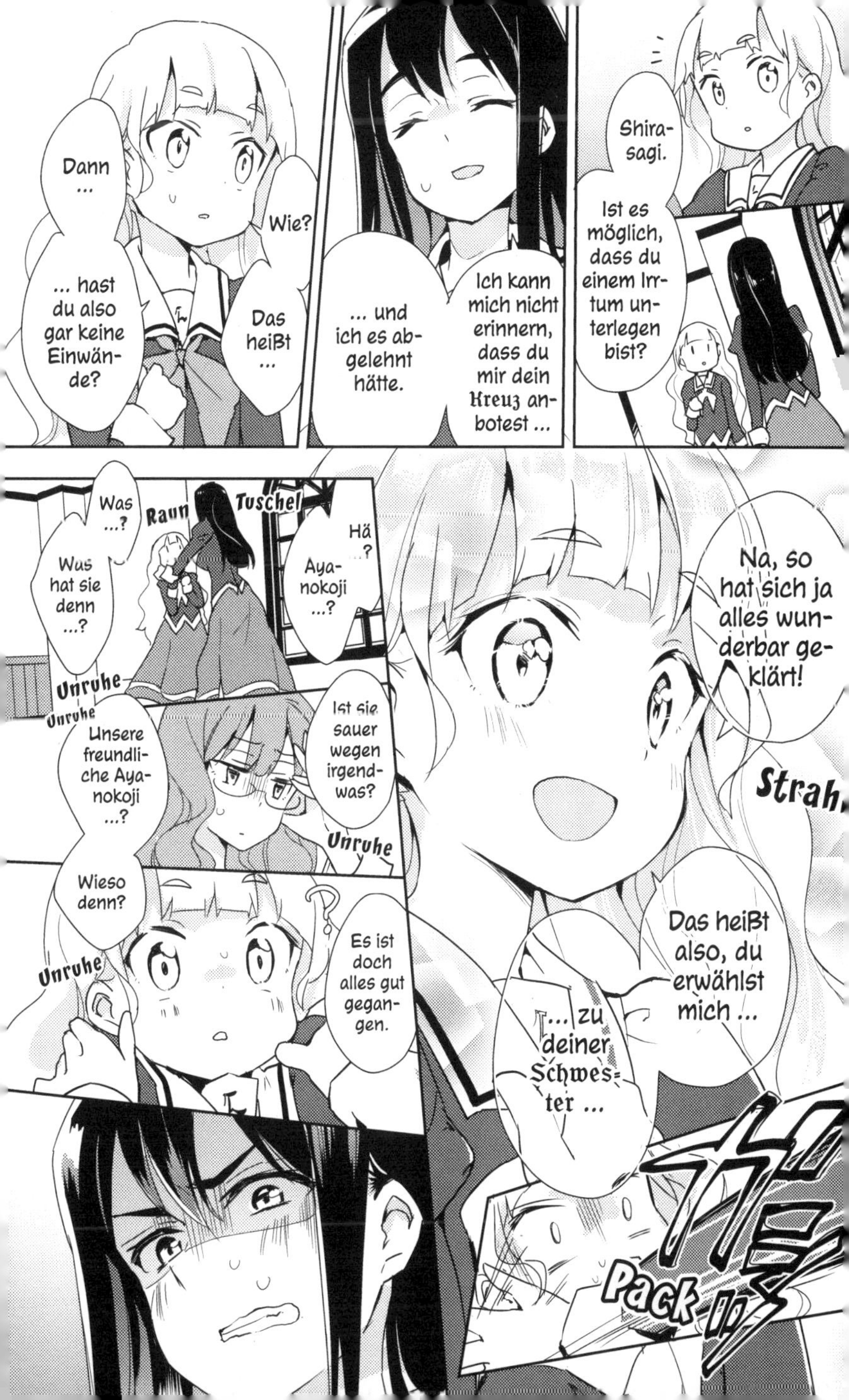

Shirasagi.
Ist es möglich, dass du einem Irrtum unterlegen bist?
Ich kann mich nicht erinnern, dass du mir dein Kreuz anbotest ...
... und ich es abgelehnt hätte.
Wie?
Das heißt ...
Dann ...
... hast du also gar keine Einwände?
Na, so hat sich ja alles wunderbar geklärt!
Strahl
Das heißt also, du erwählst mich ...
... zu deiner Schwester ...
Tuschel
Hä ...?
Ayanokoji ...?
Raun
Was ...?
Was hat sie denn ...?
Unruhe
Unruhe
Ist sie sauer wegen irgendwas?
Unsere freundliche Ayanokoji ...?
Unruhe
Es ist doch alles gut gegangen.
Wieso denn?
Unruhe
Pack

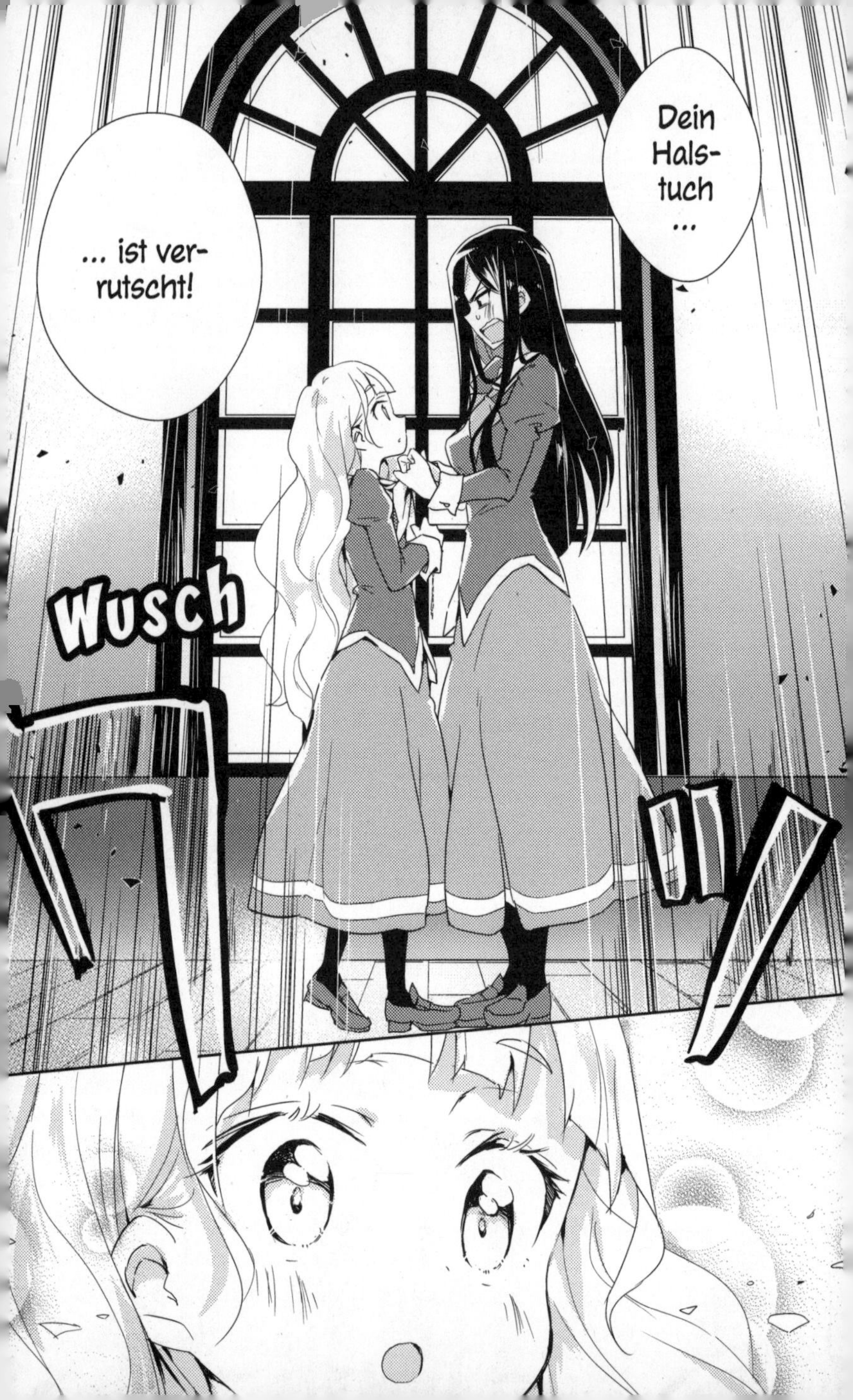
Dein Halstuch ...
... ist verrutscht!
Wusch

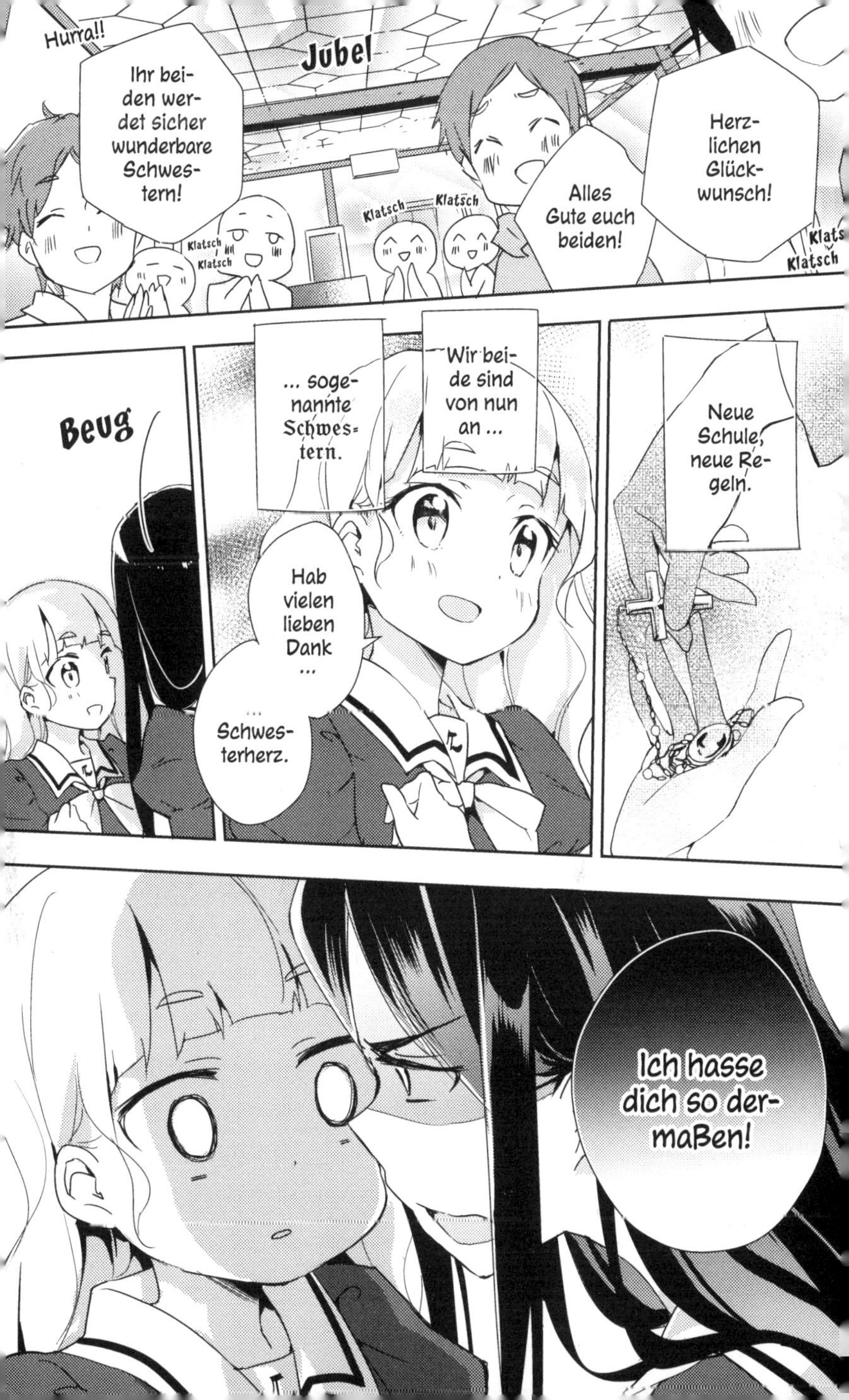
Herzlichen Glückwunsch!
Klats Klatsch
Alles Gute euch beiden!
Klatsch Klatsch
Jubel
Klatsch Klatsch
Ihr beiden werdet sicher wunderbare Schwestern!
Hurra!!
Neue Schule, neue Regeln.
Wir beide sind von nun an ...
... sogenannte Schwestern.
Hab vielen lieben Dank ...
... Schwesterherz.
Beug
Ich hasse dich so dermaßen!

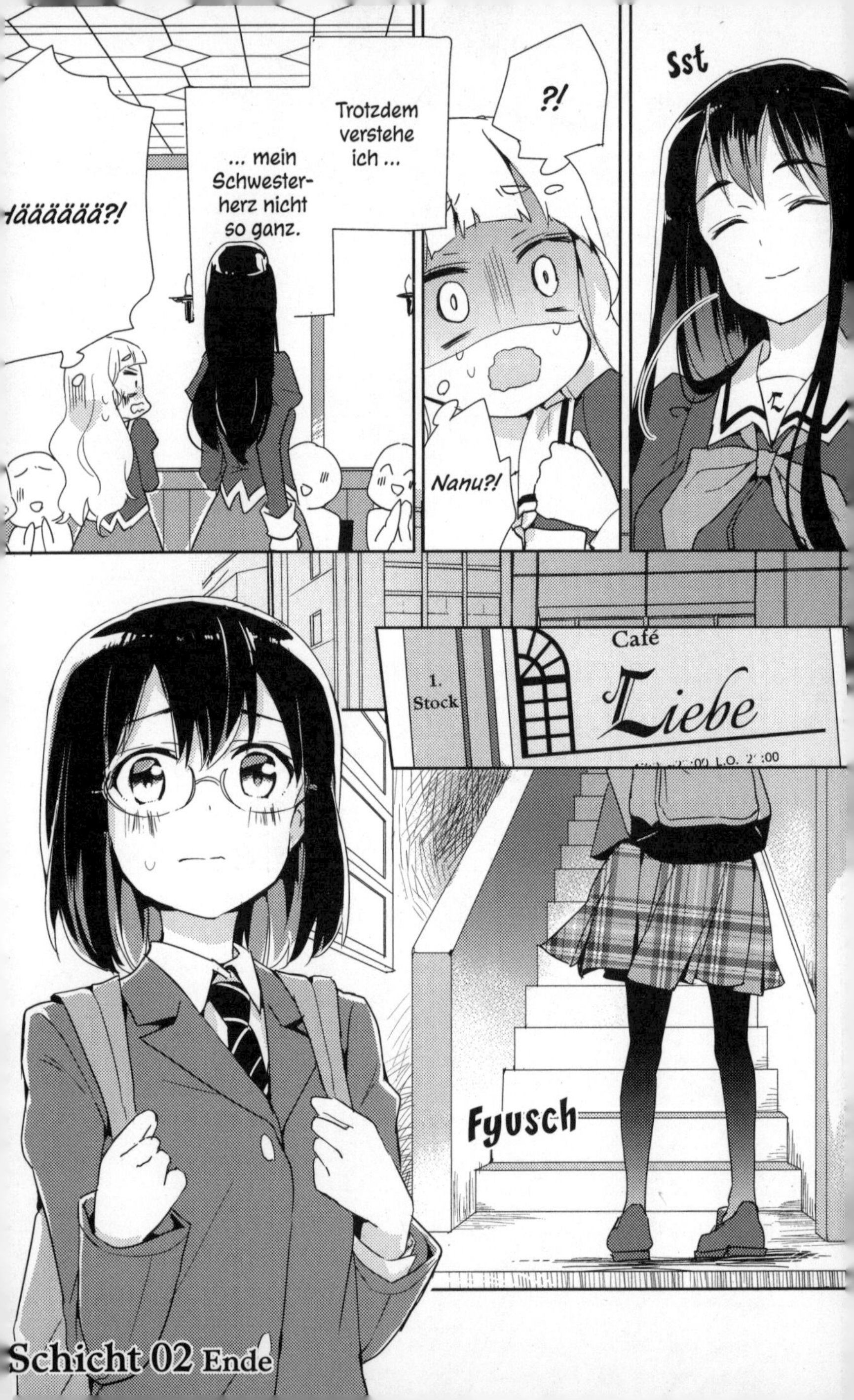
Sst
?!
Nanu?!
Trotzdem verstehe ich ...
... mein Schwesterherz nicht so ganz.
Häääääää?!
Café Liebe
1. Stock
Fyusch
Schicht 02 Ende

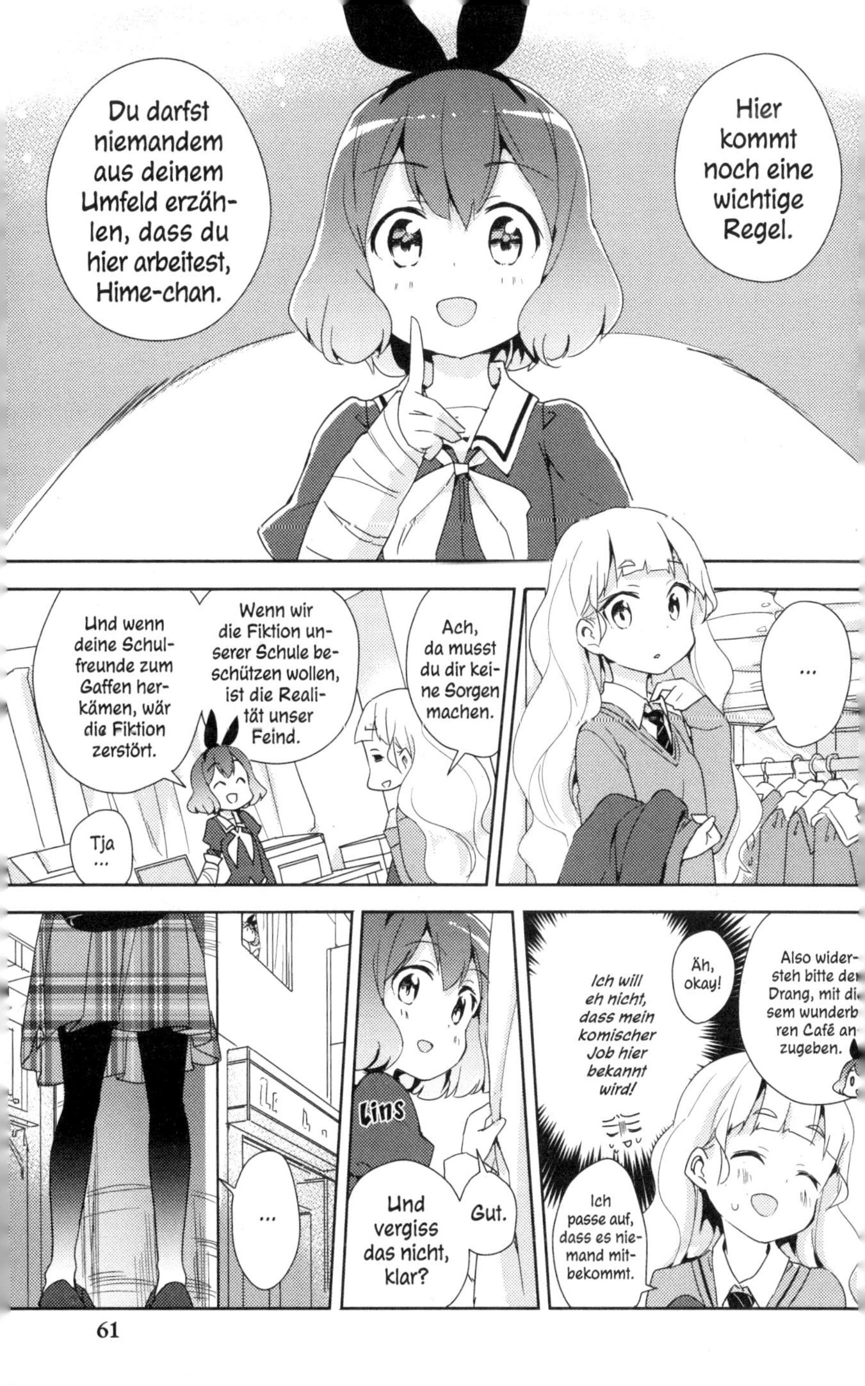
Hier kommt noch eine wichtige Regel.
Du darfst niemandem aus deinem Umfeld erzählen, dass du hier arbeitest, Hime-chan.
...
Ach, da musst du dir keine Sorgen machen.
Wenn wir die Fiktion unserer Schule beschützen wollen, ist die Realität unser Feind.
Und wenn deine Schulfreunde zum Gaffen herkämen, wär die Fiktion zerstört.
Tja ...
Also widersteh bitte de
Drang, mit di
sem wunderb
ren Café an
zugeben.
Äh, okay!
Ich will eh nicht, dass mein komischer Job hier bekannt wird!
Ich passe auf, dass es niemand mitbekommt.
Gut.
Lins
Und vergiss das nicht, klar?
...

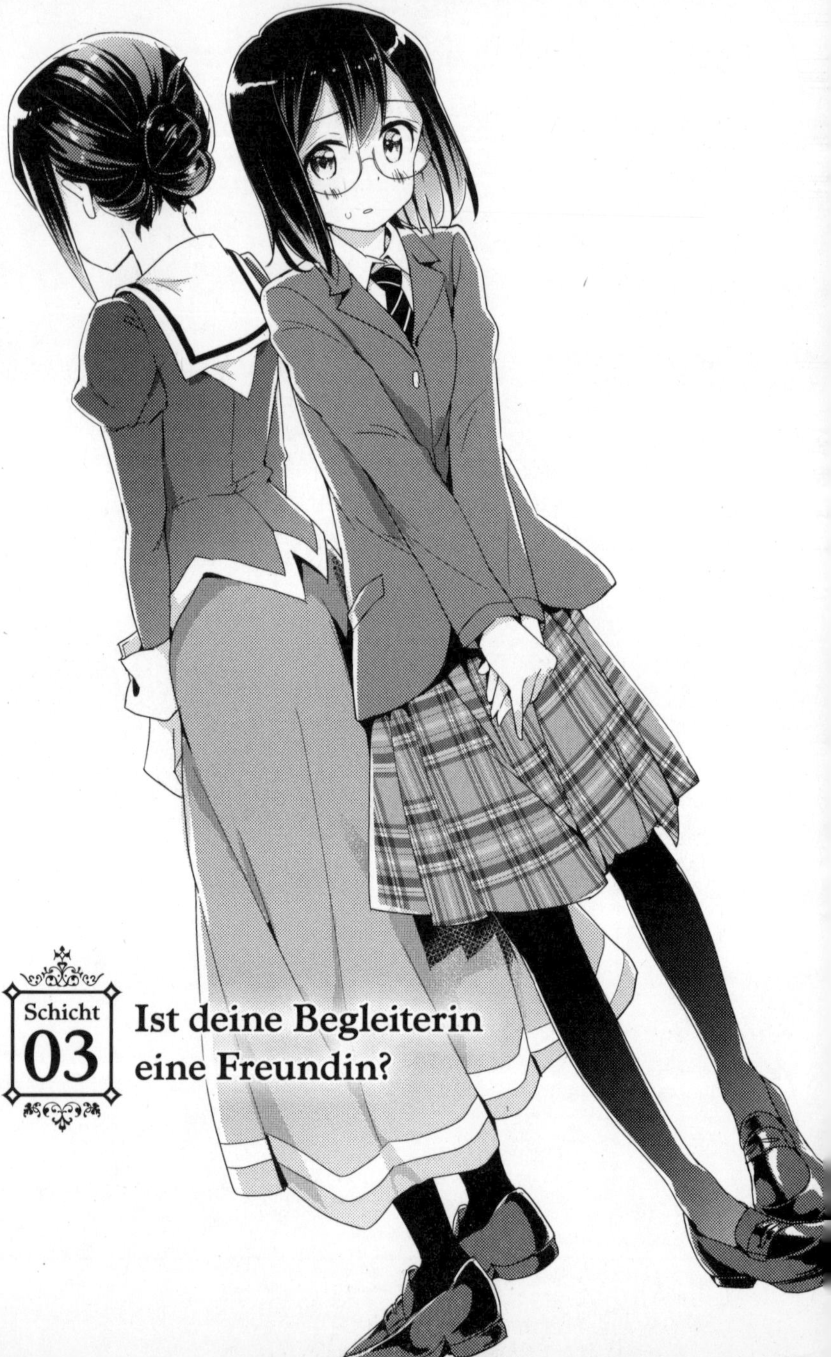

Schicht 03 Ist deine Begleiterin eine Freundin?

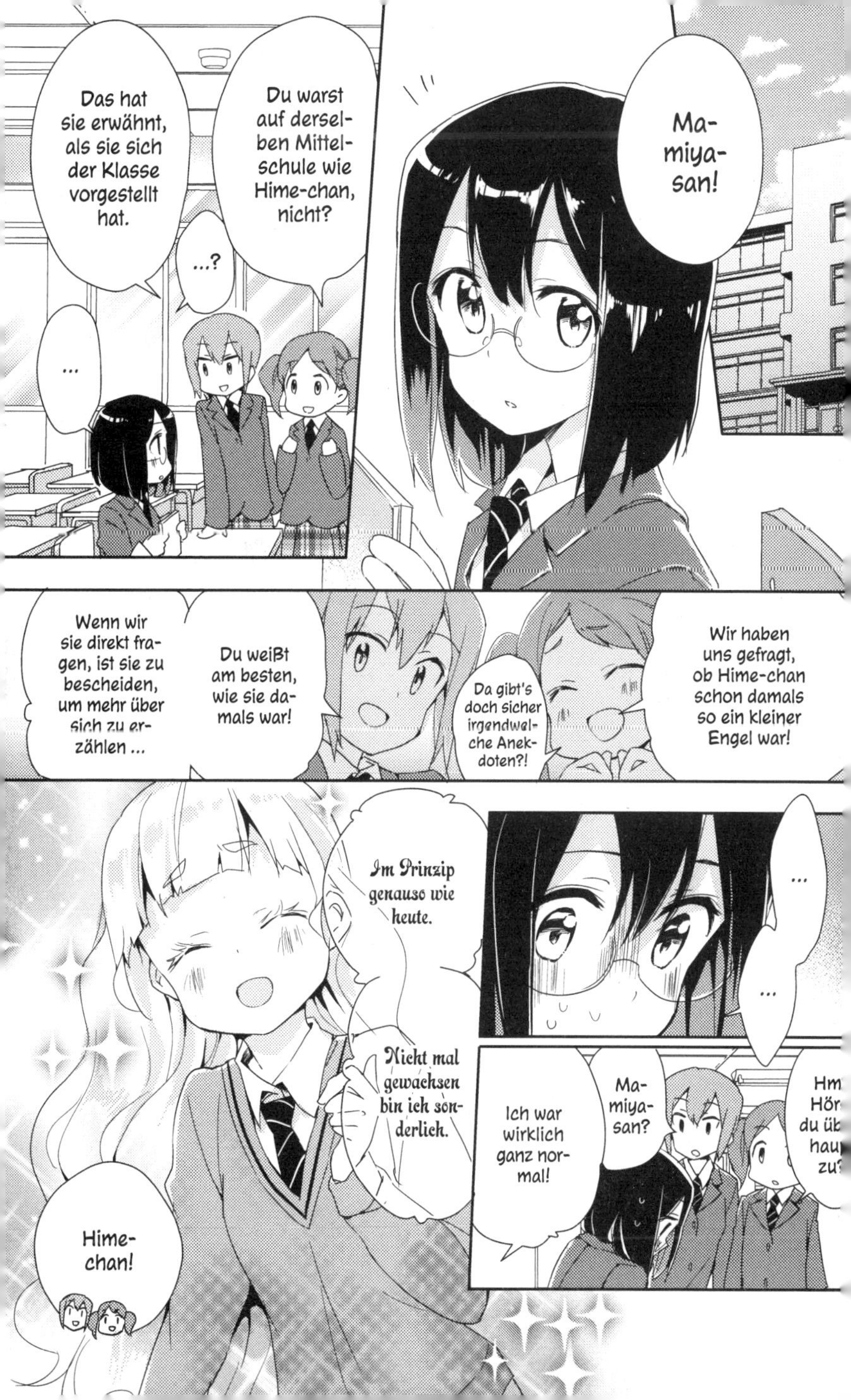
Mamiya-san!
Du warst auf derselben Mittelschule wie Hime-chan, nicht?
...?
Das hat sie erwähnt, als sie sich der Klasse vorgestellt hat.
...
Wir haben uns gefragt, ob Hime-chan schon damals so ein kleiner Engel war!
Da gibt's doch sicher irgendwelche Anekdoten?!
Du weißt am besten, wie sie damals war!
Wenn wir sie direkt fragen, ist sie zu bescheiden, um mehr über sich zu erzählen ...
...
...
Hm Hör du üb hau zu?
Mamiya-san?
Ich war wirklich ganz normal!
Im Prinzip genauso wie heute.
Nicht mal gewachsen bin ich sonderlich.
Hime-chan!

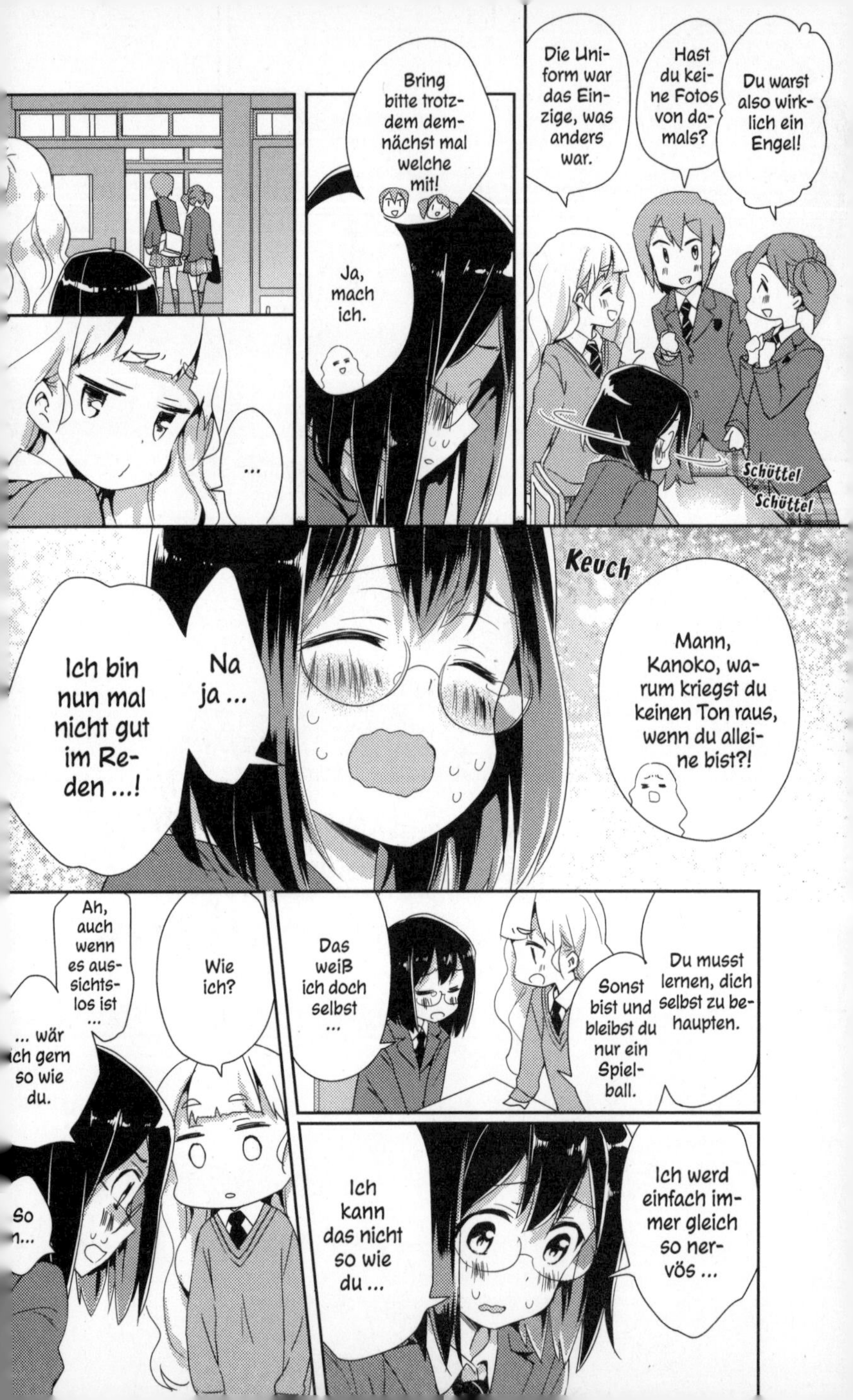
Du warst also wirklich ein Engel!
Hast du keine Fotos von damals?
Die Uniform war das Einzige, was anders war.
Schüttel Schüttel
Bring bitte trotzdem demnächst mal welche mit!
Ja, mach ich.
...
Keuch
Mann, Kanoko, warum kriegst du keinen Ton raus, wenn du alleine bist?!
Na ja ...
Ich bin nun mal nicht gut im Reden ...!
Du musst lernen, dich selbst zu behaupten.
Sonst bist und bleibst du nur ein Spielball.
Das weiß ich doch selbst ...
Ich werd einfach immer gleich so nervös ...
Ich kann das nicht so wie du ...
Wie ich?
Ah, auch wenn es aussichtslos ist ...
... wär ich gern so wie du.

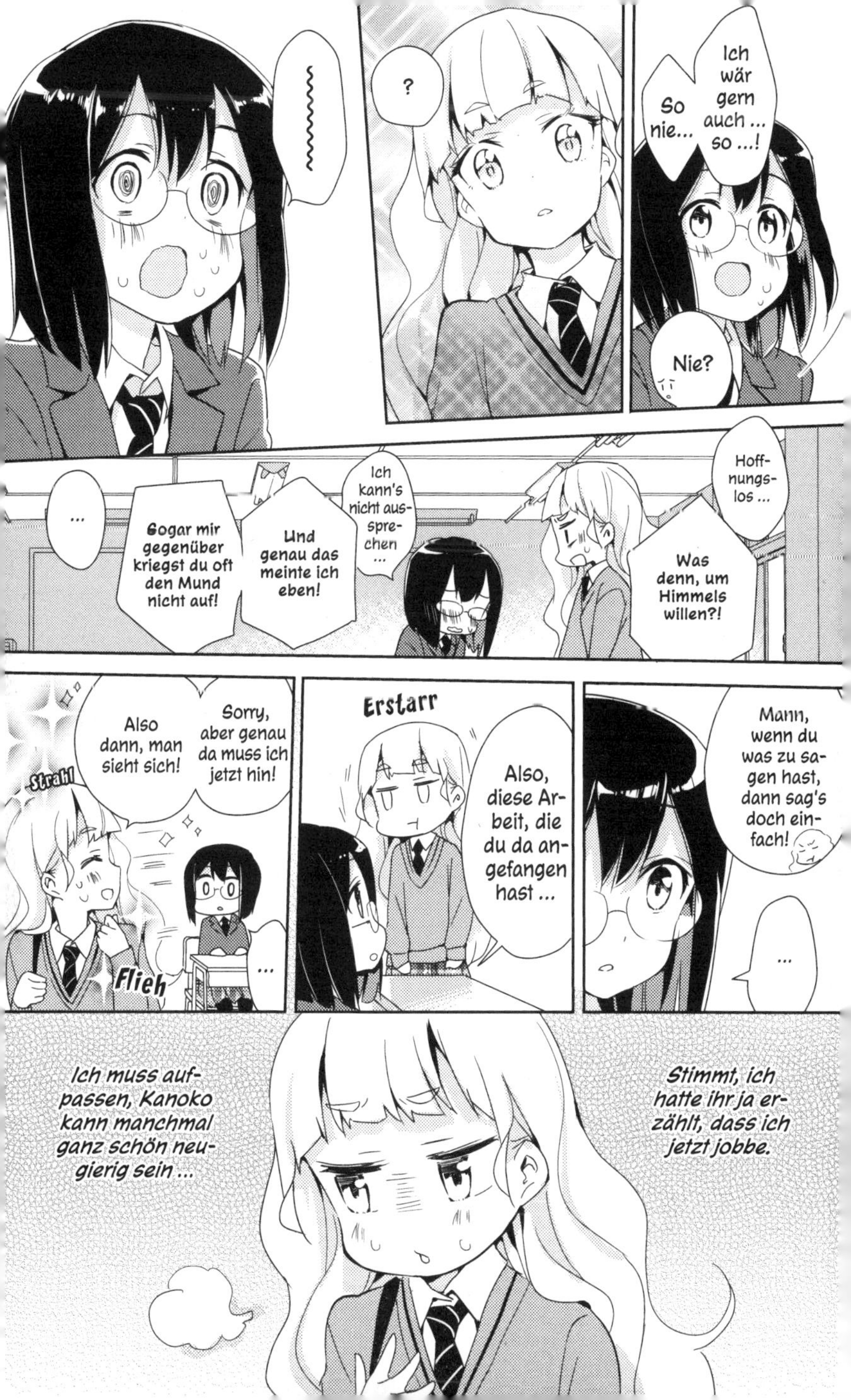
Ich wär gern auch ... so ...!
So nie...
Nie?
?
Hoffnungslos ...
Was denn, um Himmels willen?!
Ich kann's nicht aussprechen ...
Und genau das meinte ich eben!
Sogar mir gegenüber kriegst du oft den Mund nicht auf!
...
Mann, wenn du was zu sagen hast, dann sag's doch einfach!
...
Erstarr
Also, diese Arbeit, die du da angefangen hast ...
Sorry, aber genau da muss ich jetzt hin!
Also dann, man sieht sich!
Strahl!
Flieh
...
Stimmt, ich hatte ihr ja erzählt, dass ich jetzt jobbe.
Ich muss aufpassen, Kanoko kann manchmal ganz schön neugierig sein ...

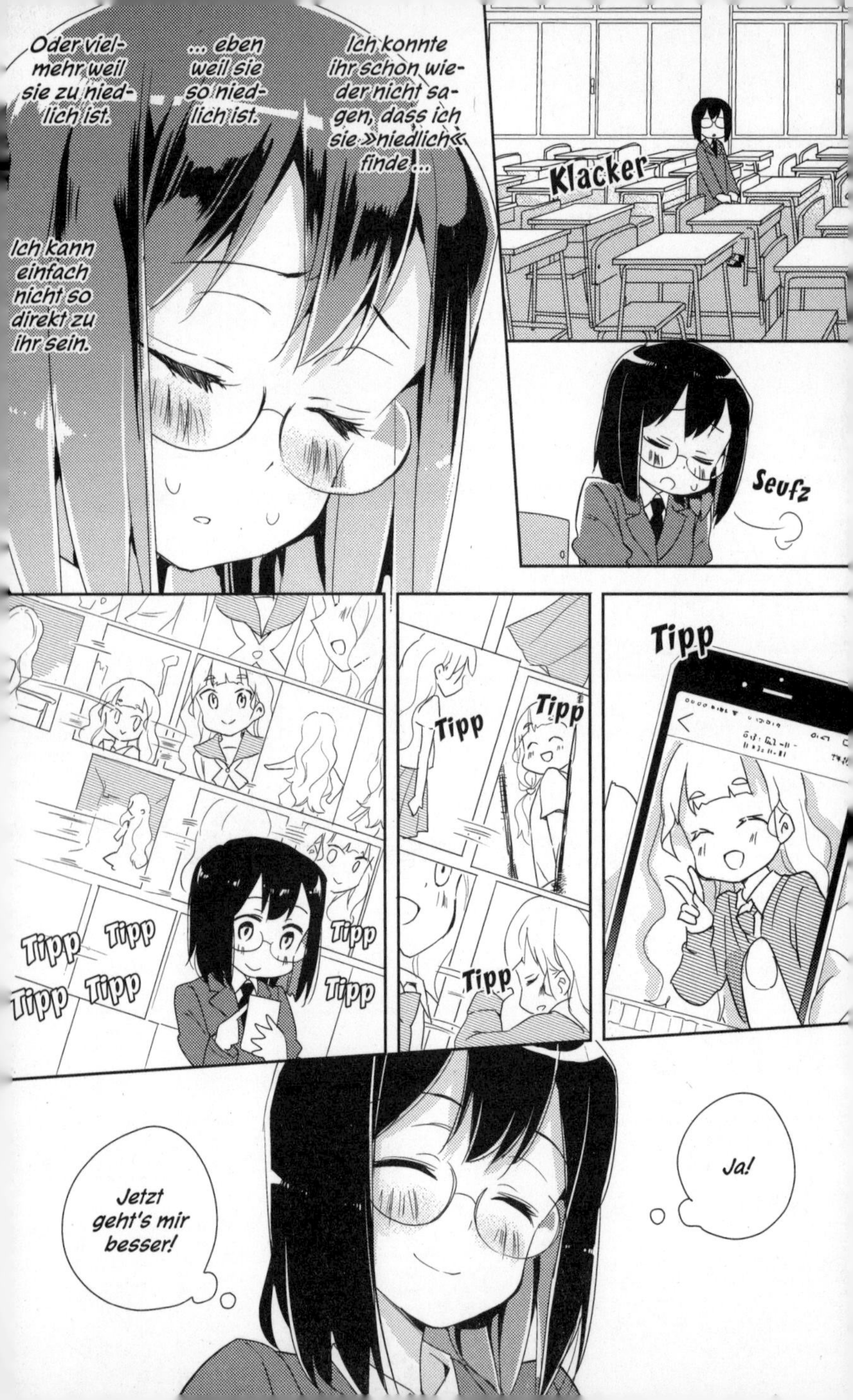
Ich konnte ihr schon wieder nicht sagen, dass ich sie »niedlich« finde …
… eben weil sie so niedlich ist.
Oder vielmehr weil sie zu niedlich ist.
Ich kann einfach nicht so direkt zu ihr sein.
Klacker
Seufz
Tipp
Tipp
Tipp
Tipp
Tipp
Tipp
Tipp
Tipp
Tipp
Tipp
Ja!
Jetzt geht's mir besser!

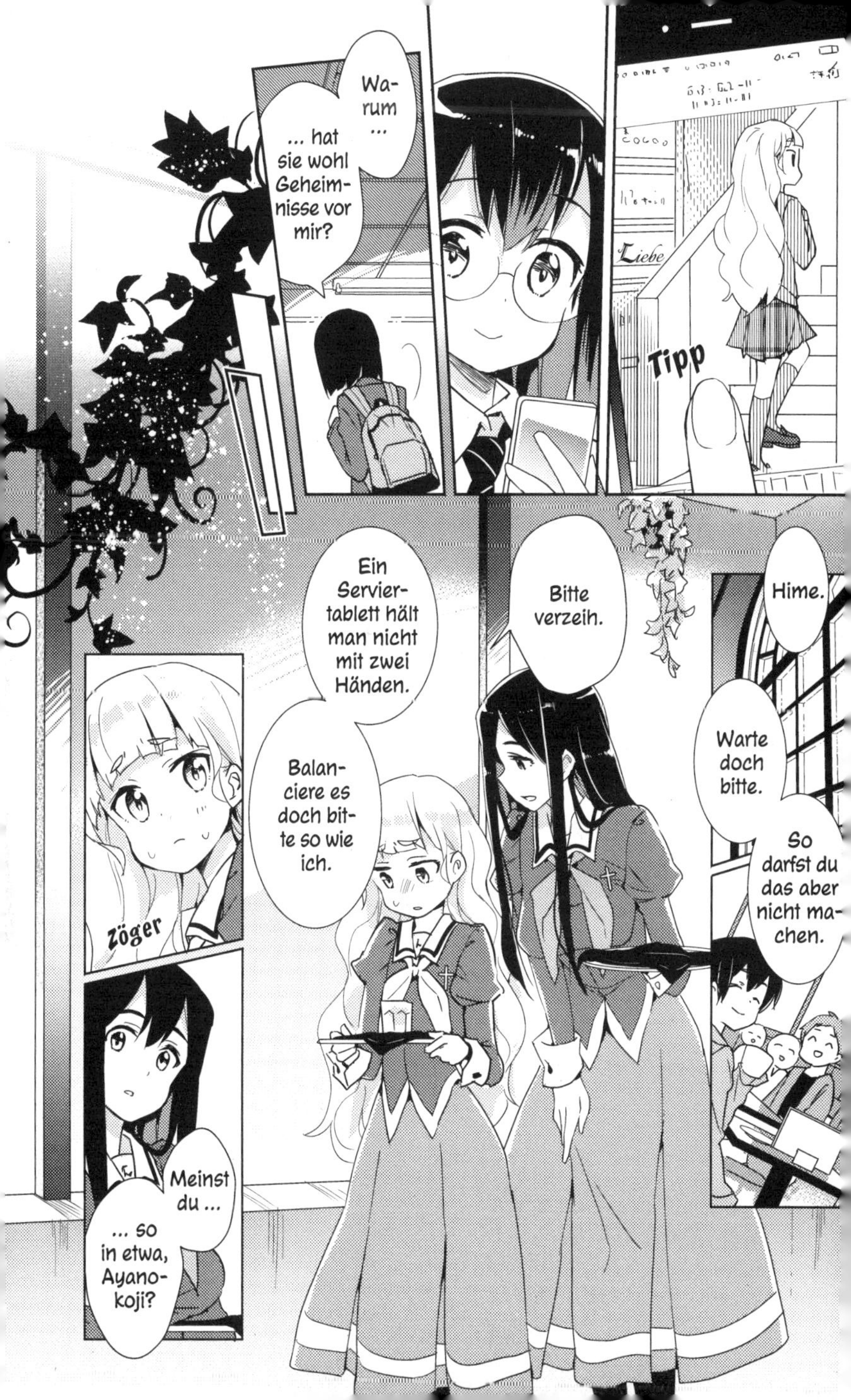
Tipp
Liebe
Warum ...
... hat sie wohl Geheimnisse vor mir?
Hime.
Warte doch bitte.
So darfst du das aber nicht machen.
Bitte verzeih.
Ein Serviertablett hält man nicht mit zwei Händen.
Balanciere es doch bitte so wie ich.
Zöger
Meinst du ...
... so in etwa, Ayanokoji?

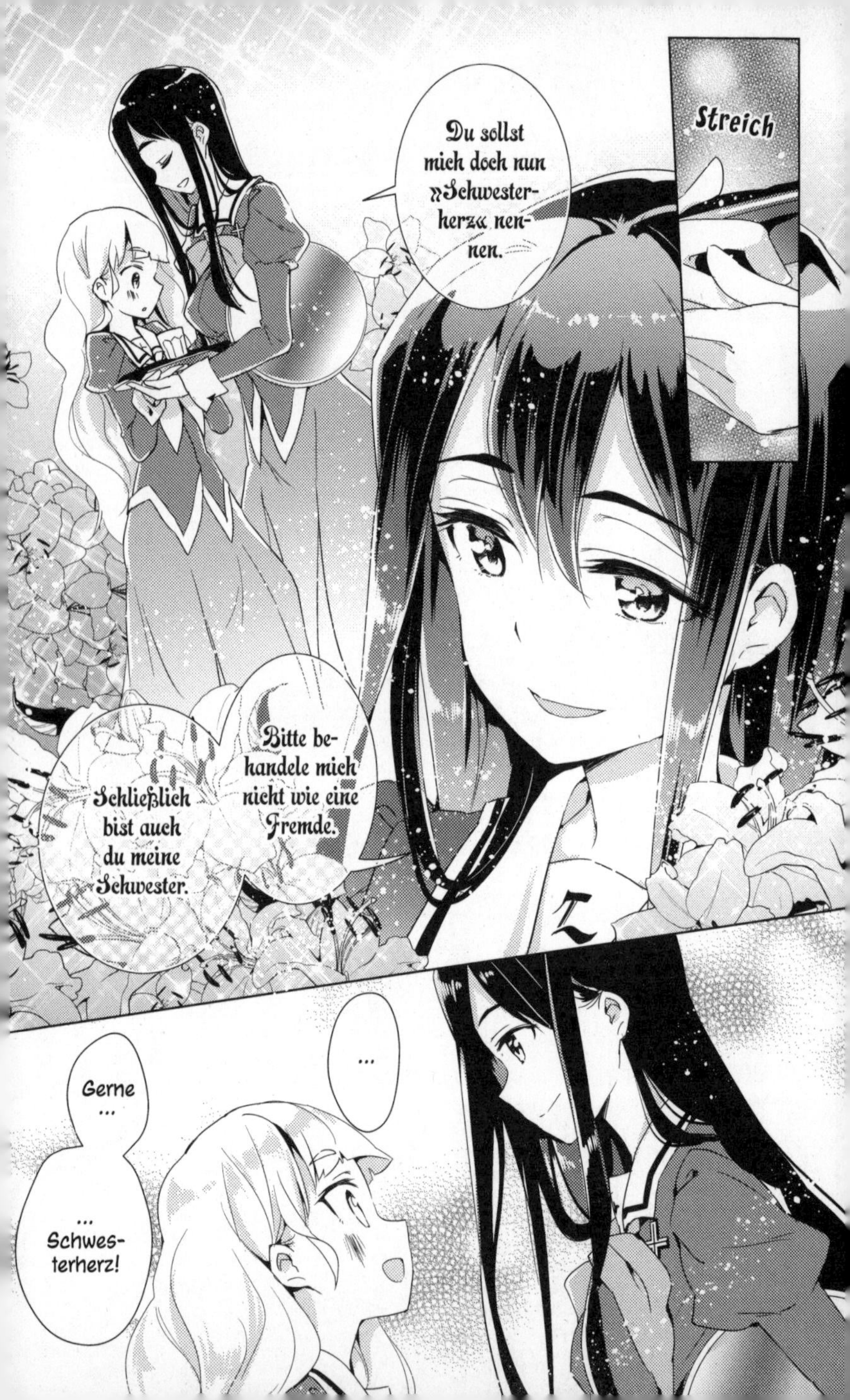
Streich
Du sollst mich doch nun »Schwesterherz« nennen.
Bitte behandele mich nicht wie eine Fremde.
Schließlich bist auch du meine Schwester.
...
Gerne ...
... Schwesterherz!

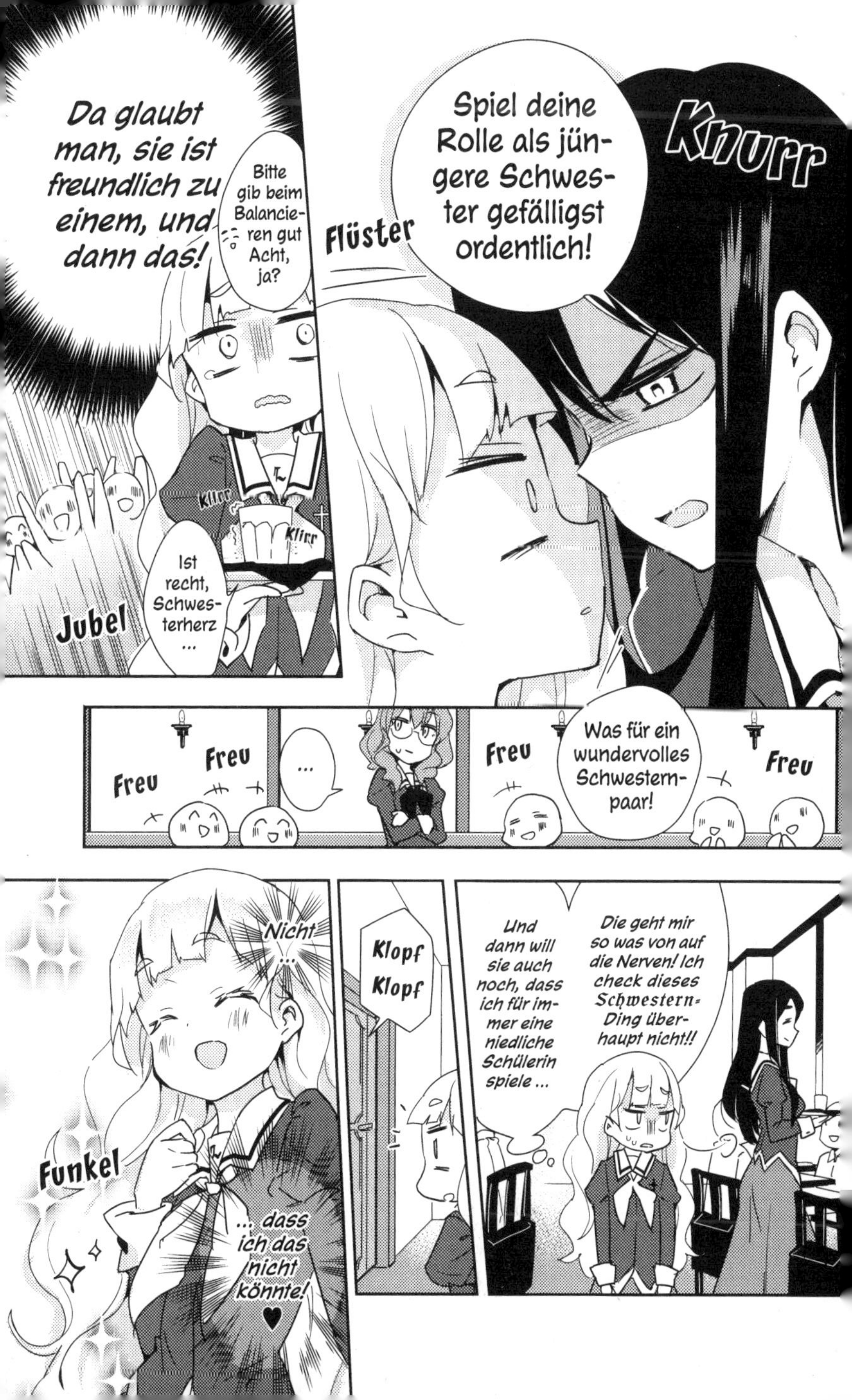

Knurr
Spiel deine Rolle als jüngere Schwester gefälligst ordentlich!
Flüster
Bitte gib beim Balancieren gut Acht, ja?
Da glaubt man, sie ist freundlich zu einem, und dann das!
Klirr
Klirr
Ist recht, Schwesterherz …
Jubel
Freu
Was für ein wundervolles Schwesternpaar!
Freu
…
Freu
Freu
Die geht mir so was von auf die Nerven! Ich check dieses Schwestern-Ding überhaupt nicht!!
Und dann will sie auch noch, dass ich für immer eine niedliche Schülerin spiele …
Klopf
Klopf
Nicht …
… dass ich das nicht könnte! ♥
Funkel

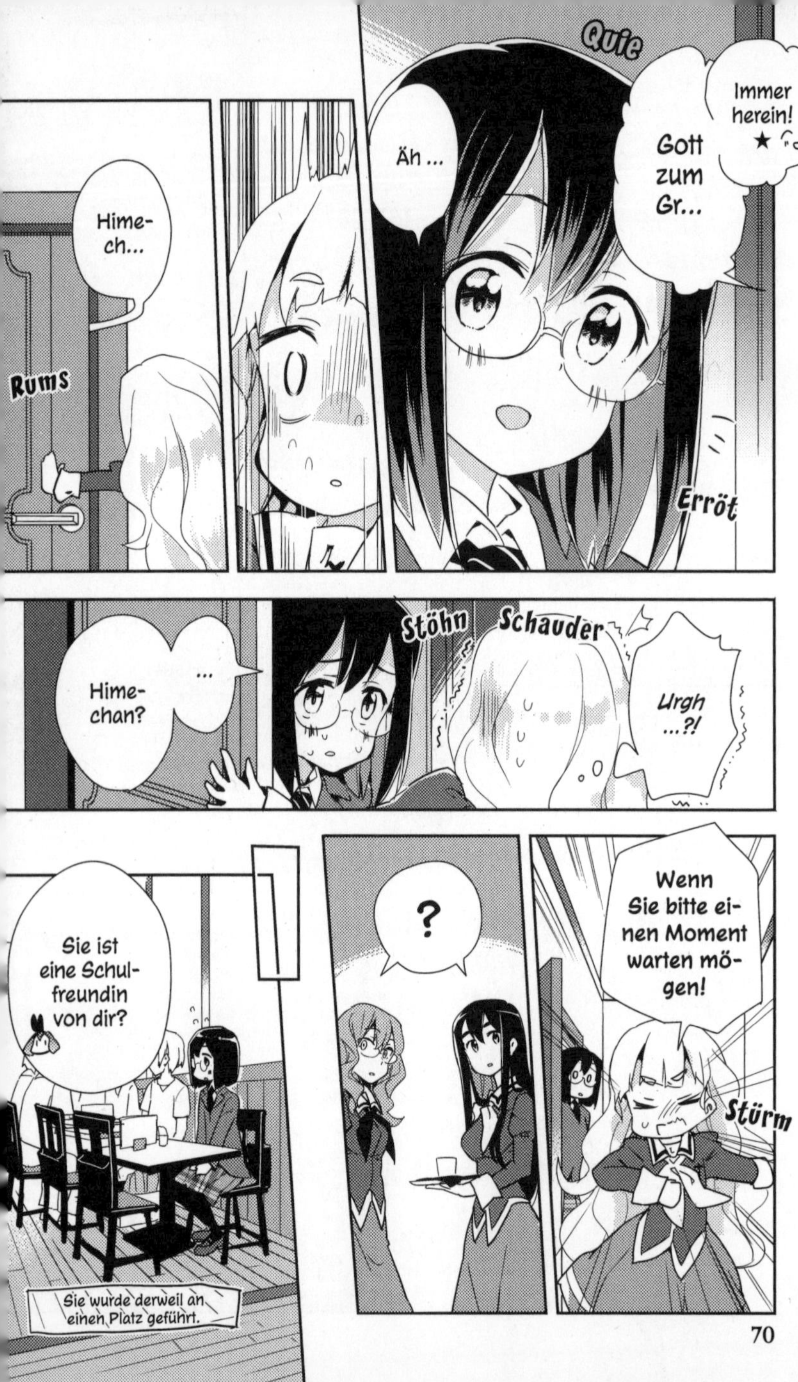
Quie
Immer herein! ★
Gott zum Gr...
Äh ...
Errröt
Hime-ch...
Rums
Urgh ...?!
Schauder
Stöhn
...
Hime-chan?
Wenn Sie bitte ei-nen Moment warten mö-gen!
Stürm
?
Sie ist eine Schul-freundin von dir?
Sie wurde derweil an einen Platz geführt.

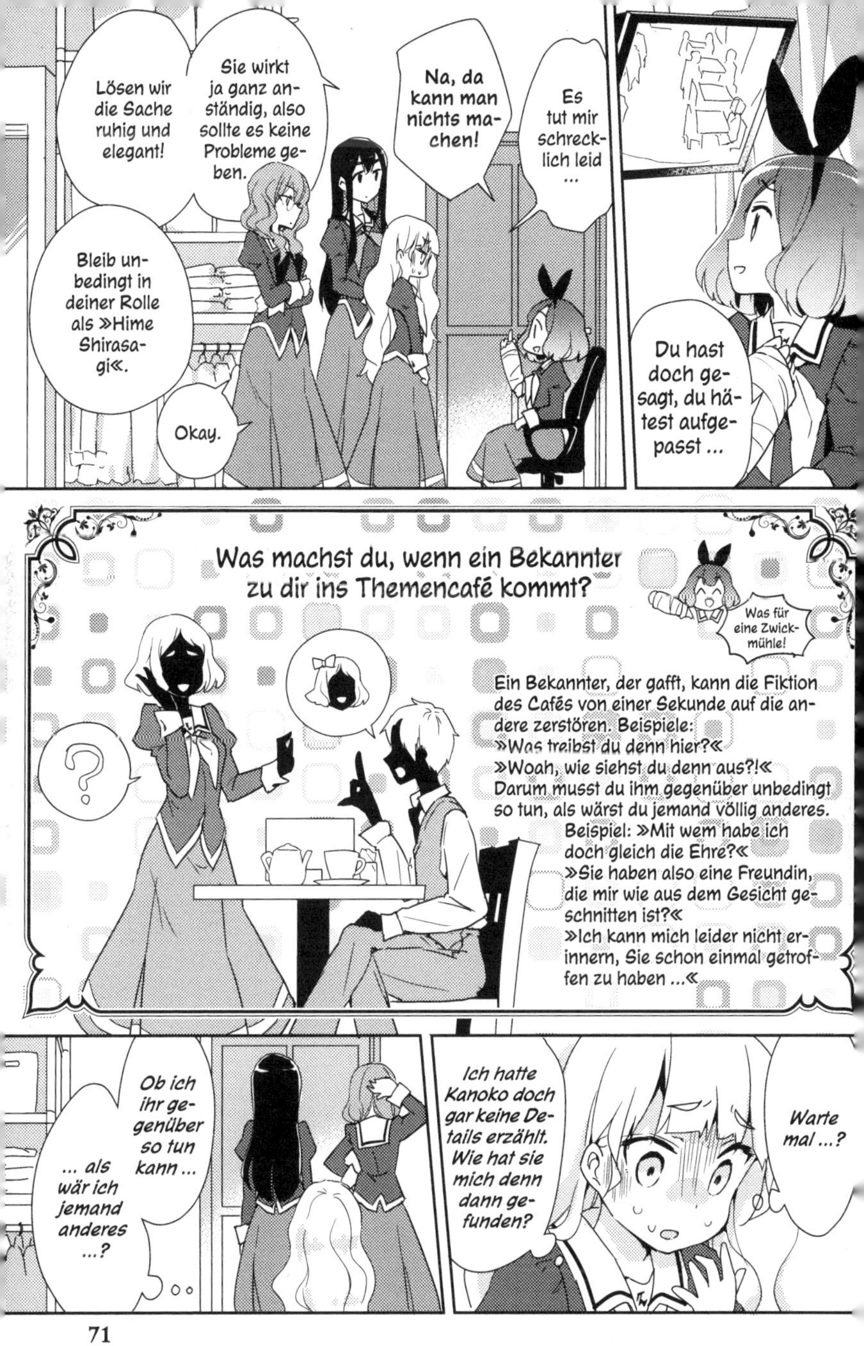
Du hast doch gesagt, du hättest aufgepasst ...
Es tut mir schrecklich leid ...
Na, da kann man nichts machen!
Sie wirkt ja ganz anständig, also sollte es keine Probleme geben.
Lösen wir die Sache ruhig und elegant!
Bleib unbedingt in deiner Rolle als »Hime Shirasagi«.
Okay.
Was machst du, wenn ein Bekannter zu dir ins Themencafé kommt?
Was für eine Zwickmühle!
Ein Bekannter, der gafft, kann die Fiktion des Cafés von einer Sekunde auf die andere zerstören. Beispiele:
»Was treibst du denn hier?«
»Woah, wie siehst du denn aus?!«
Darum musst du ihm gegenüber unbedingt so tun, als wärst du jemand völlig anderes.
Beispiel: »Mit wem habe ich doch gleich die Ehre?«
»Sie haben also eine Freundin, die mir wie aus dem Gesicht geschnitten ist?«
»Ich kann mich leider nicht erinnern, Sie schon einmal getroffen zu haben ...«
?
Warte mal ...?
Ich hatte Kanoko doch gar keine Details erzählt. Wie hat sie mich denn dann gefunden?
Ob ich ihr gegenüber so tun kann ...
... als wär ich jemand anderes ...?

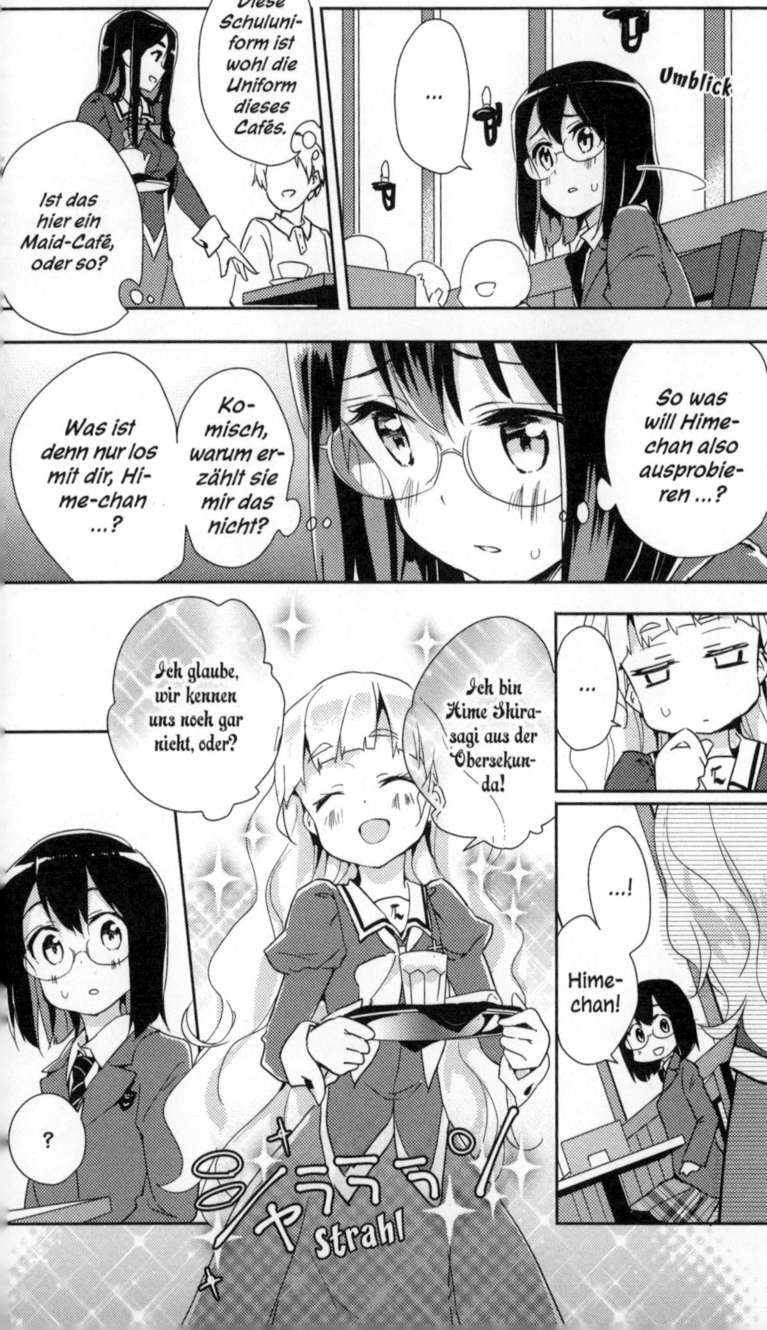
Umblick
...
Diese Schuluniform ist wohl die Uniform dieses Cafés.
Ist das hier ein Maid-Café, oder so?
So was will Hime-chan also ausprobieren ...?
Komisch, warum erzählt sie mir das nicht?
Was ist denn nur los mit dir, Hime-chan ...?
...
...!
Hime-chan!
Ich bin Hime Shirasagi aus der Obersekunda!
Ich glaube, wir kennen uns noch gar nicht, oder?
?
Strahl

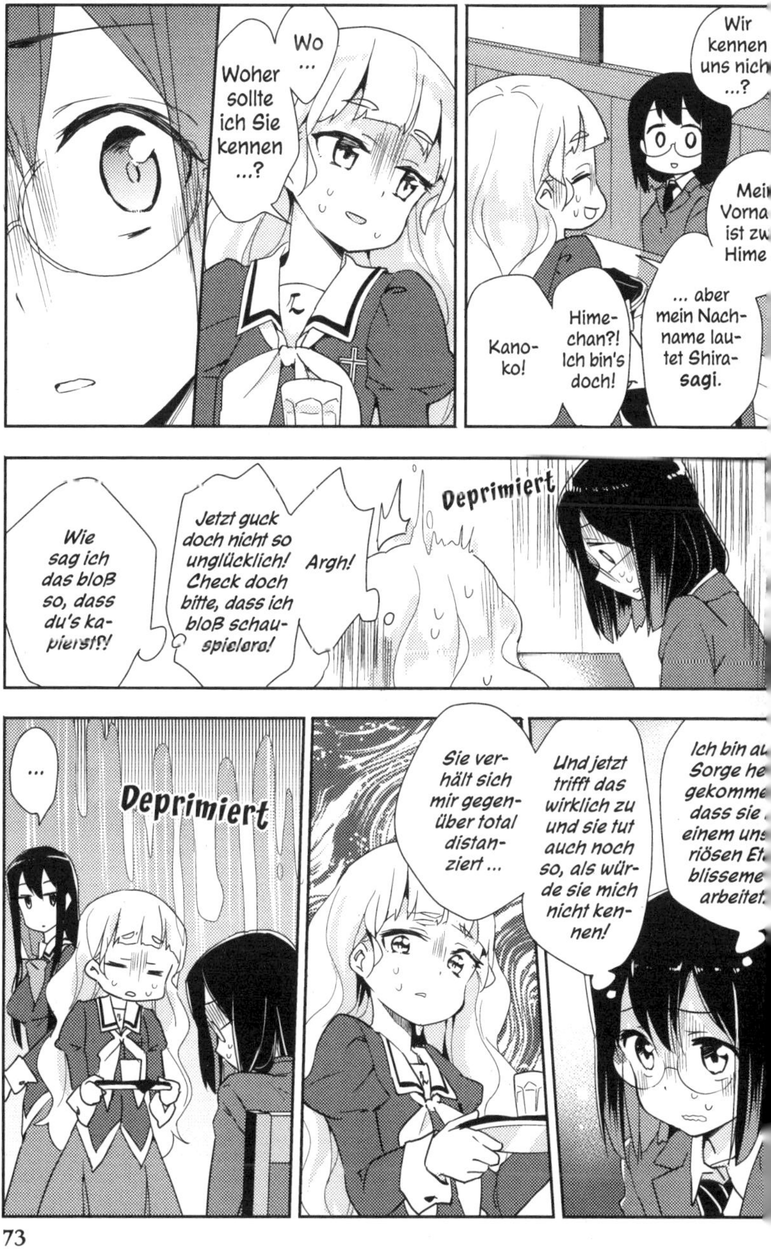
Wir kennen uns nich ...?
Mei Vorna ist zu Hime
... aber mein Nachname lautet Shirasagi.
Hime-chan?! Ich bin's doch!
Kano-ko!
Wo ...
Woher sollte ich Sie kennen ...?
Deprimiert
Argh!
Jetzt guck doch nicht so unglücklich! Check doch bitte, dass ich bloß schauspielere!
Wie sag ich das bloß so, dass du's kapierst?!
Ich bin au Sorge he gekomme dass sie einem uns riösen Et blisseme arbeitet.
Und jetzt trifft das wirklich zu und sie tut auch noch so, als würde sie mich nicht kennen!
Sie verhält sich mir gegenüber total distanziert ...
Deprimiert
...

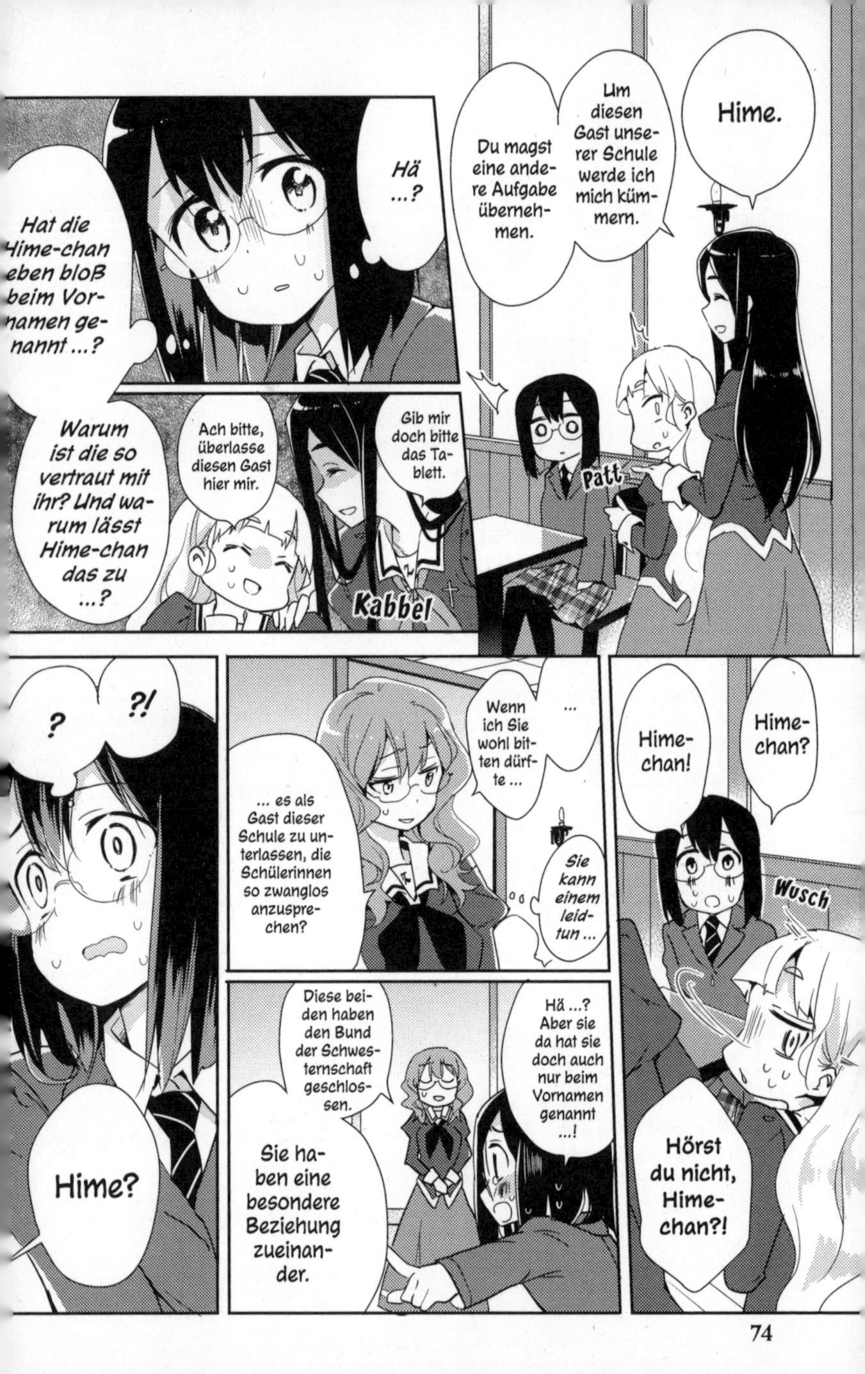

Hime.
Um diesen Gast unserer Schule werde ich mich kümmern.
Du magst eine andere Aufgabe übernehmen.
Patt
Hä ...?
Hat die Hime-chan eben bloß beim Vornamen genannt ...?
Gib mir doch bitte das Tablett.
Ach bitte, überlasse diesen Gast hier mir.
Kabbel
Warum ist die so vertraut mit ihr? Und warum lässt Hime-chan das zu ...?
Hime-chan?
Hime-chan!
Wusch
Hörst du nicht, Hime-chan?!
...
Wenn ich Sie wohl bitten dürfte ...
... es als Gast dieser Schule zu unterlassen, die Schülerinnen so zwanglos anzusprechen?
Sie kann einem leidtun ...
Hä ...? Aber sie da hat sie doch auch nur beim Vornamen genannt ...!
Diese beiden haben den Bund der Schwesternschaft geschlossen.
Sie haben eine besondere Beziehung zueinander.
?!
?
Hime?

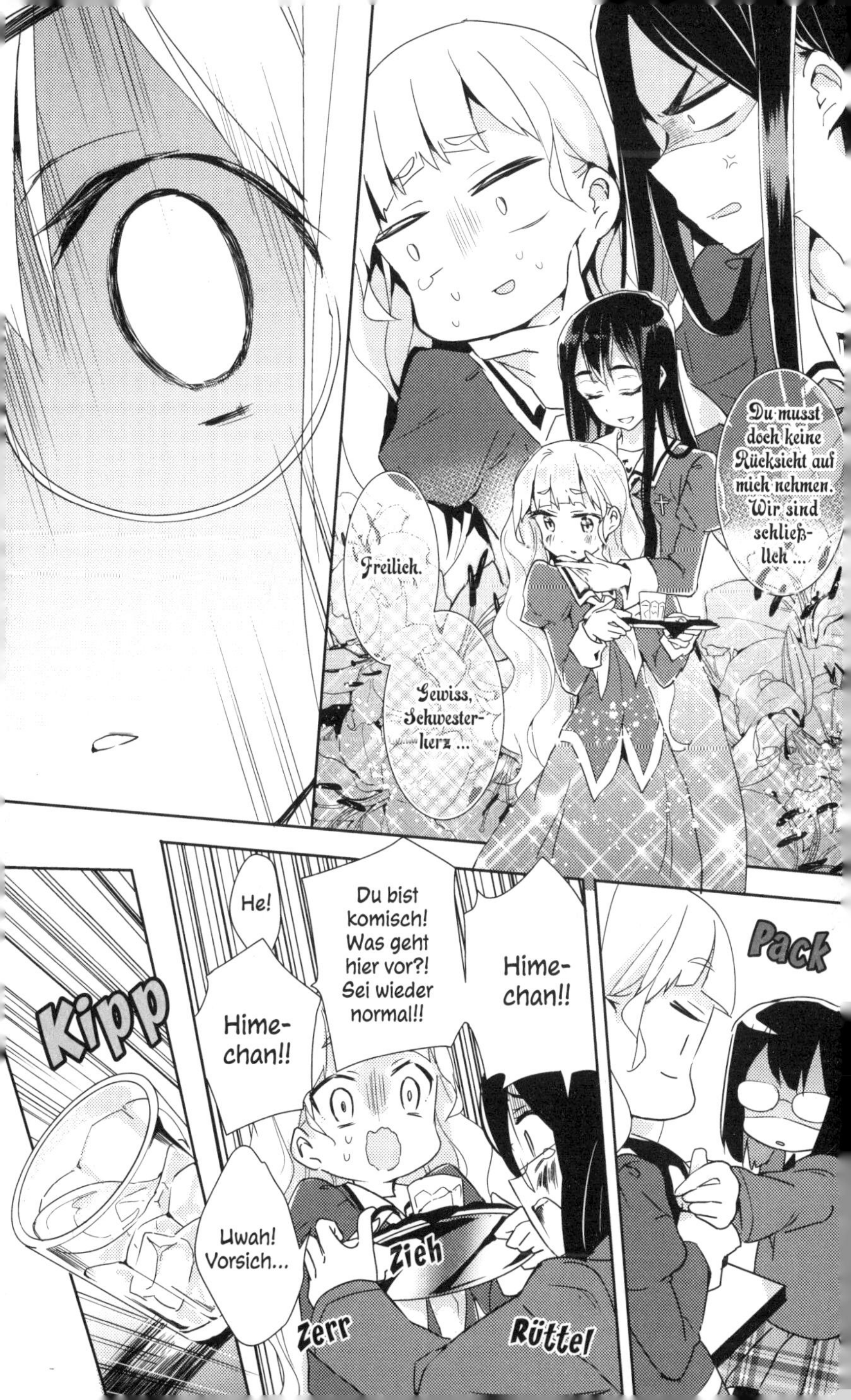
Du musst doch keine Rücksicht auf mich nehmen. Wir sind schließ-lich ...
Freilich.
Gewiss, Schwester-herz ...
Pack
Hime-chan!!
Du bist komisch! Was geht hier vor?! Sei wieder normal!!
He!
Hime-chan!!
Rüttel
Zieh
Zerr
Uwah! Vorsich...
Kipp

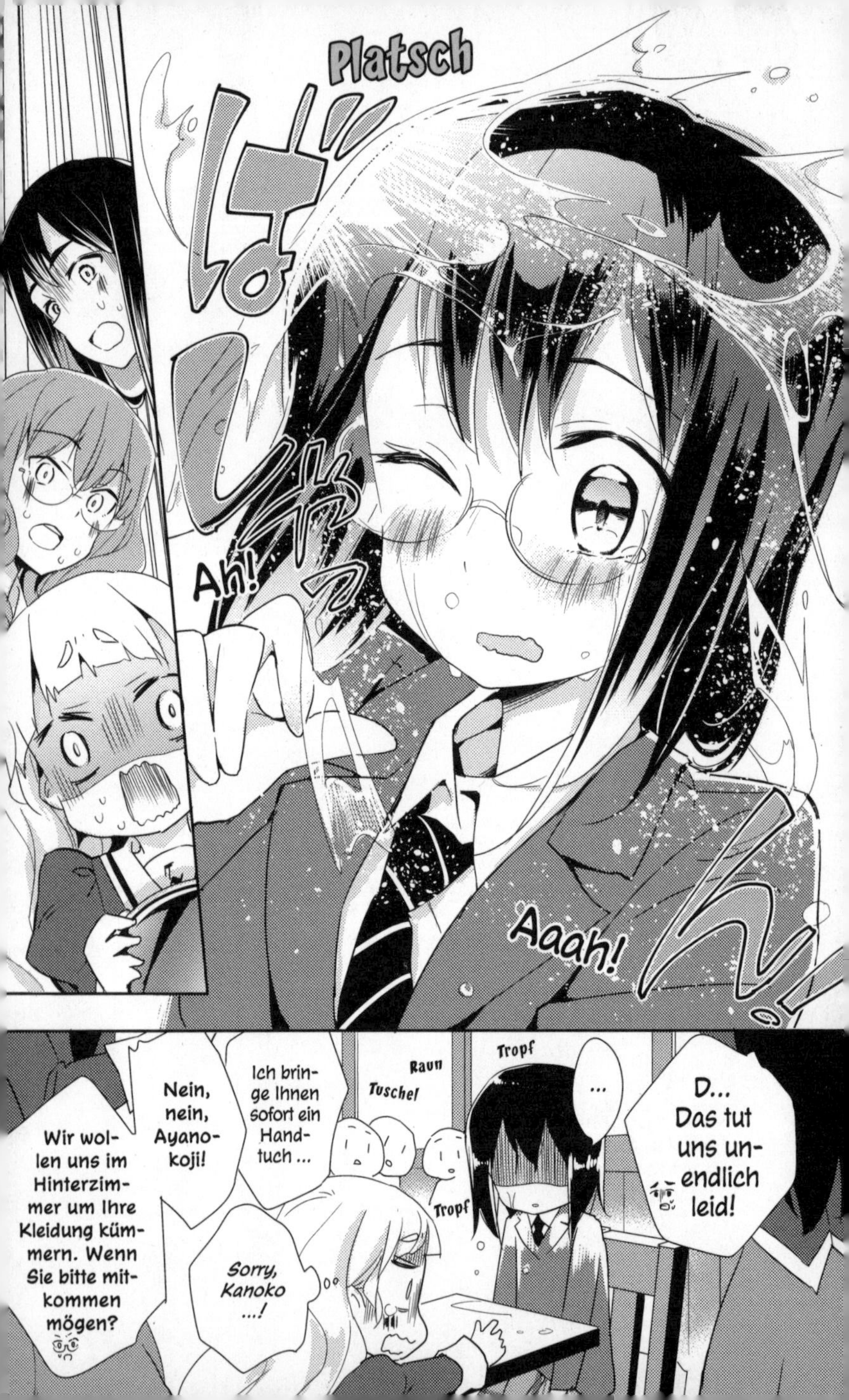
Platsch
Ah!
Aaah!
Tropf
...
D... Das tut uns unendlich leid!
Raun
Tuschel
Tropf
Ich bringe Ihnen sofort ein Handtuch ...
Nein, nein, Ayanokoji!
Wir wollen uns im Hinterzimmer um Ihre Kleidung kümmern. Wenn Sie bitte mitkommen mögen?
Sorry, Kanoko ...!

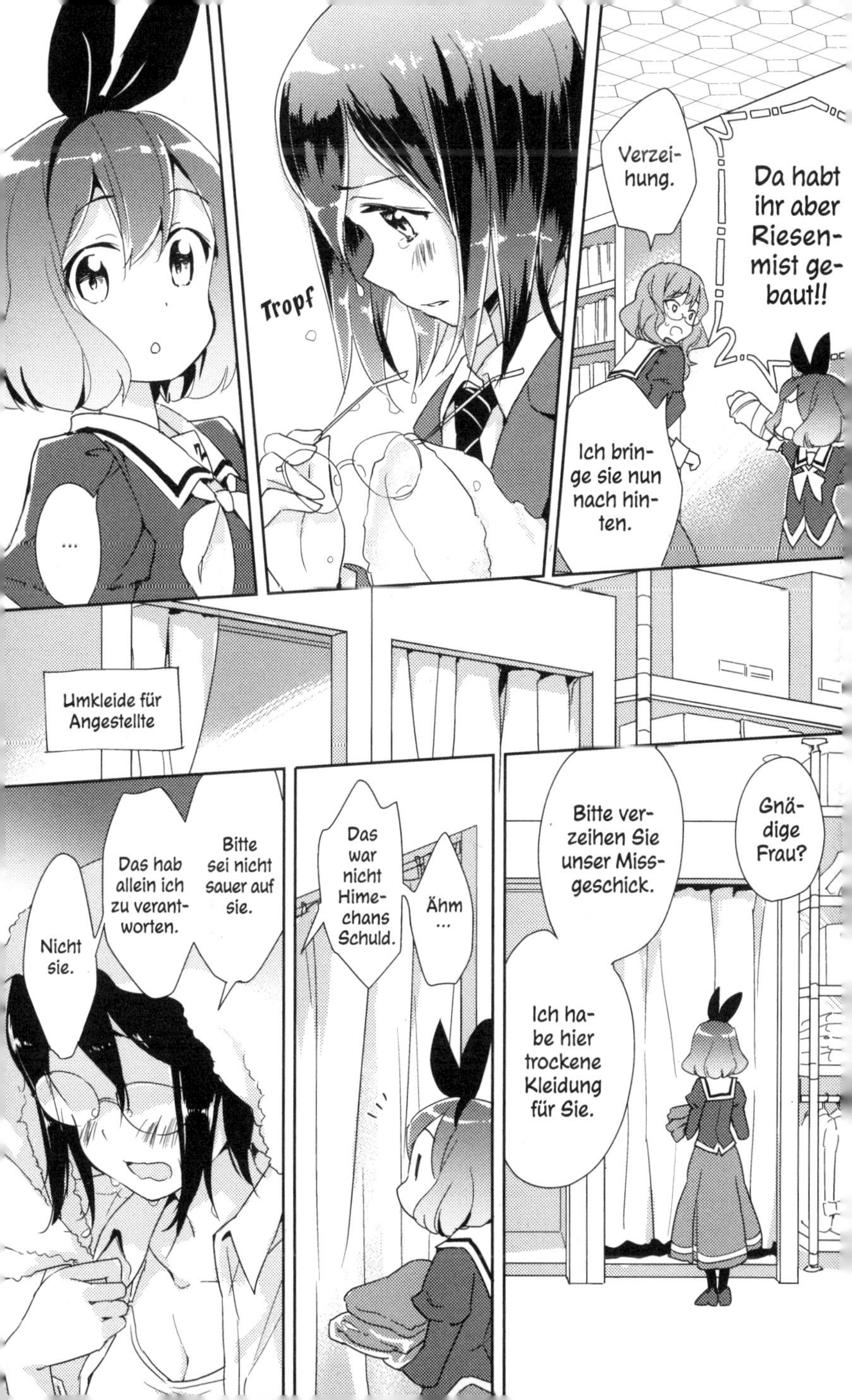
Da habt ihr aber Riesenmist gebaut!!
Verzeihung.
Ich bringe sie nun nach hinten.
Tropf
...
Umkleide für Angestellte
Gnädige Frau?
Bitte verzeihen Sie unser Missgeschick.
Ich habe hier trockene Kleidung für Sie.
Ähm ...
Das war nicht Himechans Schuld.
Bitte sei nicht sauer auf sie.
Das hab allein ich zu verantworten.
Nicht sie.

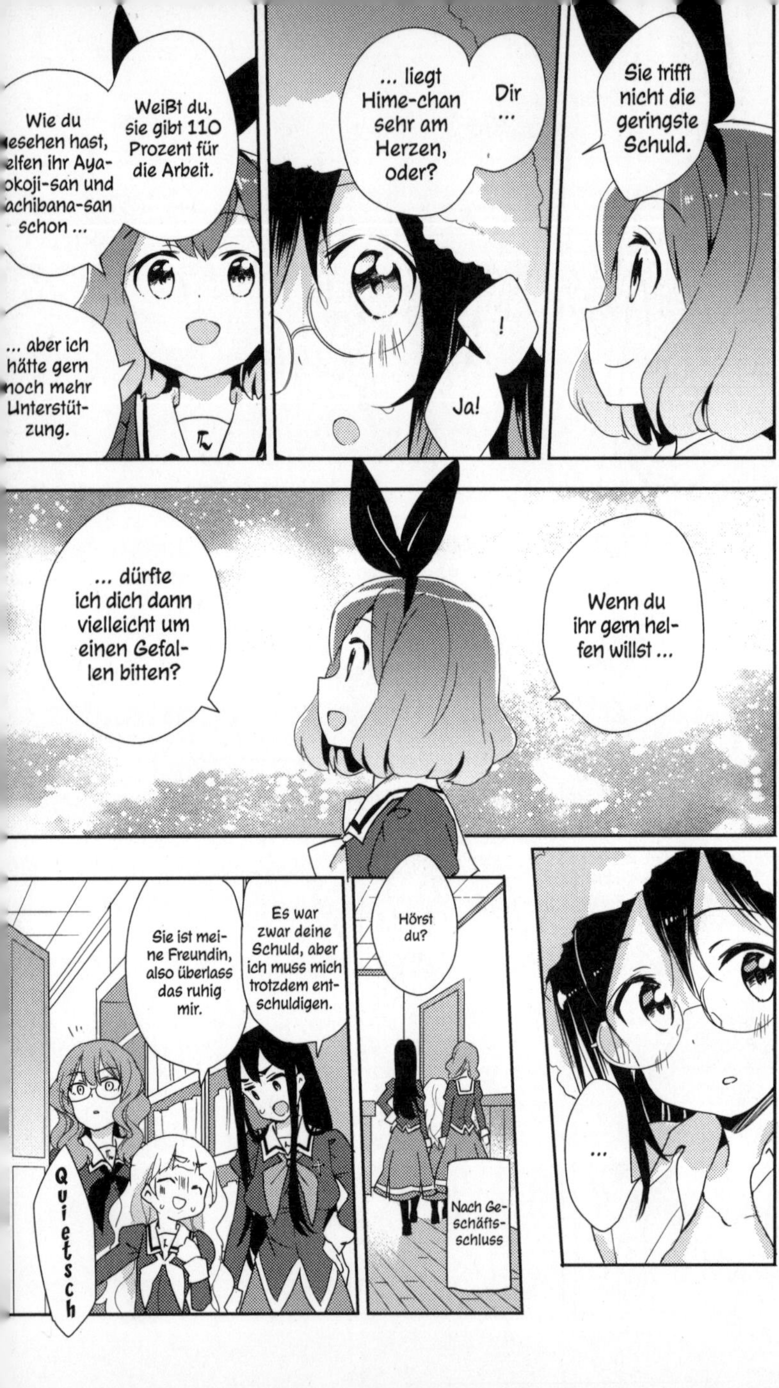

Sie trifft nicht die geringste Schuld.
Dir ...
... liegt Hime-chan sehr am Herzen, oder?
!
Ja!
Weißt du, sie gibt 110 Prozent für die Arbeit.
Wie du esehen hast, elfen ihr Aya-okoji-san und achibana-san schon ...
... aber ich hätte gern noch mehr Unterstützung.
Wenn du ihr gern helfen willst ...
... dürfte ich dich dann vielleicht um einen Gefallen bitten?
...
Nach Geschäftsschluss
Hörst du?
Es war zwar deine Schuld, aber ich muss mich trotzdem entschuldigen.
Sie ist meine Freundin, also überlass das ruhig mir.
Quietsch

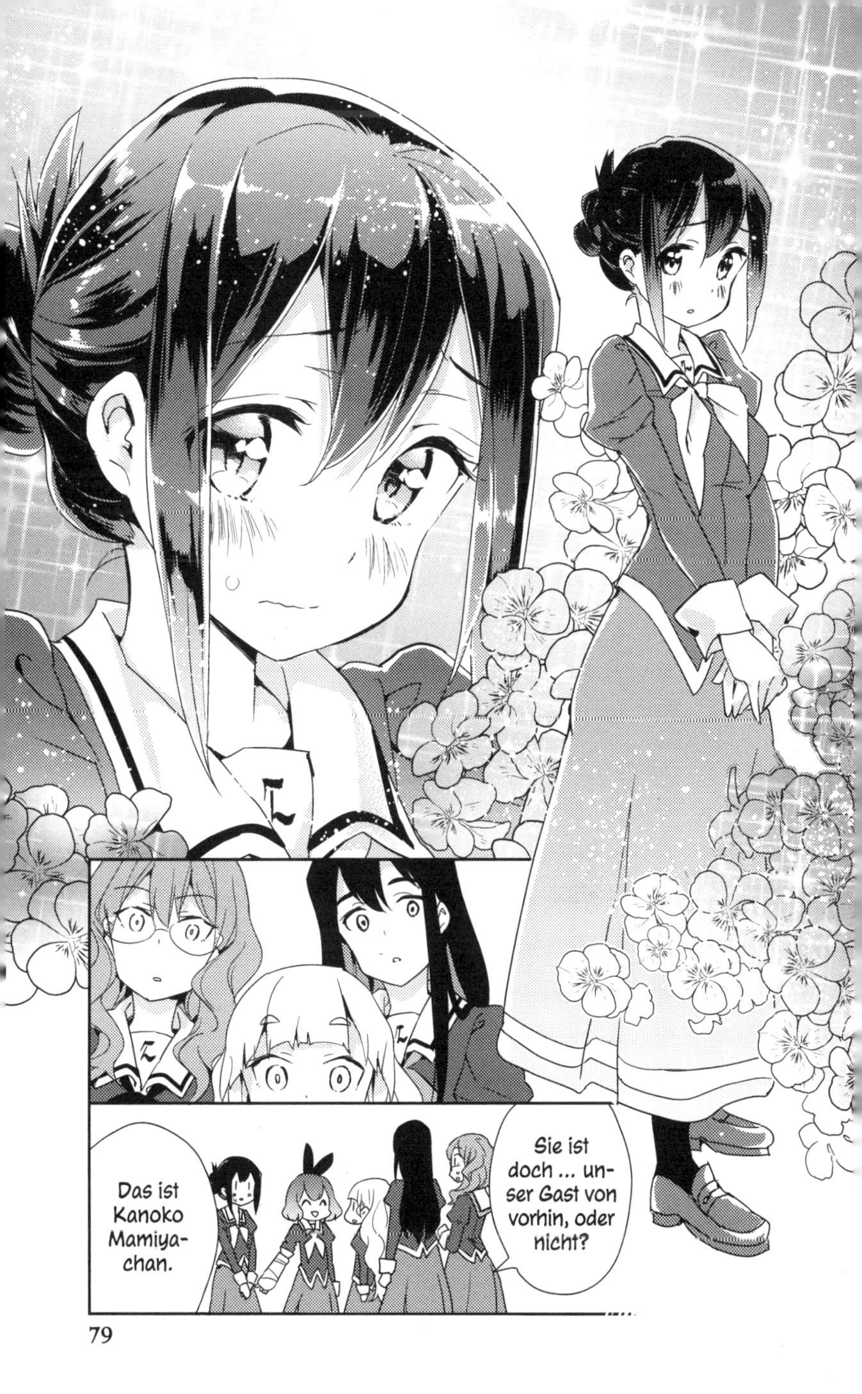

Sie ist doch ... unser Gast von vorhin, oder nicht?
Das ist Kanoko Mamiya-chan.

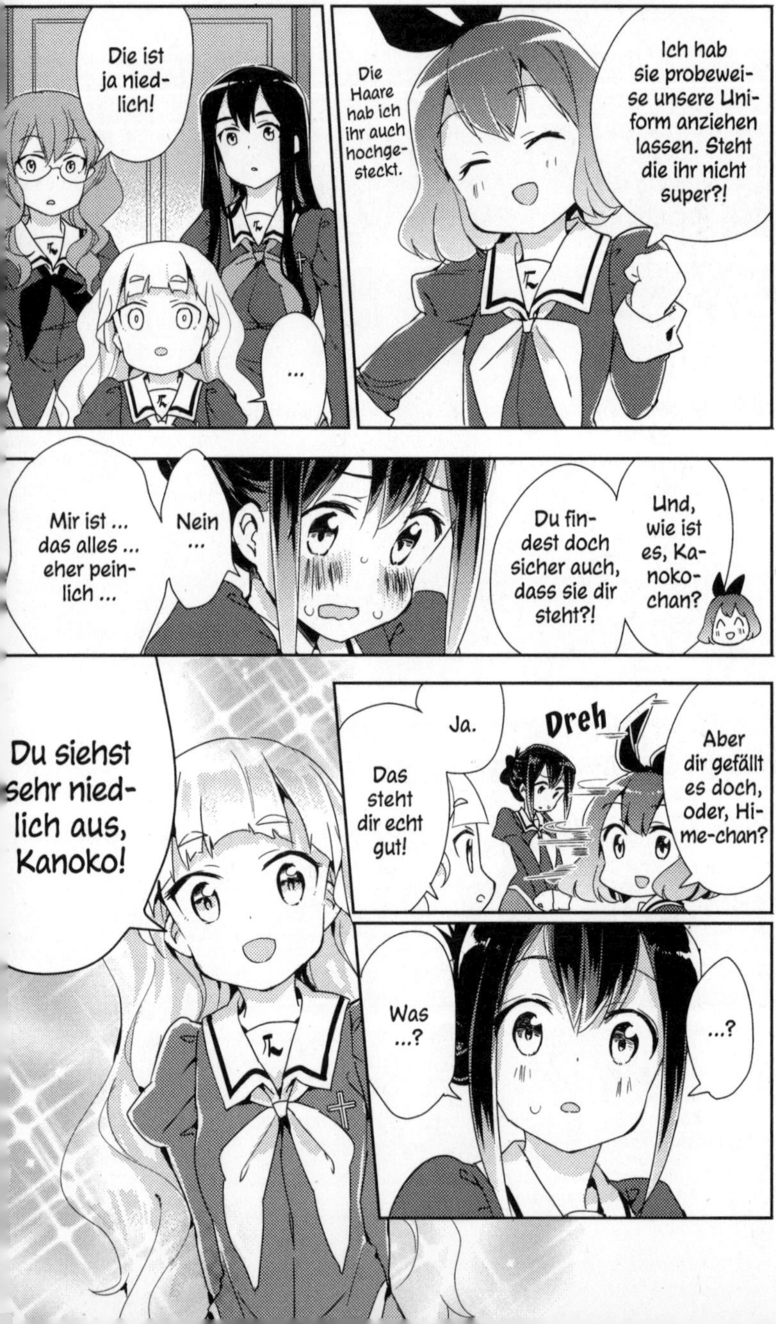
Ich hab sie probeweise unsere Uniform anziehen lassen. Steht die ihr nicht super?!
Die Haare hab ich ihr auch hochgesteckt.
Die ist ja niedlich!
...
Und, wie ist es, Kanoko-chan?
Du findest doch sicher auch, dass sie dir steht?!
Nein ...
Mir ist ... das alles ... eher peinlich ...
Aber dir gefällt es doch, oder, Hime-chan?
Dreh
Ja.
Das steht dir echt gut!
Du siehst sehr niedlich aus, Kanoko!
...?
Was ...?

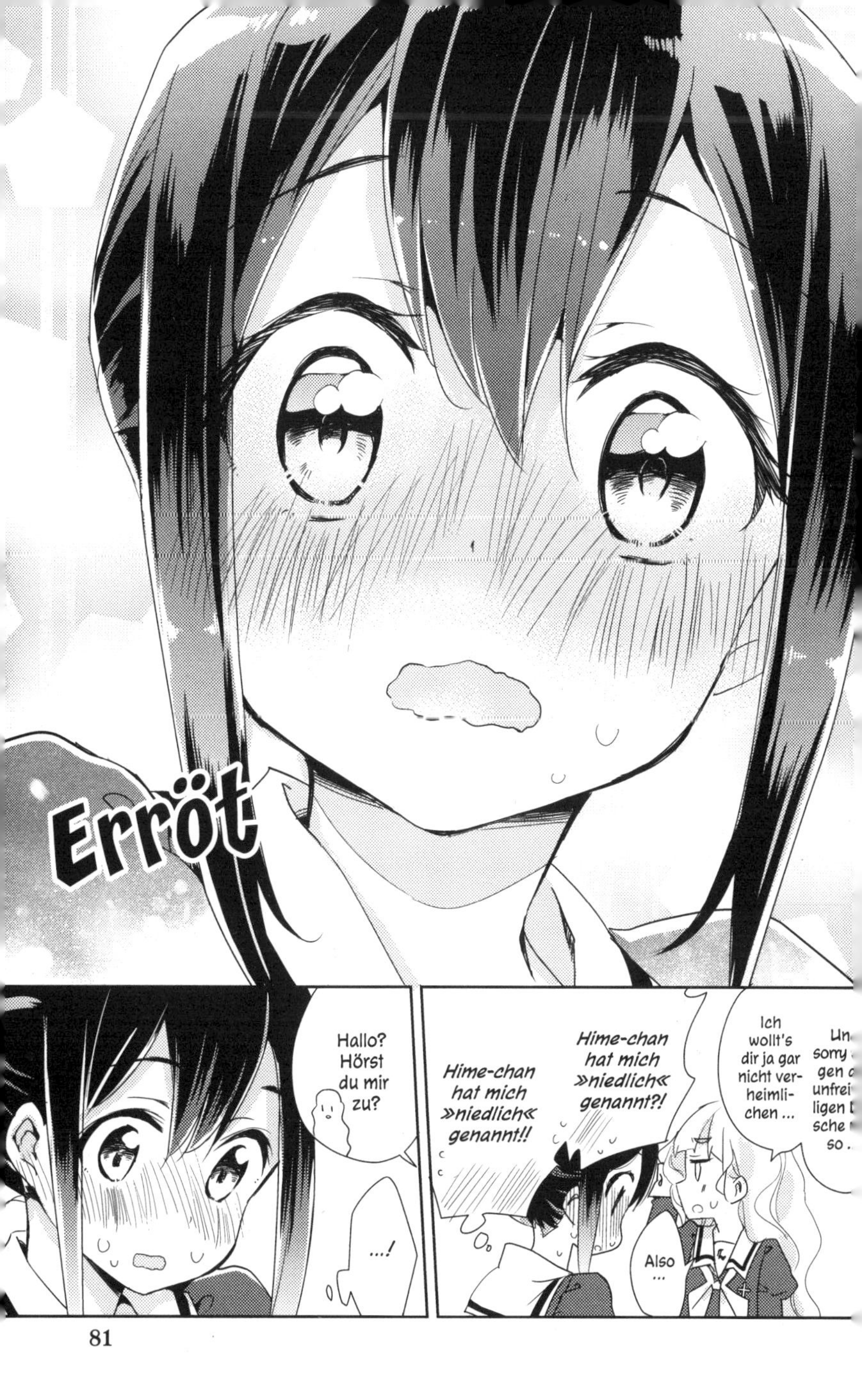
Erröt
Ich wollt's dir ja gar nicht verheimlichen ...
Hime-chan hat mich »niedlich« genannt?!
Hime-chan hat mich »niedlich« genannt!!
Also ...
Hallo? Hörst du mir zu?
...!

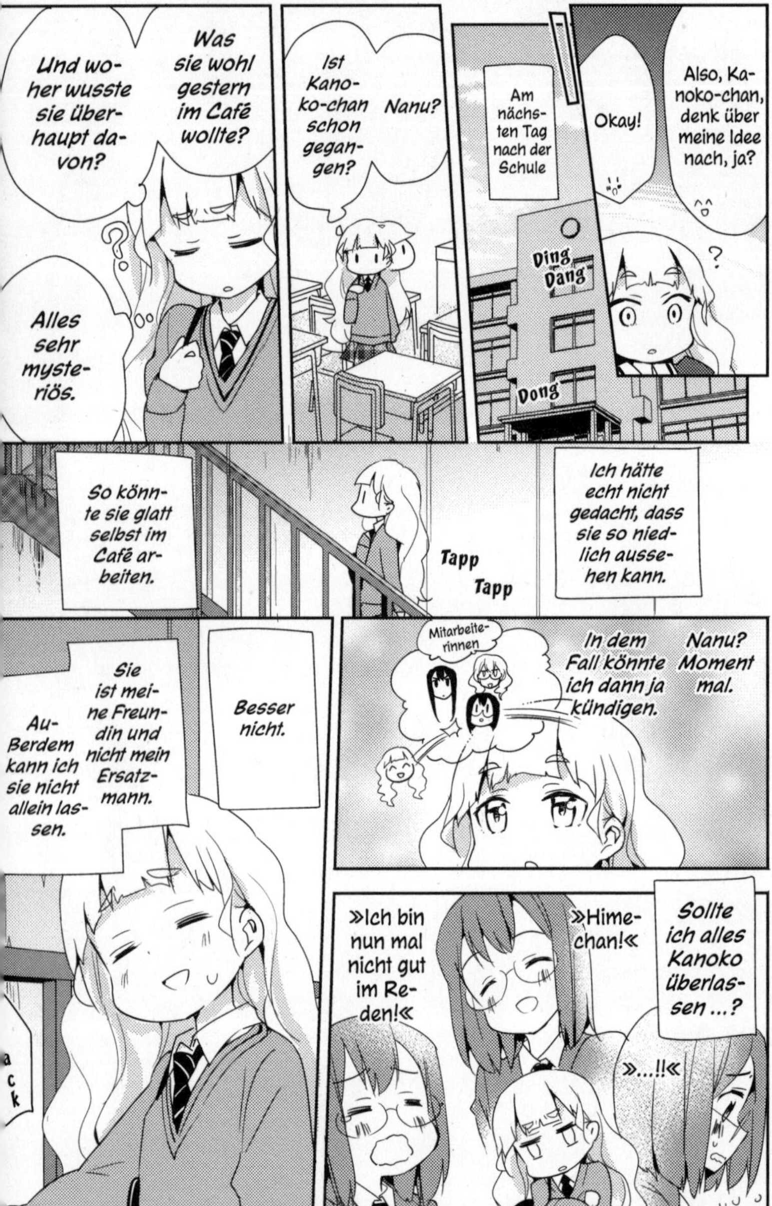

Also, Kanoko-chan, denk über meine Idee nach, ja?
Okay!
Am nächsten Tag nach der Schule
Ding Dang
Dong
Nanu?
Ist Kanoko-chan schon gegangen?
Was sie wohl gestern im Café wollte?
Und woher wusste sie überhaupt davon?
Alles sehr mysteriös.
Ich hätte echt nicht gedacht, dass sie so niedlich aussehen kann.
Tapp
Tapp
So könnte sie glatt selbst im Café arbeiten.
Nanu? Moment mal.
In dem Fall könnte ich dann ja kündigen.
Mitarbeiterinnen
Besser nicht.
Sie ist meine Freundin und nicht mein Ersatzmann.
Außerdem kann ich sie nicht allein lassen.
Sollte ich alles Kanoko überlassen ...?
»Hime-chan!«
»Ich bin nun mal nicht gut im Reden!«
»...!!«

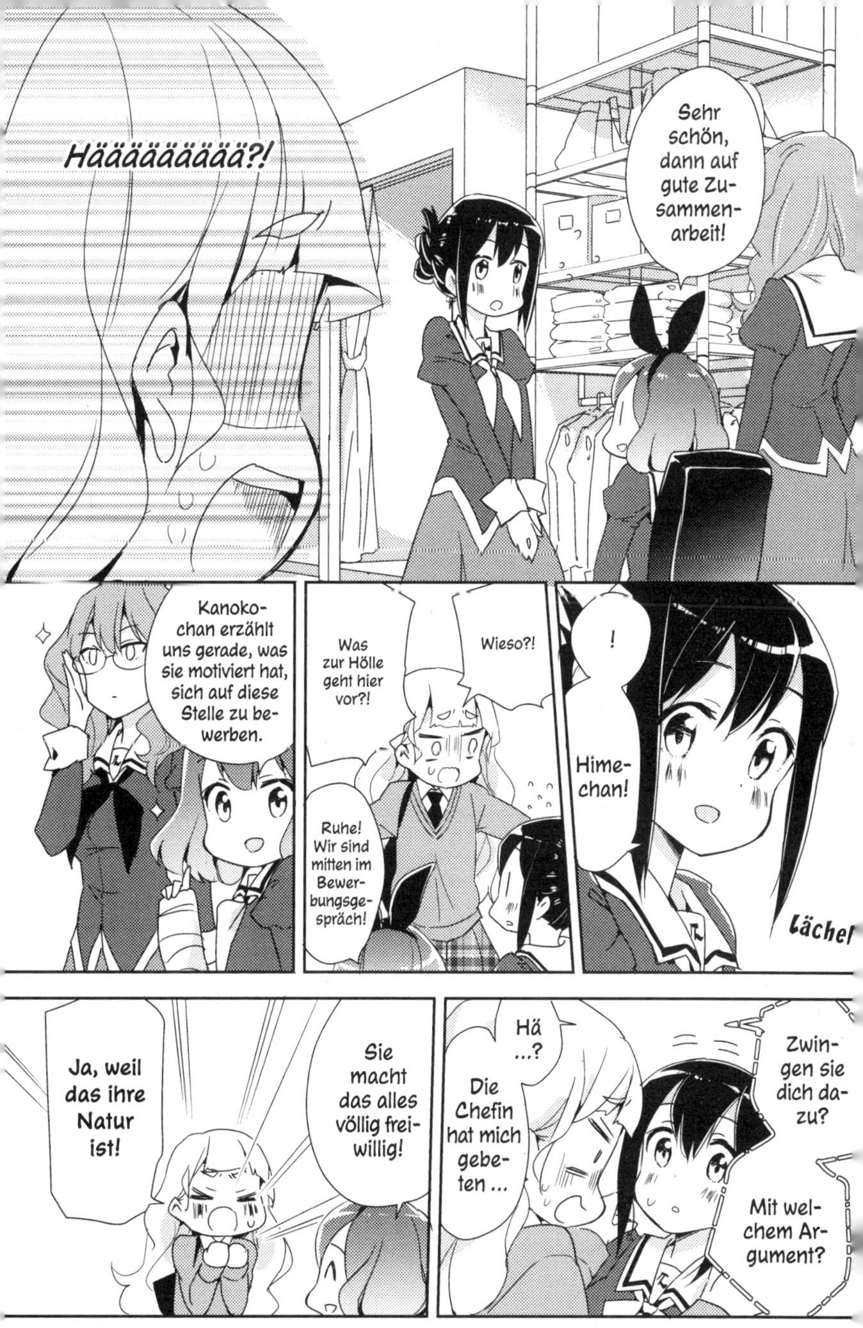
Sehr schön, dann auf gute Zusammenarbeit!
Häääääääää?!
!
Himechan!
Lächel
Wieso?!
Was zur Hölle geht hier vor?!
Ruhe! Wir sind mitten im Bewerbungsgespräch!
Kanokochan erzählt uns gerade, was sie motiviert hat, sich auf diese Stelle zu bewerben.
Zwingen sie dich dazu?
Mit welchem Argument?
Hä ...?
Die Chefin hat mich gebeten ...
Sie macht das alles völlig freiwillig!
Ja, weil das ihre Natur ist!

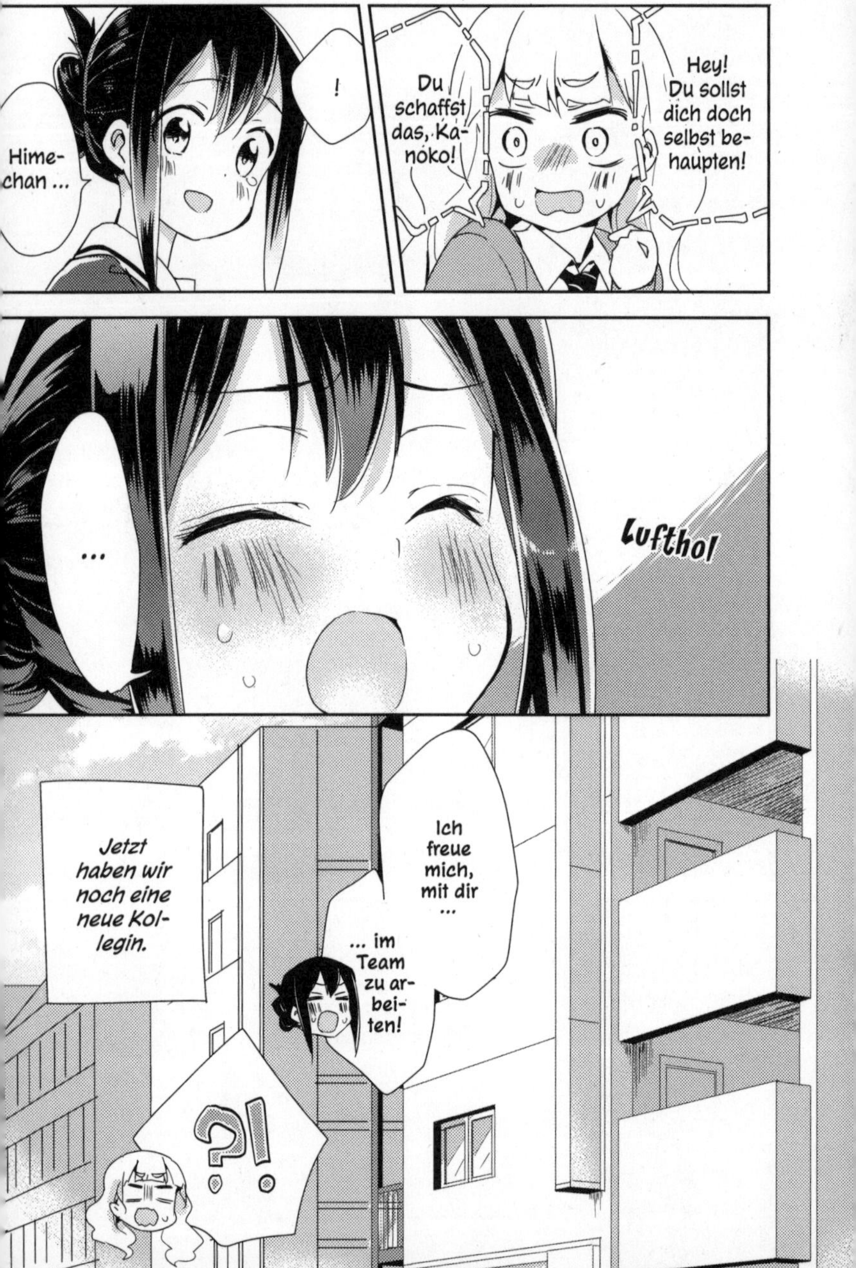

Schicht 03 Ende

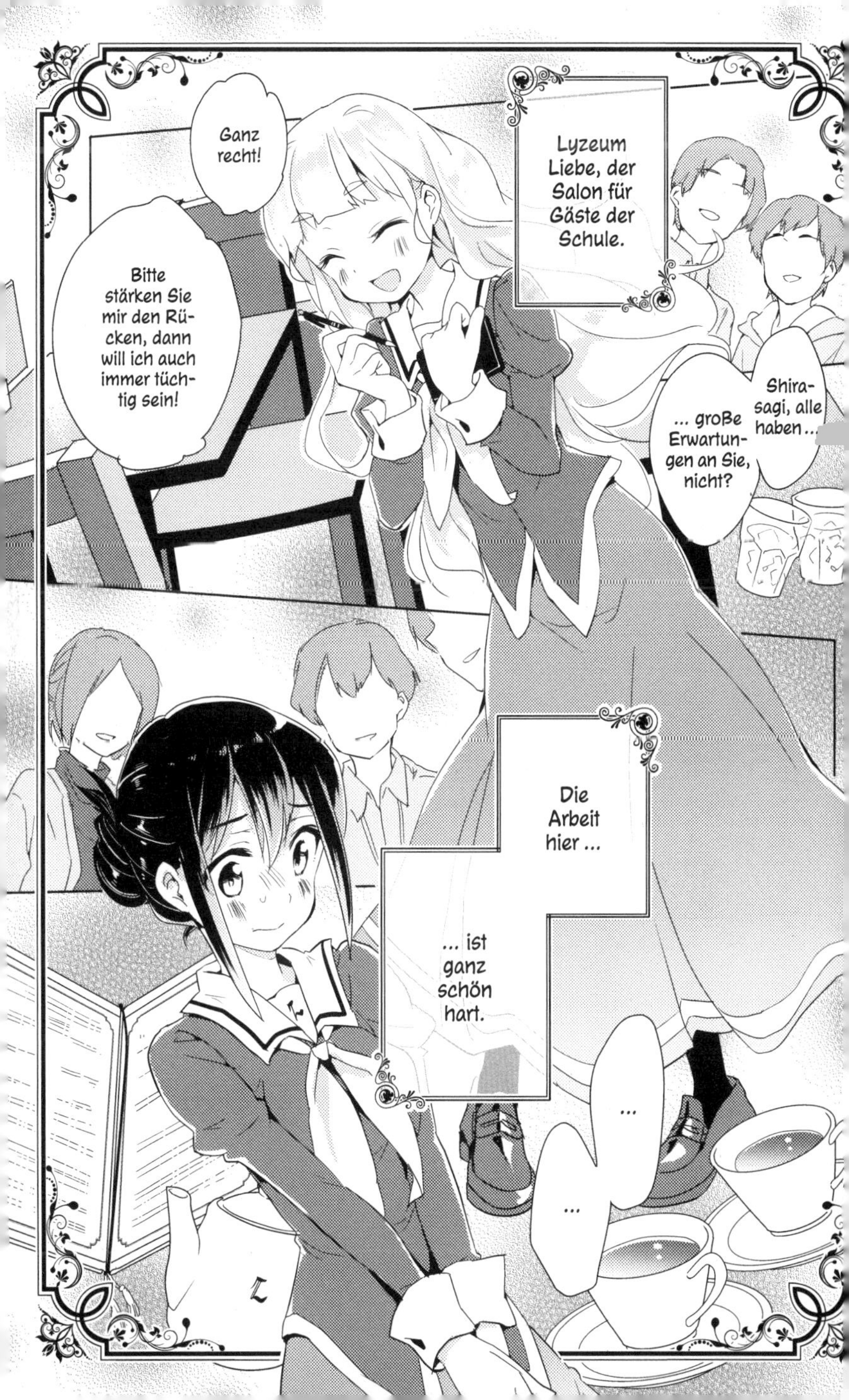
Lyzeum Liebe, der Salon für Gäste der Schule.
Ganz recht!
Bitte stärken Sie mir den Rücken, dann will ich auch immer tüchtig sein!
Shirasagi, alle haben ...
... große Erwartungen an Sie, nicht?
Die Arbeit hier ...
... ist ganz schön hart.
...
...

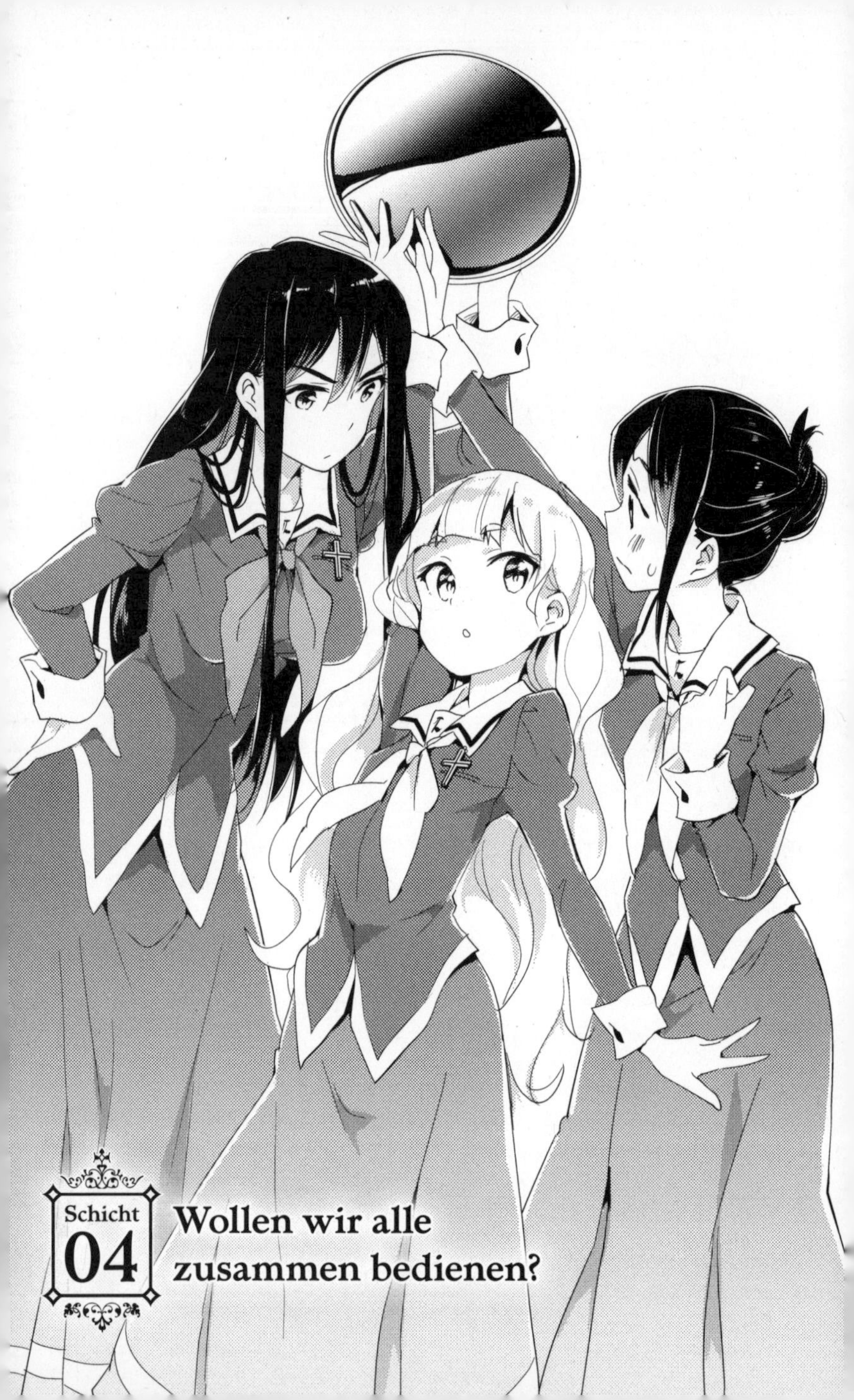

Schicht 04
Wollen wir alle zusammen bedienen?

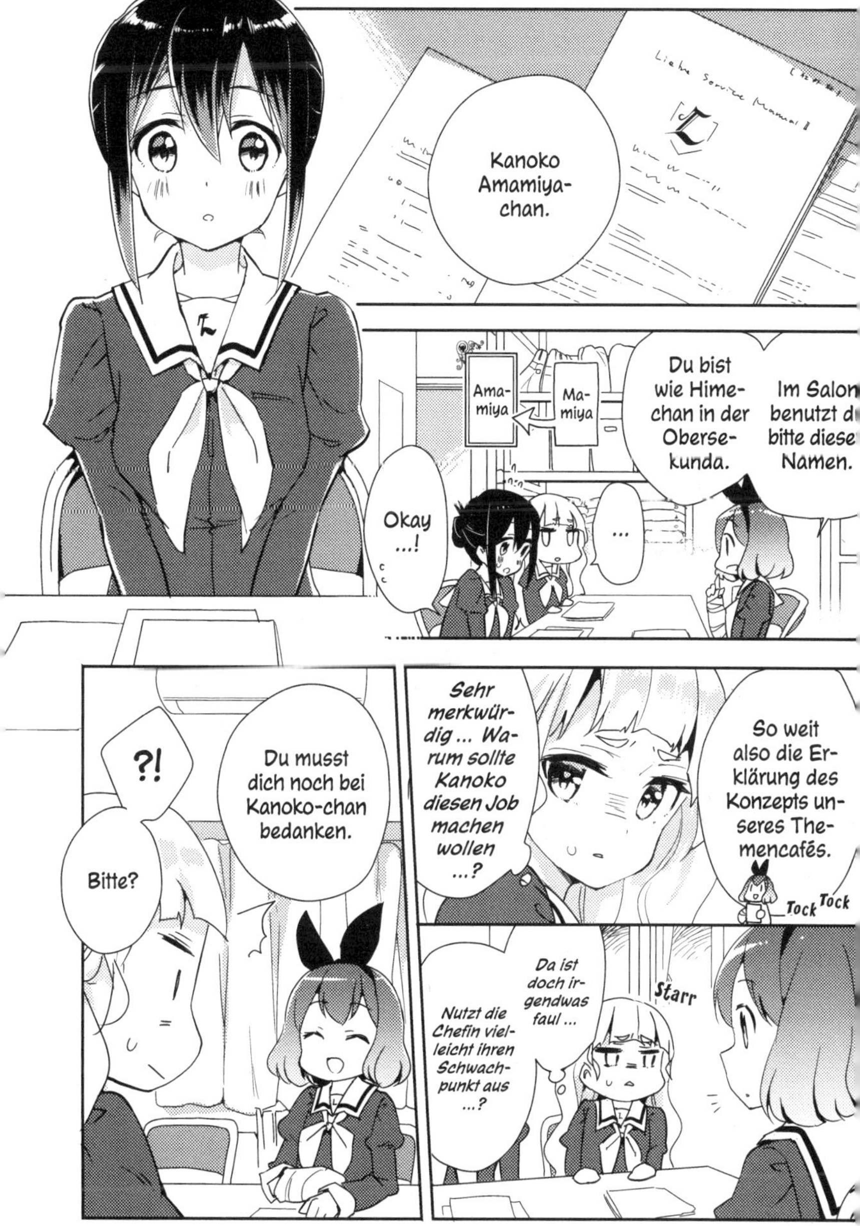
Kanoko Amamiya-chan.
Im Salon benutzt d
bitte diese
Namen.
Du bist wie Hime-chan in der Obersekunda.
Mamiya
Amamiya
...
Okay ...!
So weit also die Erklärung des Konzepts unseres Themencafés.
Tock Tock
Sehr merkwürdig ... Warum sollte Kanoko diesen Job machen wollen ...?
Starr
Da ist doch irgendwas faul ...
Nutzt die Chefin vielleicht ihren Schwachpunkt aus ...?
Du musst dich noch bei Kanoko-chan bedanken.
?!
Bitte?

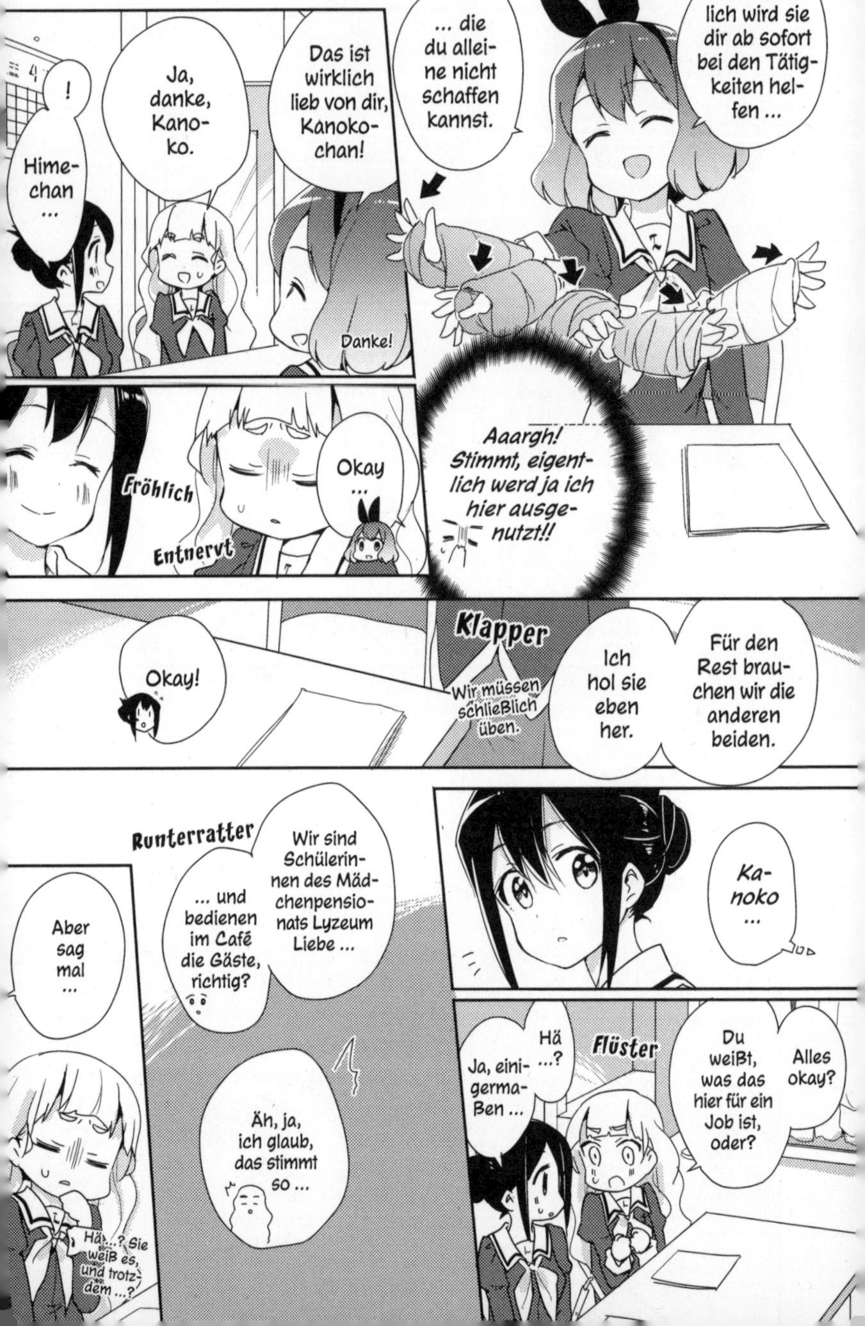

Schließlich wird sie dir ab sofort bei den Tätigkeiten helfen ...
... die du alleine nicht schaffen kannst.
Das ist wirklich lieb von dir, Kanoko-chan!
Danke!
Ja, danke, Kanoko.
!
Hime-chan ...
Aaargh! Stimmt, eigentlich werd ja ich hier ausgenutzt!!
Okay ...
Entnervt
Fröhlich
Für den Rest brauchen wir die anderen beiden.
Ich hol sie eben her.
Klapper
Wir müssen schließlich üben.
Okay!
Kanoko ...
Wir sind Schülerinnen des Mädchenpensionats Lyzeum Liebe ...
Runterratter
... und bedienen im Café die Gäste, richtig?
Aber sag mal ...
Alles okay?
Du weißt, was das hier für ein Job ist, oder?
Flüster
Hä ...?
Ja, einigermaßen ...
Äh, ja, ich glaub, das stimmt so ...
Hä...? Sie weiß es, und trotzdem ...?

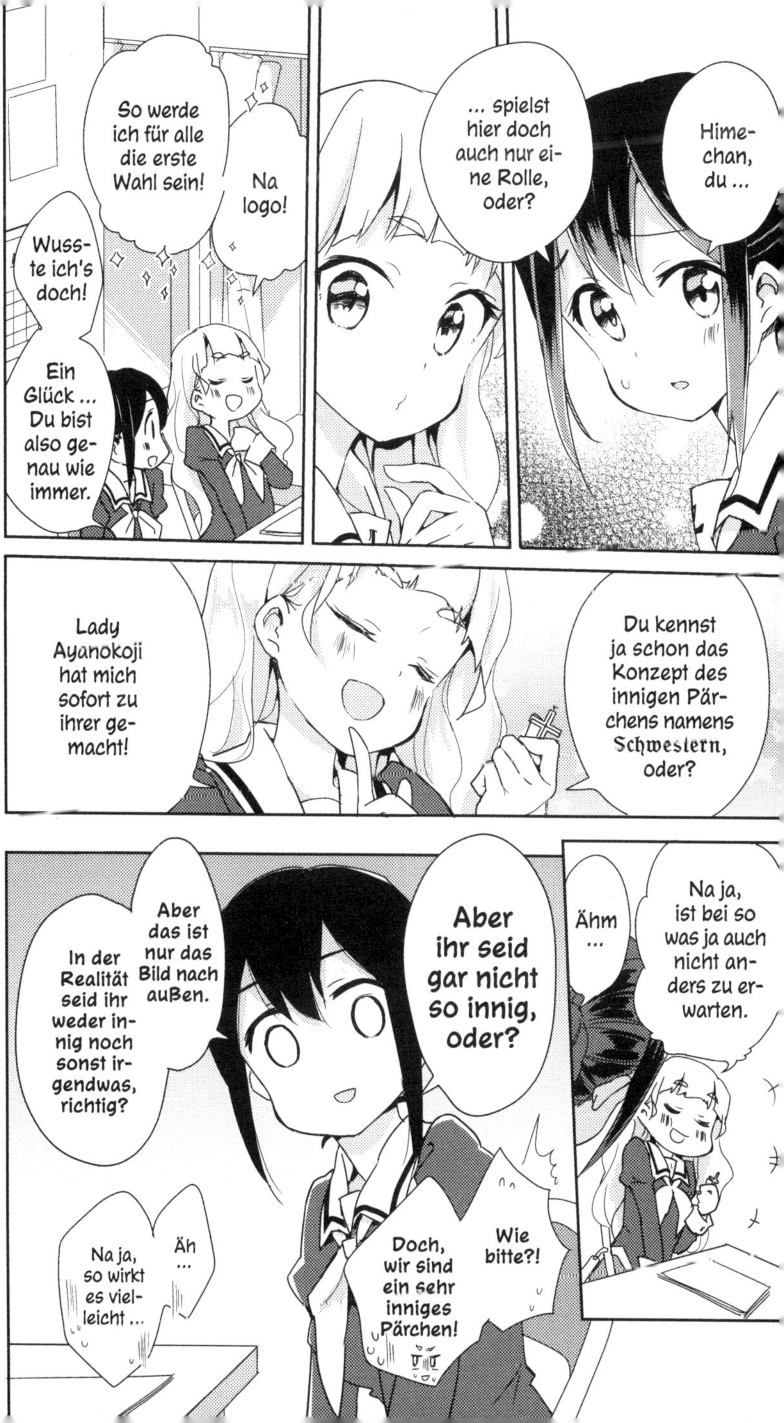
Hime-chan, du ...
... spielst hier doch auch nur eine Rolle, oder?
Na logo!
So werde ich für alle die erste Wahl sein!
Wusste ich's doch!
Ein Glück ... Du bist also genau wie immer.
Du kennst ja schon das Konzept des innigen Pärchens namens Schwestern, oder?
Lady Ayanokoji hat mich sofort zu ihrer gemacht!
Na ja, ist bei so was ja auch nicht anders zu erwarten.
Ähm ...
Aber ihr seid gar nicht so innig, oder?
Aber das ist nur das Bild nach außen.
In der Realität seid ihr weder innig noch sonst irgendwas, richtig?
Wie bitte?!
Doch, wir sind ein sehr inniges Pärchen!
Äh ...
Na ja, so wirkt es vielleicht ...

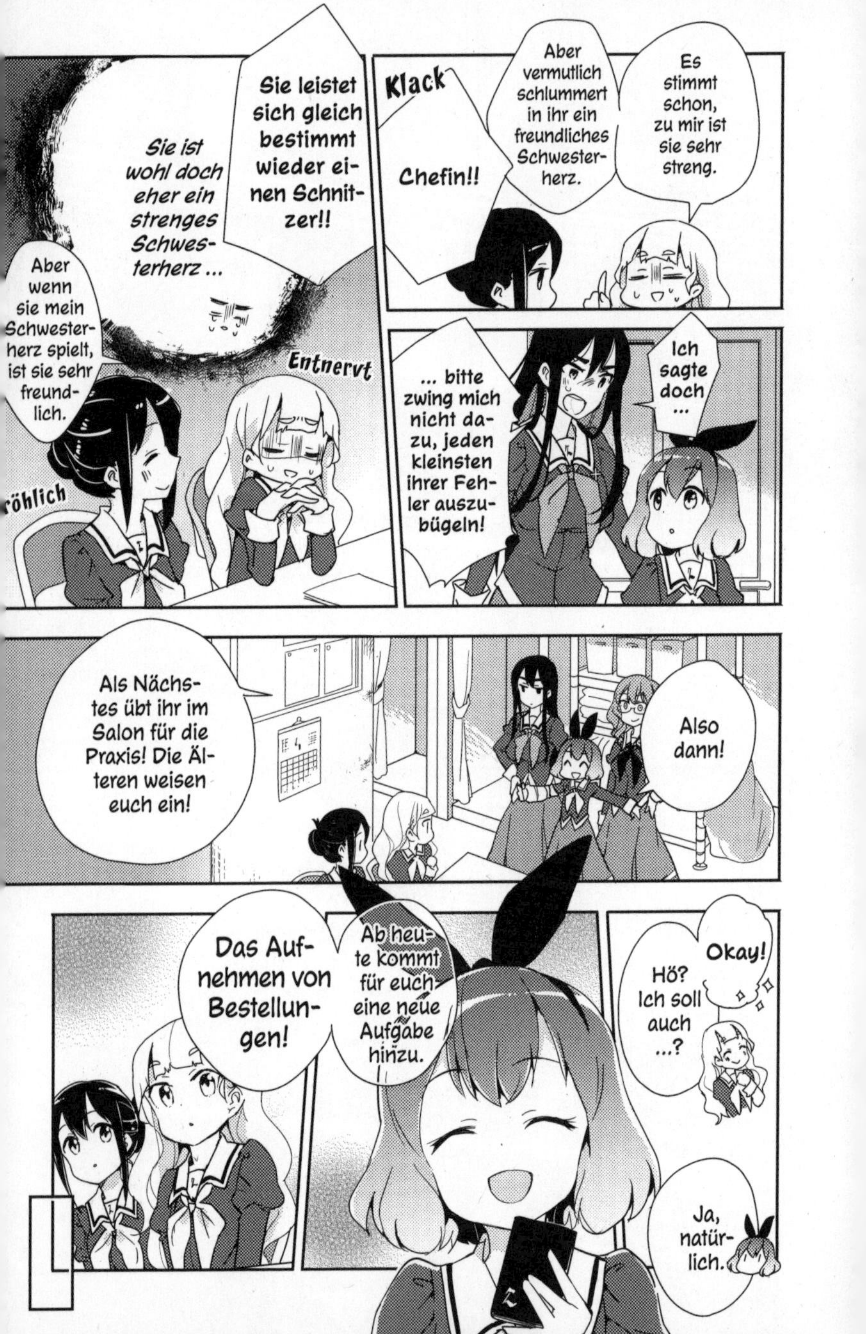
Es stimmt schon, zu mir ist sie sehr streng.
Aber vermutlich schlummert in ihr ein freundliches Schwesterherz.
Klack
Chefin!!
Sie leistet sich gleich bestimmt wieder einen Schnitzer!!
Sie ist wohl doch eher ein strenges Schwesterherz ...
Aber wenn sie mein Schwesterherz spielt, ist sie sehr freundlich.
Entnervt
röhlich
Ich sagte doch ...
... bitte zwing mich nicht dazu, jeden kleinsten ihrer Fehler auszubügeln!
Also dann!
Als Nächstes übt ihr im Salon für die Praxis! Die Älteren weisen euch ein!
Okay!
Hö? Ich soll auch ...?
Ja, natürlich.
Ab heute kommt für euch eine neue Aufgabe hinzu.
Das Aufnehmen von Bestellungen!

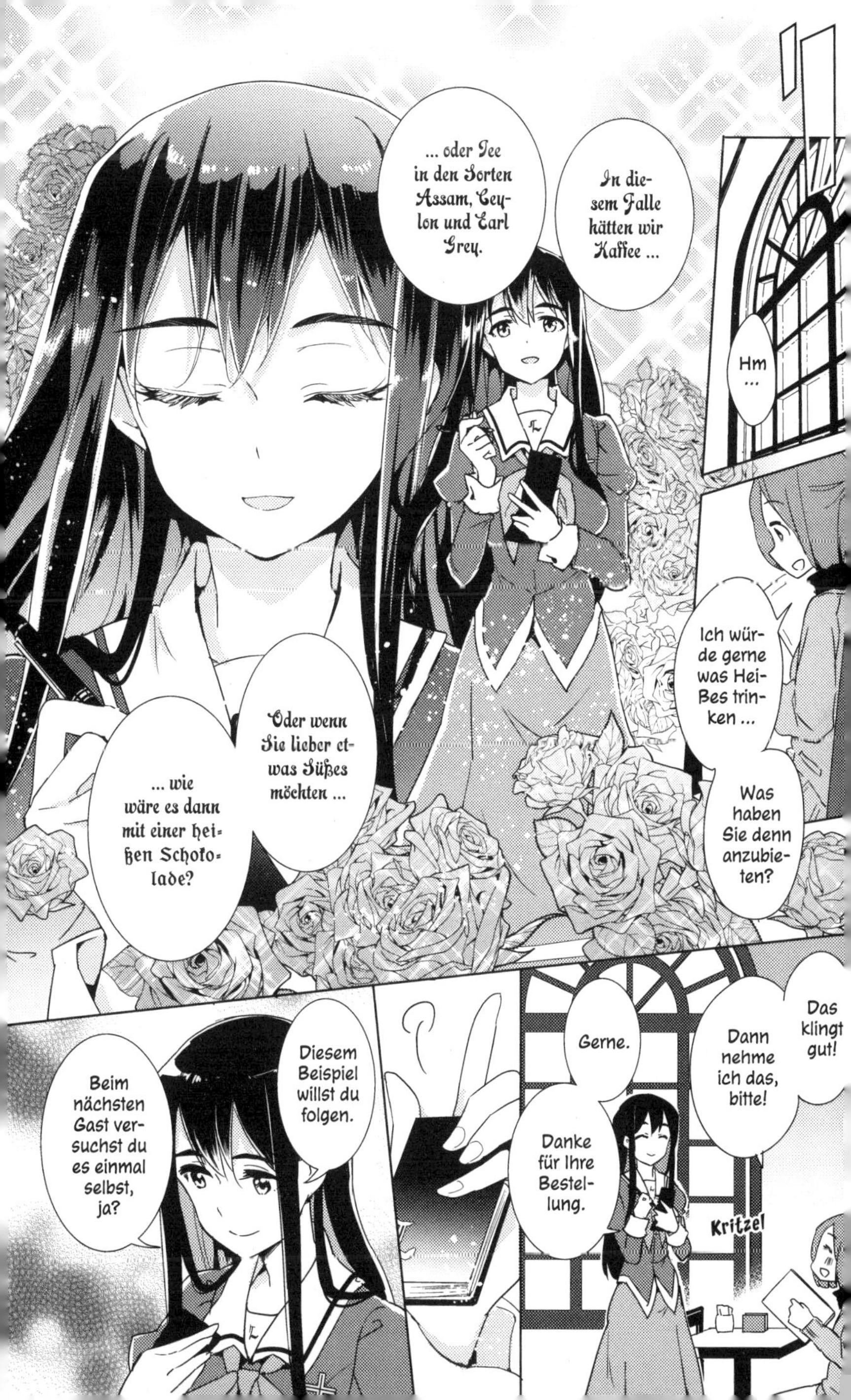
Hm ...
Ich würde gerne was Heißes trinken ...
Was haben Sie denn anzubieten?
In diesem Falle hätten wir Kaffee ...
... oder Tee in den Sorten Assam, Ceylon und Earl Grey.
Oder wenn Sie lieber etwas Süßes möchten ...
... wie wäre es dann mit einer heißen Schokolade?
Das klingt gut!
Dann nehme ich das, bitte!
Gerne.
Danke für Ihre Bestellung.
Kritzel
Diesem Beispiel willst du folgen.
Beim nächsten Gast versuchst du es einmal selbst, ja?

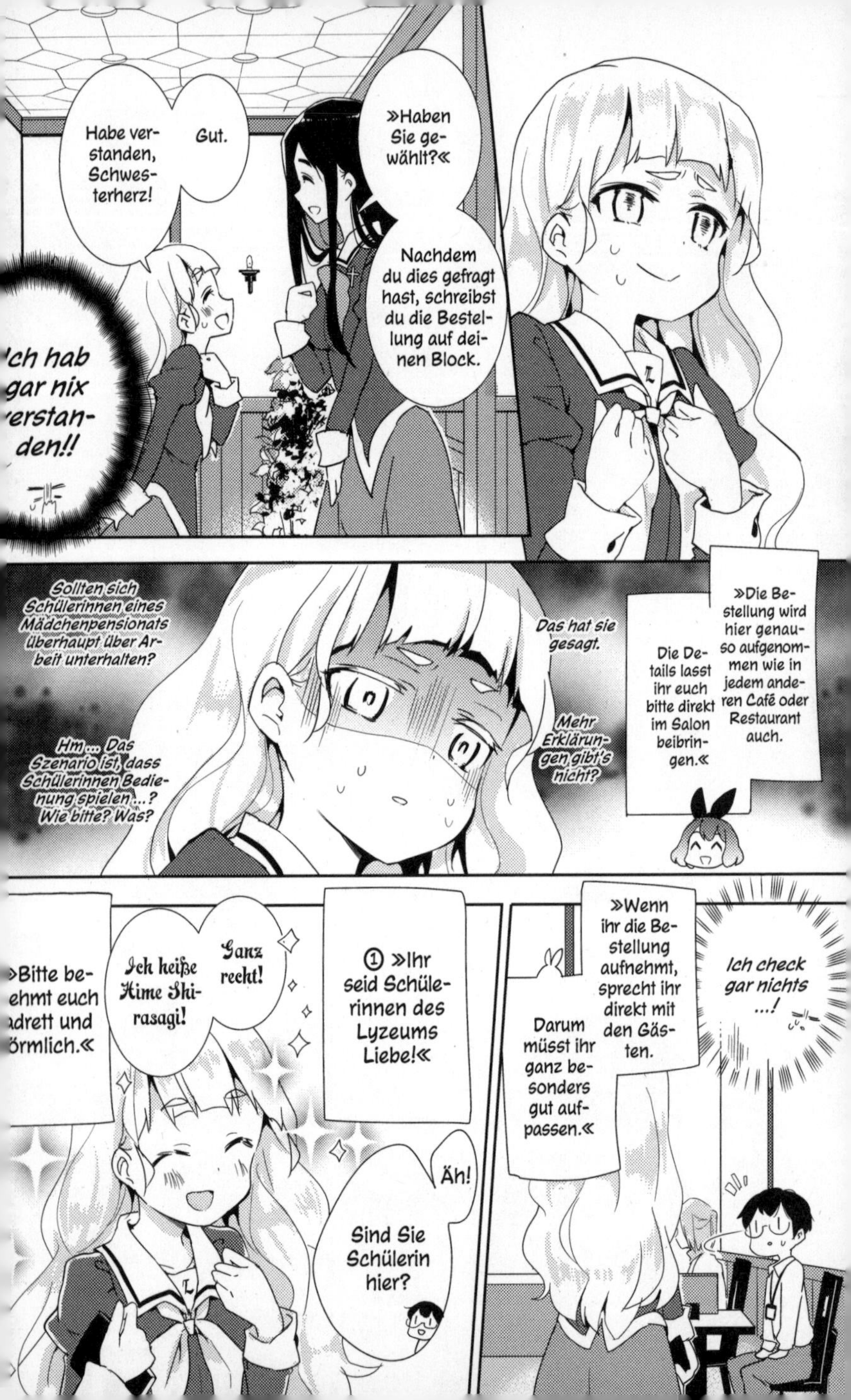
»Haben Sie gewählt?«
Nachdem du dies gefragt hast, schreibst du die Bestellung auf deinen Block.
Gut.
Habe verstanden, Schwesterherz!
ch hab gar nix erstanden!!
»Die Bestellung wird hier genauso aufgenommen wie in jedem anderen Café oder Restaurant auch.
Die Details lasst ihr euch bitte direkt im Salon beibringen.«
Das hat sie gesagt.
Mehr Erklärungen gibt's nicht?
Sollten sich Schülerinnen eines Mädchenpensionats überhaupt über Arbeit unterhalten?
Hm ... Das Szenario ist, dass Schülerinnen Bedienung spielen ...? Wie bitte? Was?
»Wenn ihr die Bestellung aufnehmt, sprecht ihr direkt mit den Gästen.
Darum müsst ihr ganz besonders gut aufpassen.«
Ich check gar nichts ...!
① »Ihr seid Schülerinnen des Lyzeums Liebe!«
Ganz recht!
Ich heiße Hime Shirasagi!
»Bitte be-ehmt euch adrett und örmlich.«
Äh!
Sind Sie Schülerin hier?

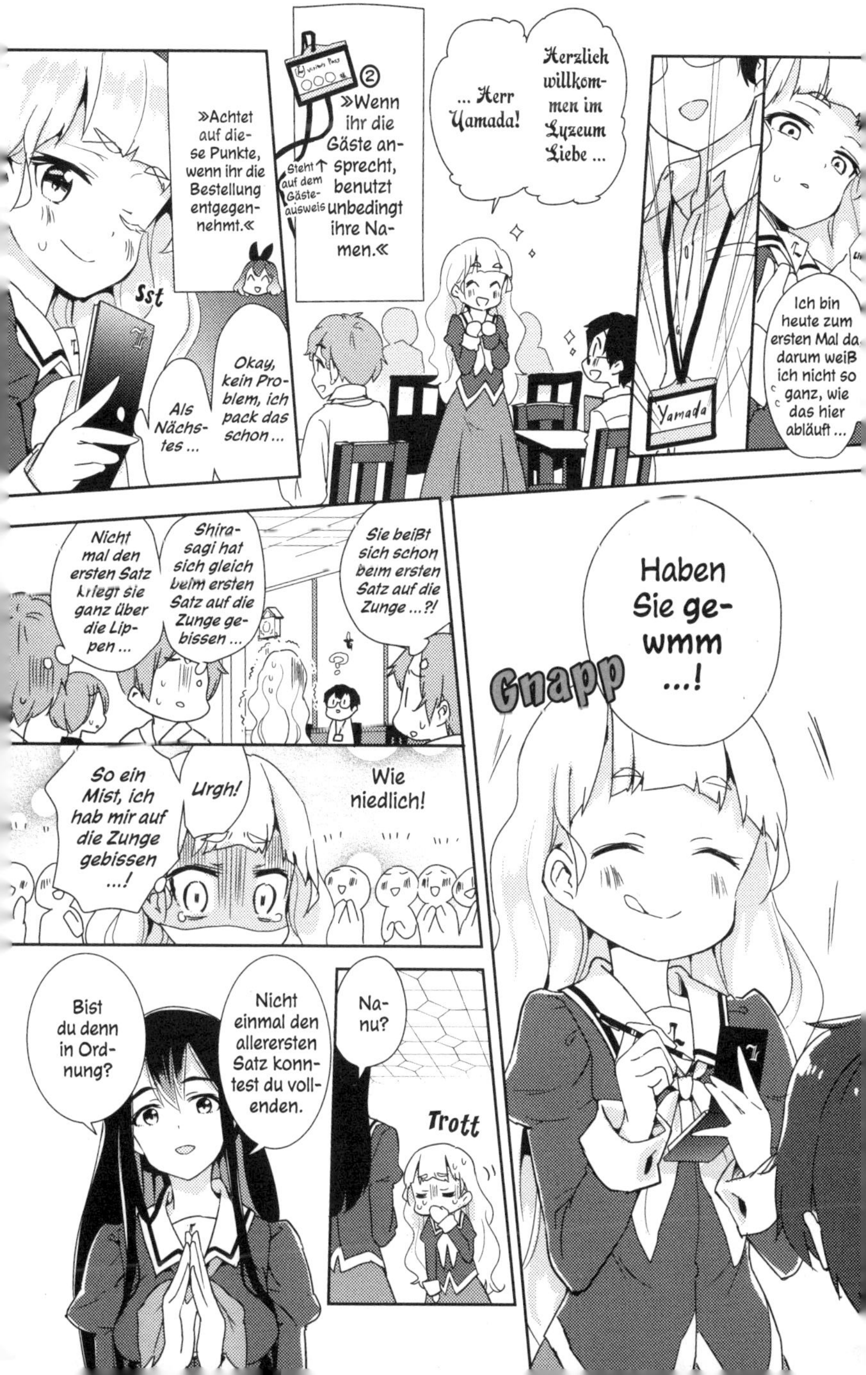

Ich bin heute zum ersten Mal da darum weiß ich nicht so ganz, wie das hier abläuft ...
Yamada
Herzlich willkommen im Lyzeum Liebe ...
... Herr Yamada!
»Wenn ihr die Gäste ansprecht, benutzt unbedingt ihre Namen.«
Steht auf dem Gästeausweis
»Achtet auf diese Punkte, wenn ihr die Bestellung entgegennehmt.«
Okay, kein Problem, ich pack das schon ...
Als Nächstes ...
Sst
Haben Sie gewmm ...!
Gnapp
Sie beißt sich schon beim ersten Satz auf die Zunge ...?!
Shirasagi hat sich gleich beim ersten Satz auf die Zunge gebissen ...
Nicht mal den ersten Satz kriegt sie ganz über die Lippen ...
Wie niedlich!
Urgh!
So ein Mist, ich hab mir auf die Zunge gebissen ...!
Trott
Nanu?
Nicht einmal den allerersten Satz konntest du vollenden.
Bist du denn in Ordnung?

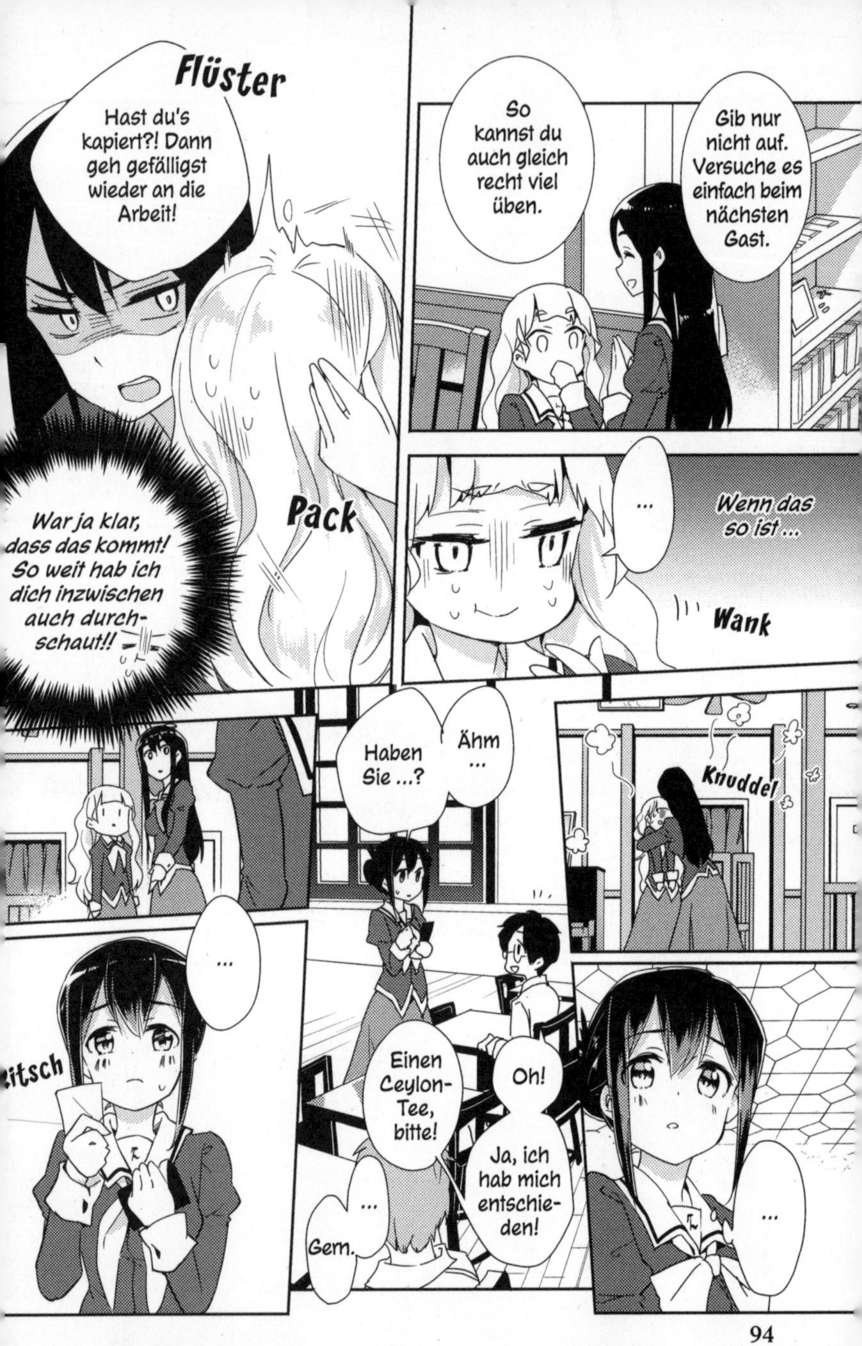
Gib nur nicht auf. Versuche es einfach beim nächsten Gast.
So kannst du auch gleich recht viel üben.
Flüster
Hast du's kapiert?! Dann geh gefälligst wieder an die Arbeit!
Pack
War ja klar, dass das kommt! So weit hab ich dich inzwischen auch durchschaut!!
Wenn das so ist ...
...
Wank
Knuddel
Ähm ...
Haben Sie ...?
Oh!
Ja, ich hab mich entschieden!
Einen Ceylon-Tee, bitte!
...
Gern.
...
...

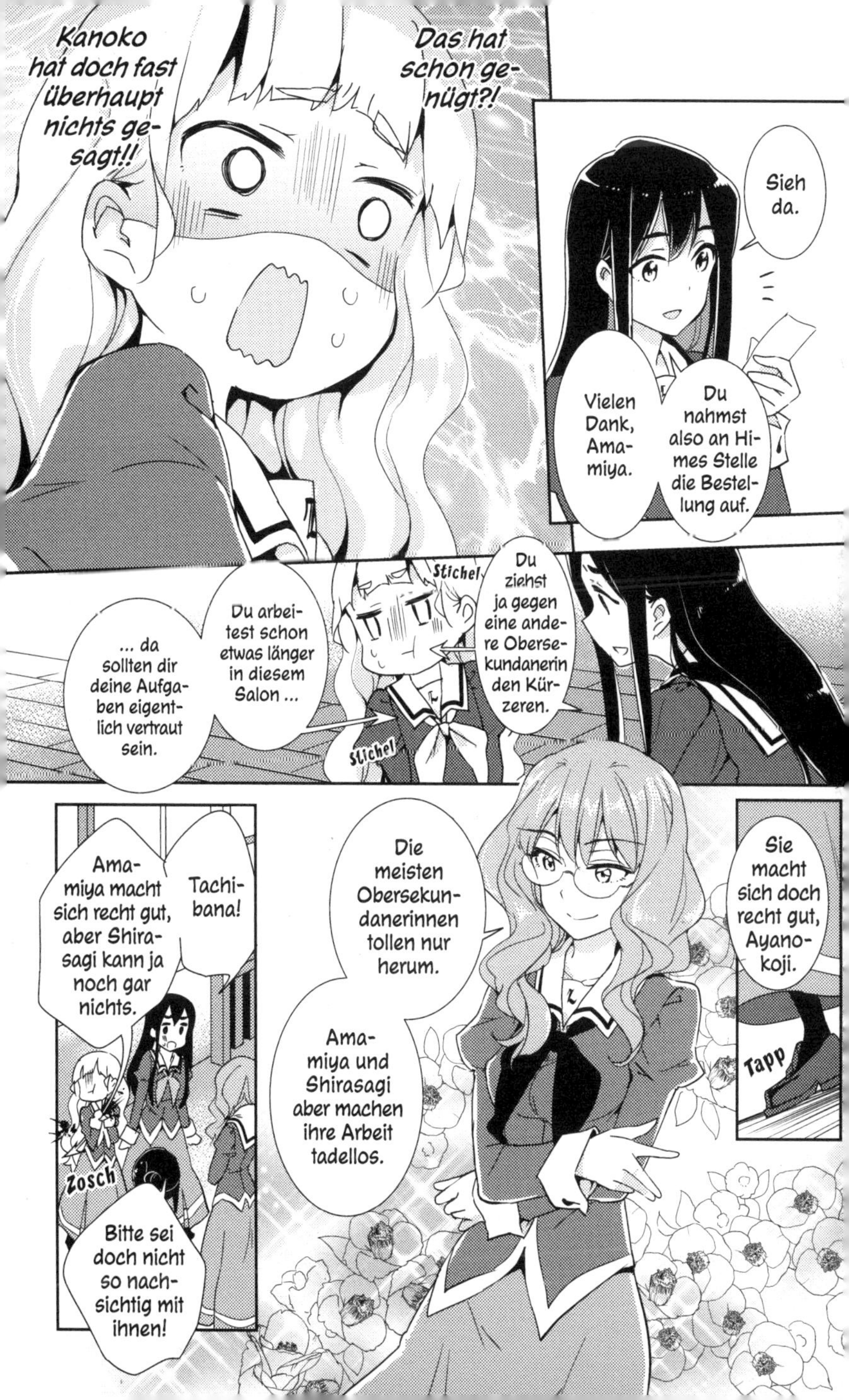
Sieh da.
Du nahmst also an Himes Stelle die Bestellung auf.
Vielen Dank, Amamiya.
Das hat schon genügt?!
Kanoko hat doch fast überhaupt nichts gesagt!!
Du ziehst ja gegen eine andere Obersekundanerin den Kürzeren.
Stichel
Du arbeitest schon etwas länger in diesem Salon ...
... da solltet dir deine Aufgaben eigentlich vertraut sein.
Stichel
Sie macht sich doch recht gut, Ayanokoji.
Tapp
Die meisten Obersekundanerinnen tollen nur herum.
Amamiya und Shirasagi aber machen ihre Arbeit tadellos.
Tachibana!
Amamiya macht sich recht gut, aber Shirasagi kann ja noch gar nichts.
Zosch
Bitte sei doch nicht so nachsichtig mit ihnen!

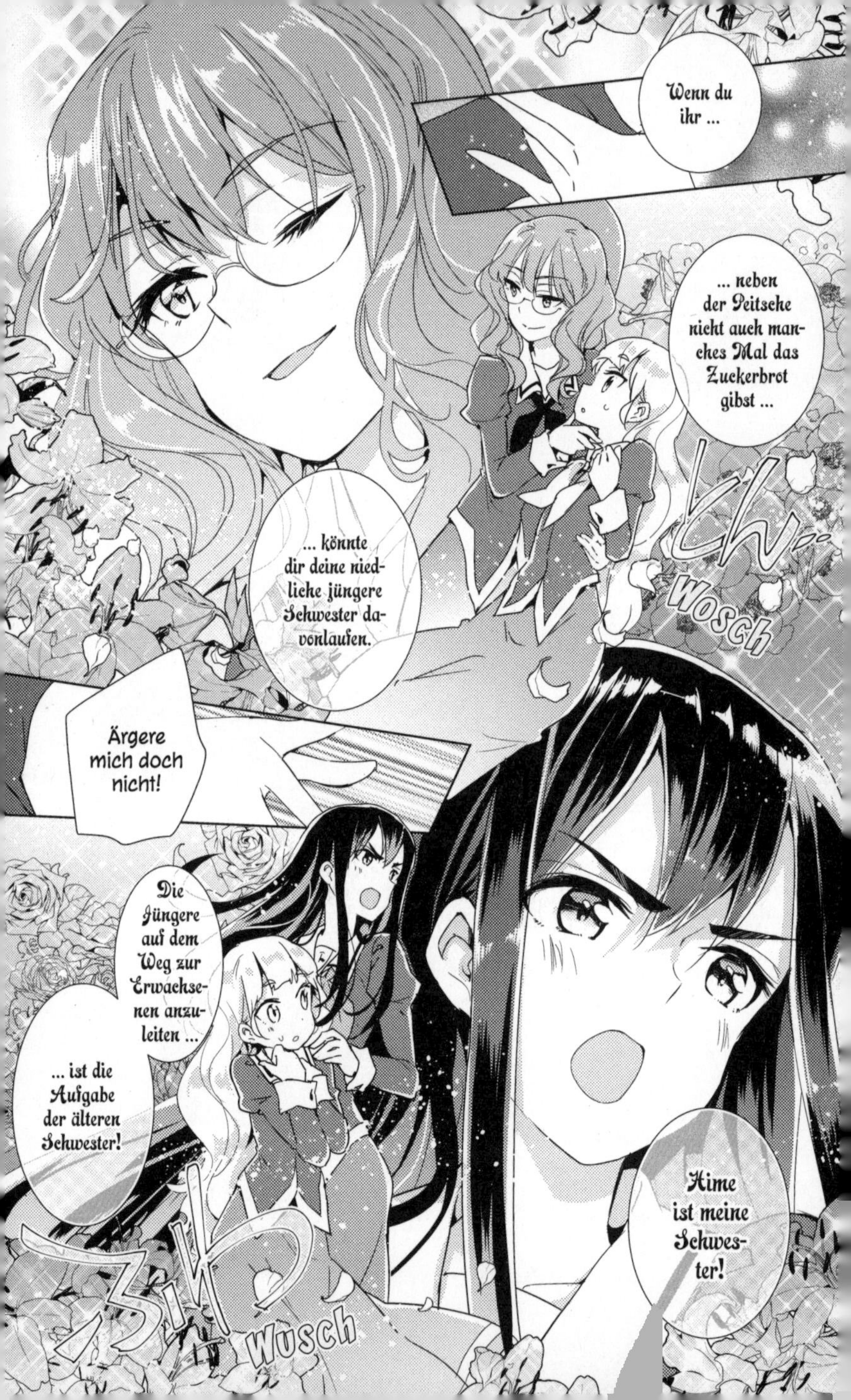

Wenn du ihr ...
... neben der Peitsche nicht auch manches Mal das Zuckerbrot gibst ...
... könnte dir deine niedliche jüngere Schwester davonlaufen.
Wosch
Ärgere mich doch nicht!
Hime ist meine Schwester!
Die Jüngere auf dem Weg zur Erwachsenen anzuleiten ...
... ist die Aufgabe der älteren Schwester!
Wusch

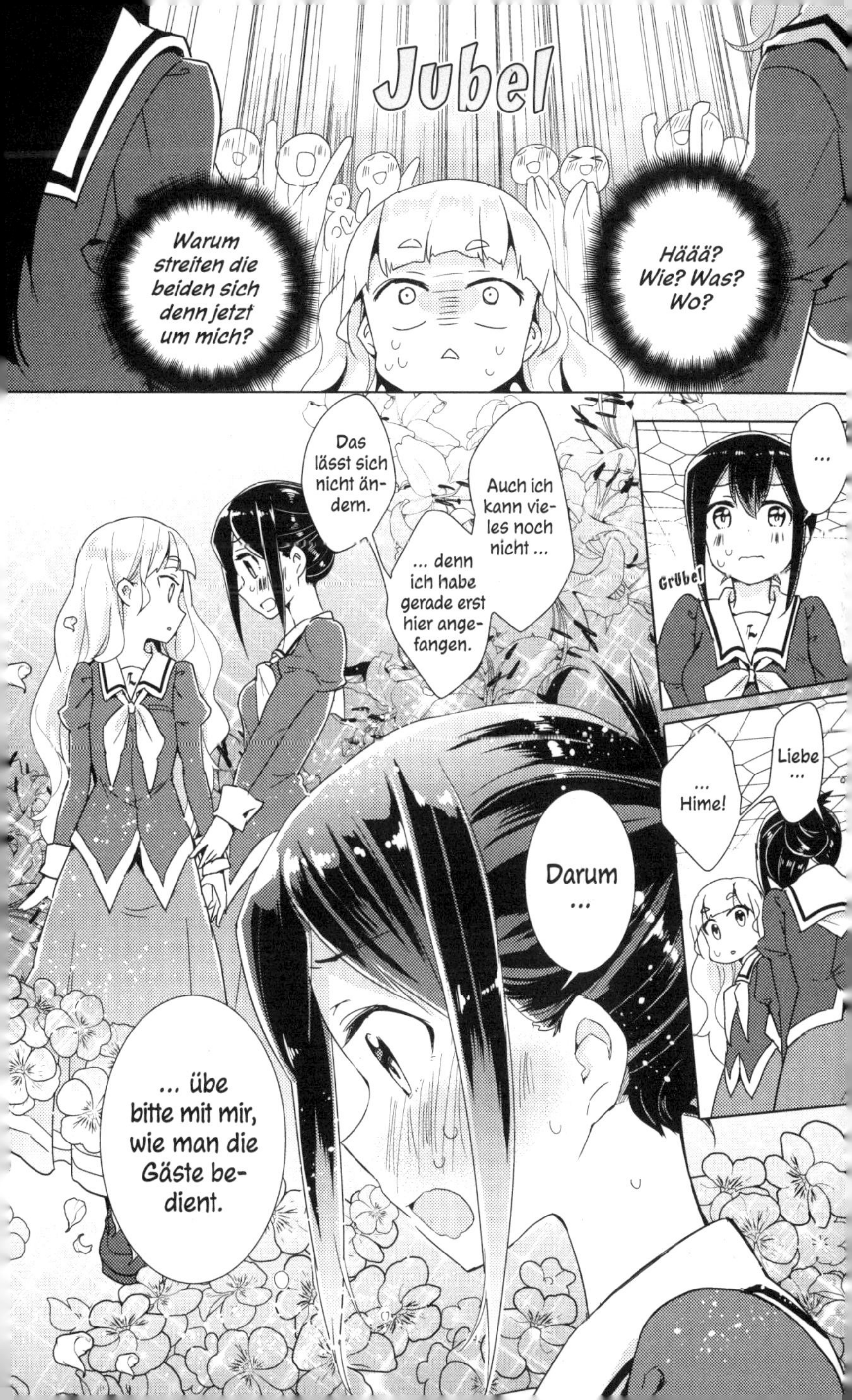
Jubel
Häää? Wie? Was? Wo?
Warum streiten die beiden sich denn jetzt um mich?
...
Grübel
Das lässt sich nicht ändern.
Auch ich kann vieles noch nicht ...
... denn ich habe gerade erst hier angefangen.
Liebe ...
... Hime!
Darum ...
... übe bitte mit mir, wie man die Gäste bedient.

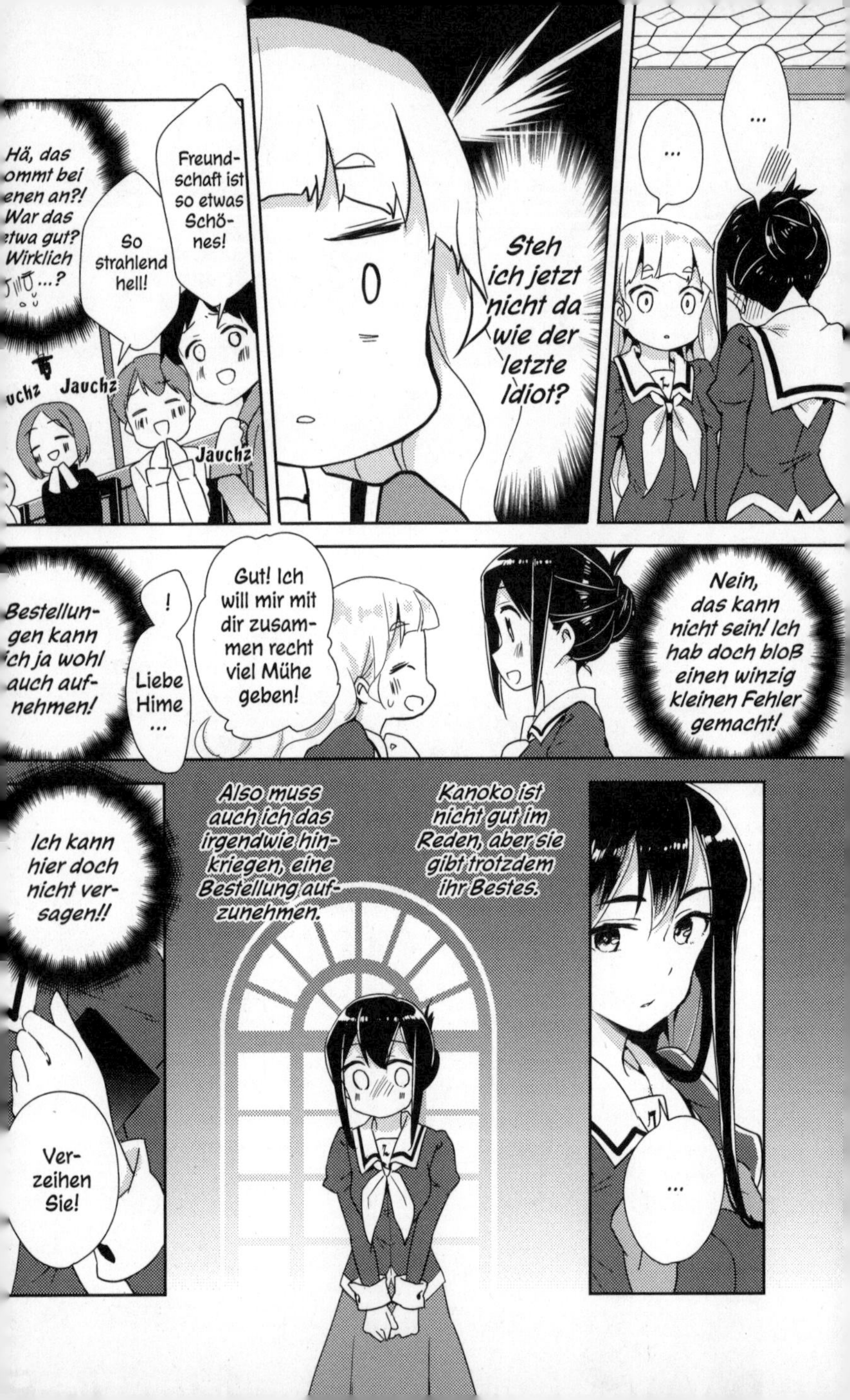

…
…
Steh ich jetzt nicht da wie der letzte Idiot?
Freundschaft ist so etwas Schönes!
So strahlend hell!
Hä, das ommt bei enen an?! War das twa gut? Wirklich …?
Jauchz
Jauchz
Jauchz
Nein, das kann nicht sein! Ich hab doch bloß einen winzig kleinen Fehler gemacht!
Gut! Ich will mir mit dir zusammen recht viel Mühe geben!
!
Liebe Hime …
Bestellungen kann ich ja wohl auch aufnehmen!
…
Kanoko ist nicht gut im Reden, aber sie gibt trotzdem ihr Bestes.
Also muss auch ich das irgendwie hinkriegen, eine Bestellung aufzunehmen.
Ich kann hier doch nicht versagen!!
Verzeihen Sie!

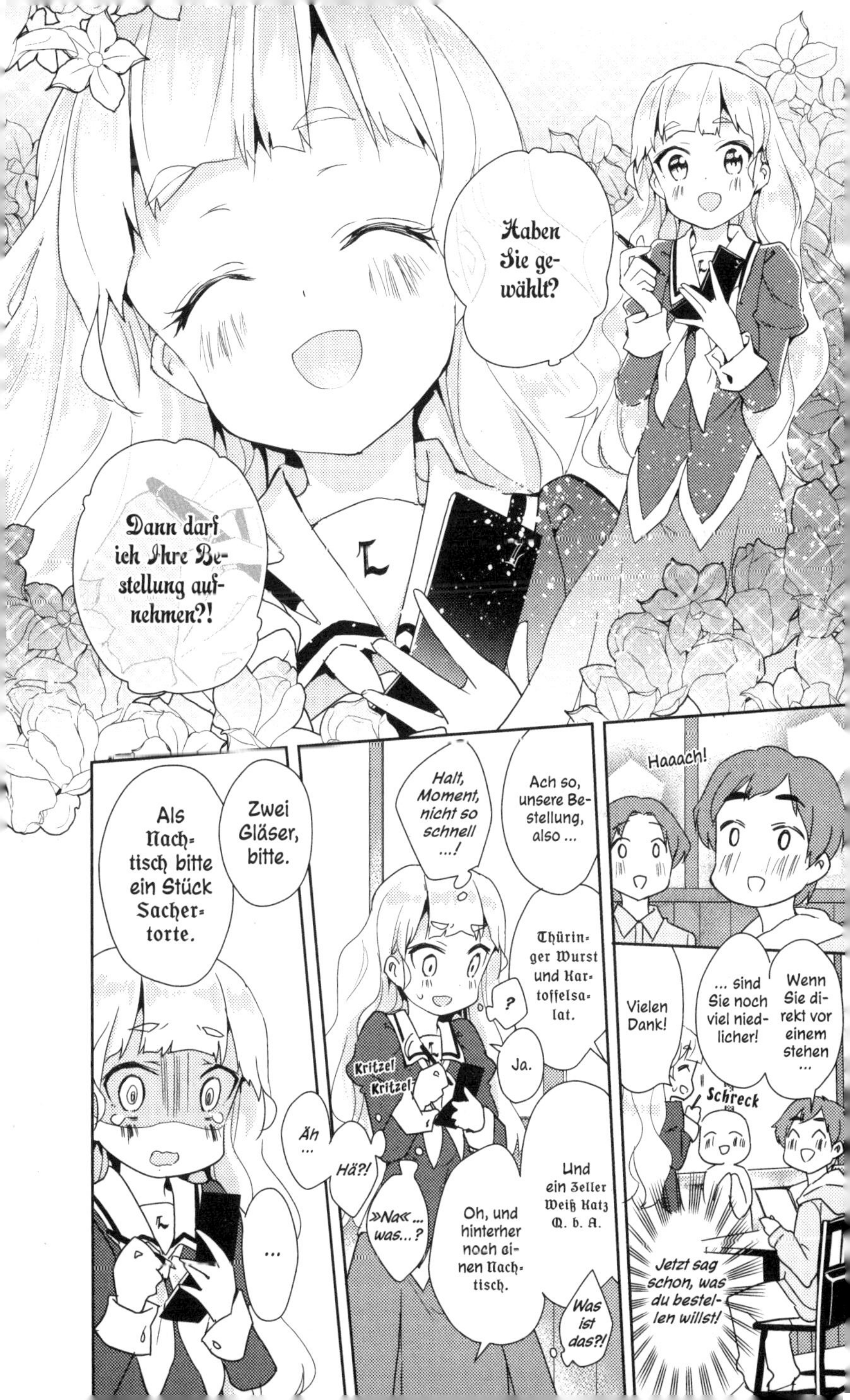
Haben Sie gewählt?
Dann darf ich Ihre Bestellung aufnehmen?!
Haaach!
Wenn Sie direkt vor einem stehen ...
... sind Sie noch viel niedlicher!
Vielen Dank!
Schreck
Jetzt sag schon, was du bestellen willst!
Ach so, unsere Bestellung, also ...
Halt, Moment, nicht so schnell ...!
Thüringer Wurst und Kartoffelsalat.
?
Ja.
Kritzel! Kritzel!
Und ein Zeller Weiß Katz Q. b. A.
Oh, und hinterher noch einen Nachtisch.
Was ist das?!
»Na« ... was ...?
Hä?!
Äh ...
Zwei Gläser, bitte.
Als Nachtisch bitte ein Stück Sachertorte.
...

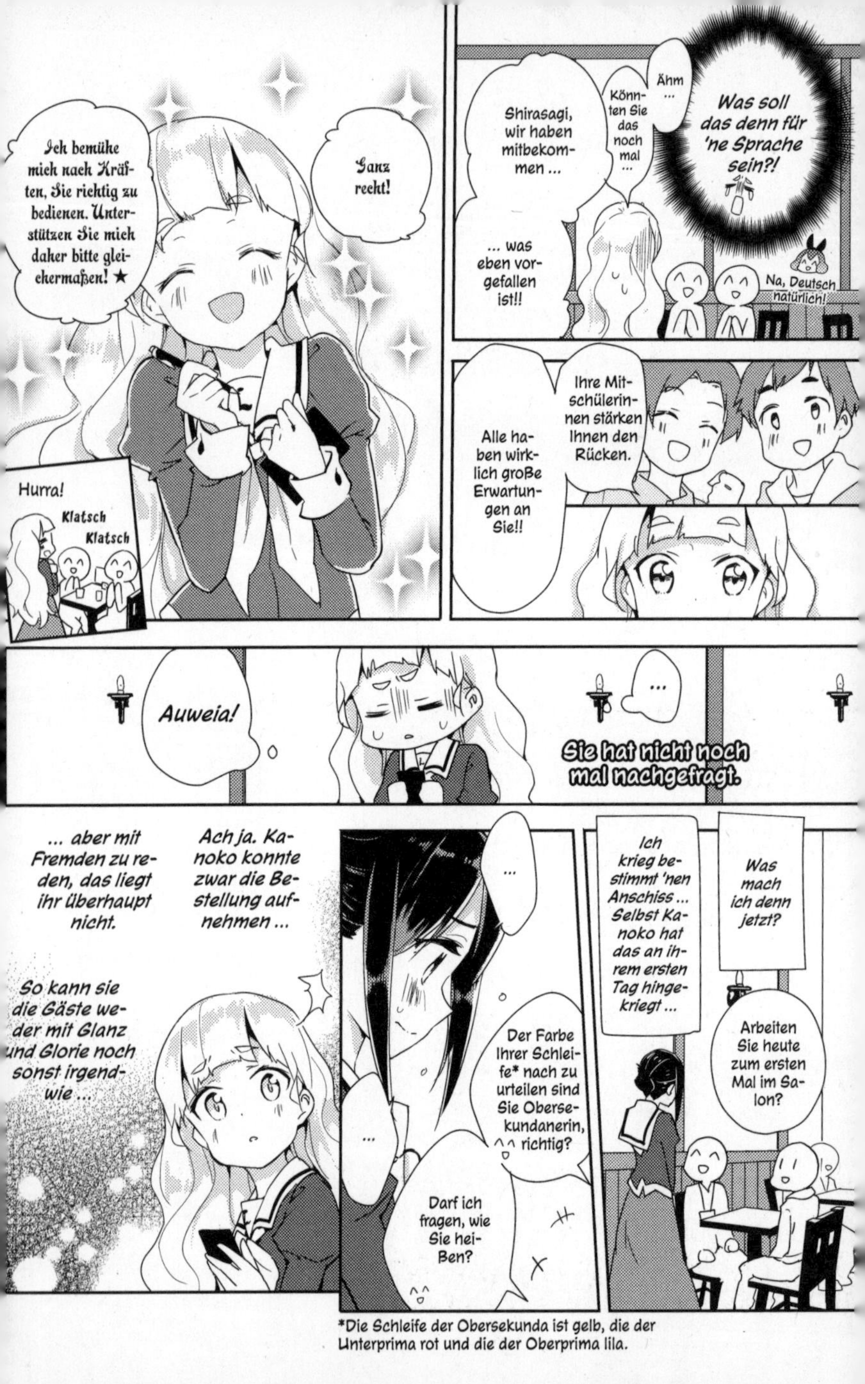

*Die Schleife der Obersekunda ist gelb, die der Unterprima rot und die der Oberprima lila.

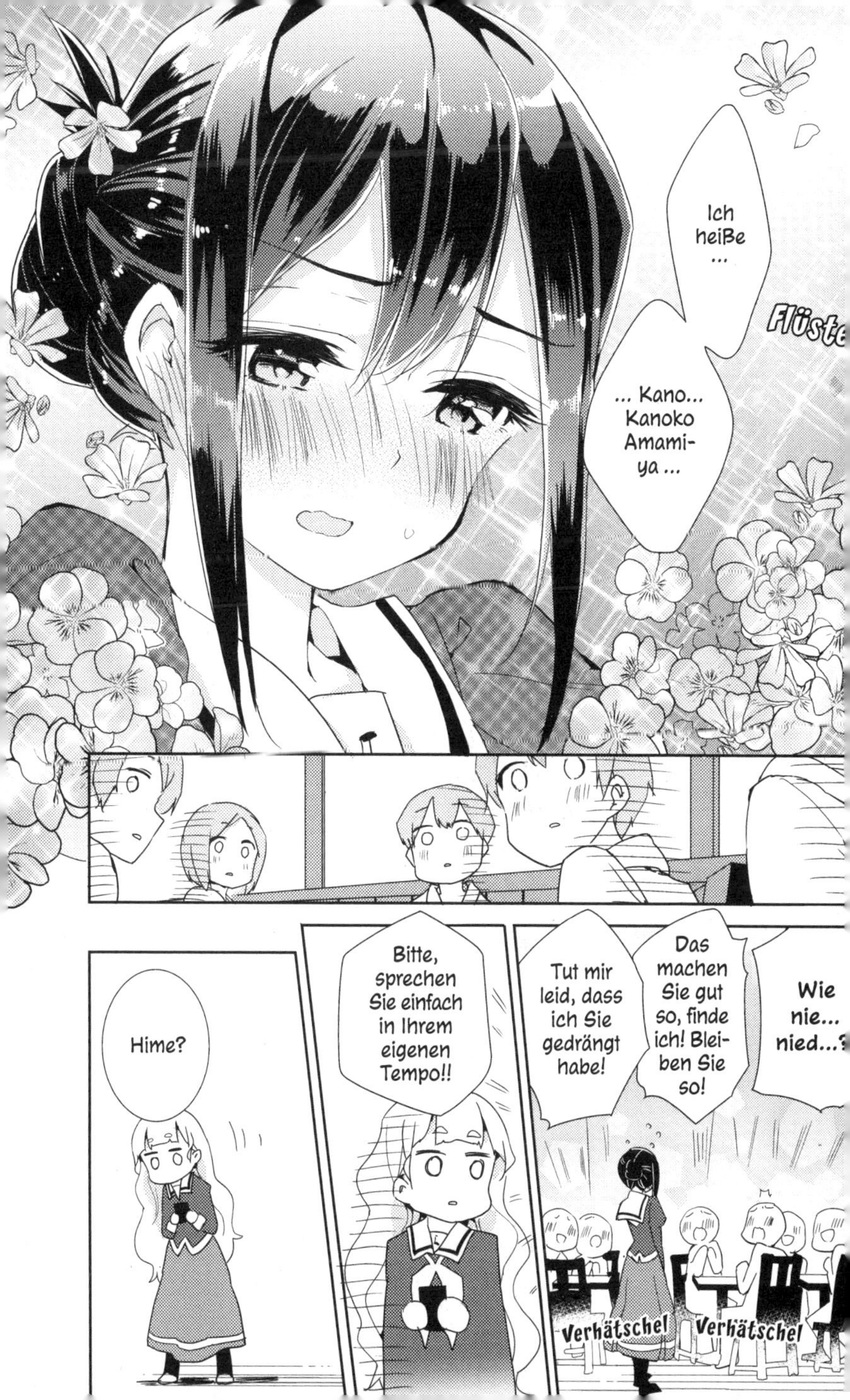

Ich heiße ...
Flüste
... Kano... Kanoko Amami-ya ...
Wie nie... nied...?
Das machen Sie gut so, finde ich! Blei-ben Sie so!
Tut mir leid, dass ich Sie gedrängt habe!
Verhätschel
Verhätschel
Bitte, sprechen Sie einfach in Ihrem eigenen Tempo!!
Hime?

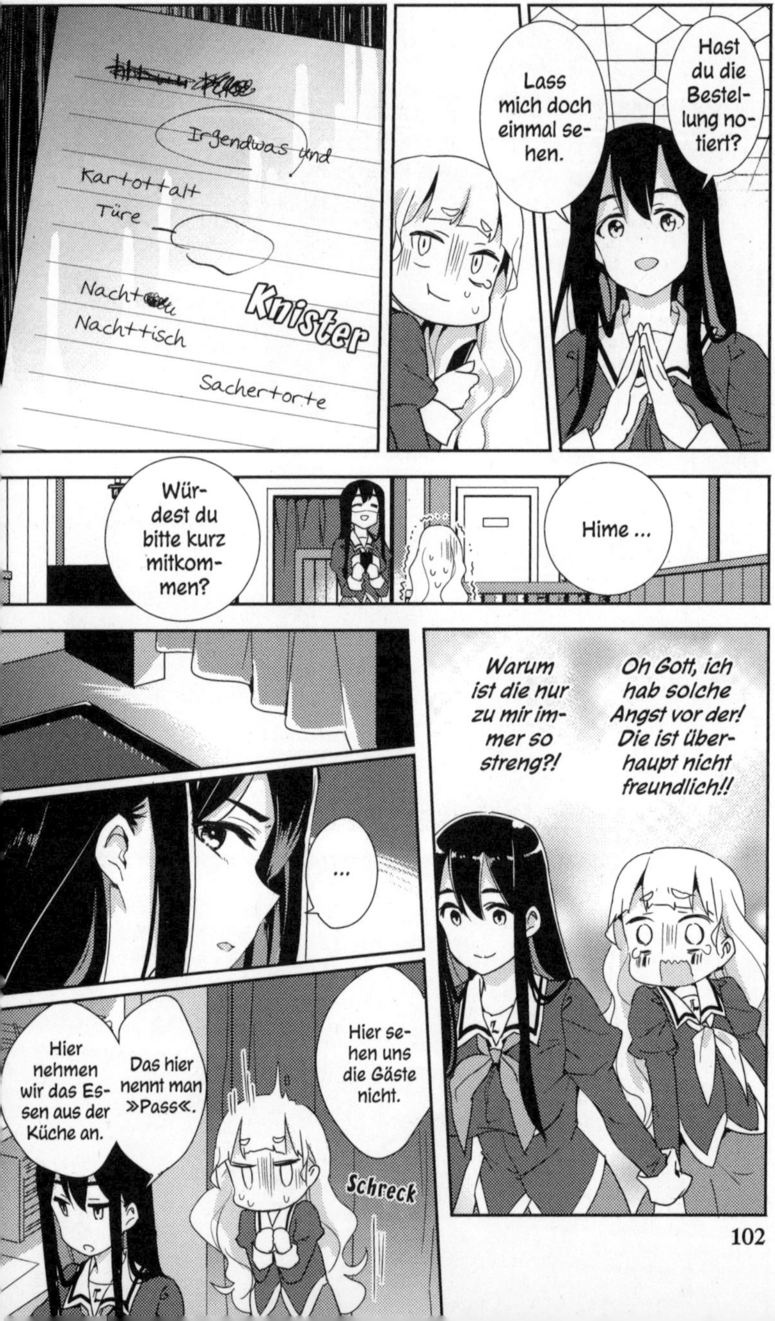
Hast du die Bestellung notiert?
Lass mich doch einmal sehen.
Irgendwas und
Kartottalt
Türe
Nacht
Nachttisch
Sachertorte
Knister
Hime ...
Würdest du bitte kurz mitkommen?
...
Hier sehen uns die Gäste nicht.
Das hier nennt man »Pass«.
Hier nehmen wir das Essen aus der Küche an.
Schreck
Oh Gott, ich hab solche Angst vor der! Die ist überhaupt nicht freundlich!!
Warum ist die nur zu mir immer so streng?!

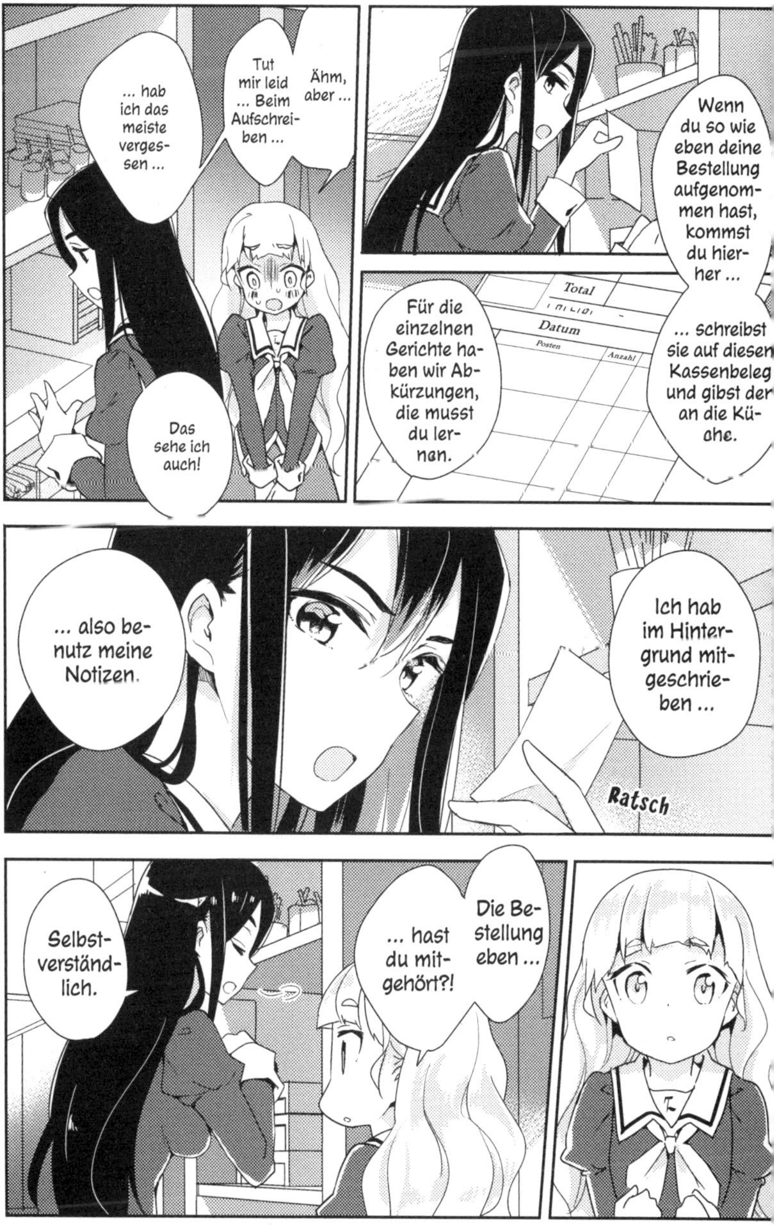

Wenn du so wie eben deine Bestellung aufgenommen hast, kommst du hierher ...
... schreibst sie auf diesen Kassenbeleg und gibst den an die Küche.
Total
Datum
Posten
Anzahl
Für die einzelnen Gerichte haben wir Abkürzungen, die musst du lernen.
Ähm, aber ...
Tut mir leid ... Beim Aufschreiben ...
... hab ich das meiste vergessen ...
Das sehe ich auch!
Ich hab im Hintergrund mitgeschrieben ...
... also benutz meine Notizen.
Ratsch
Die Bestellung eben ...
... hast du mitgehört?!
Selbstverständlich.

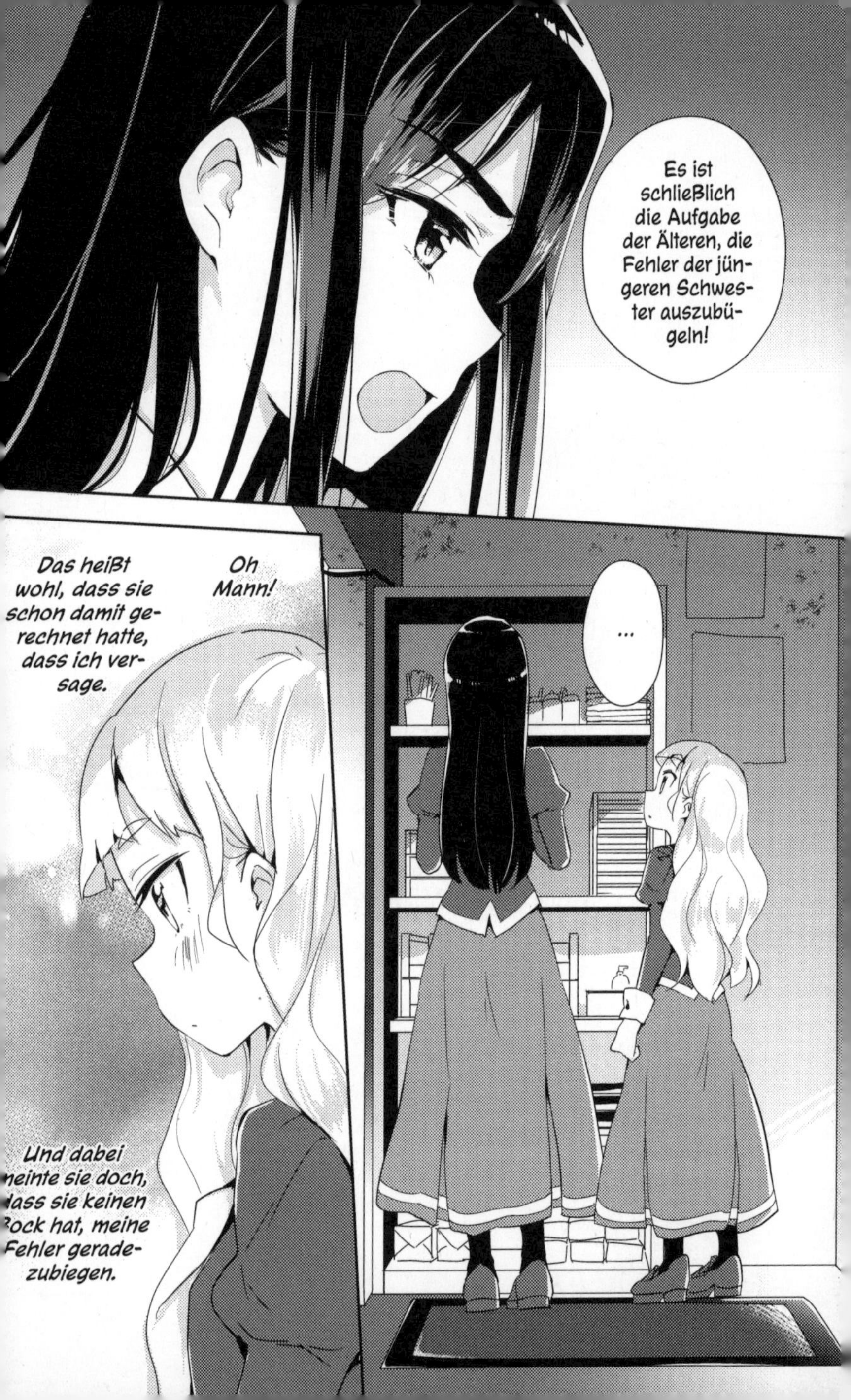
Es ist schließlich die Aufgabe der Älteren, die Fehler der jüngeren Schwester auszubügeln!
Oh Mann!
Das heißt wohl, dass sie schon damit gerechnet hatte, dass ich versage.
...
Und dabei meinte sie doch, dass sie keinen Bock hat, meine Fehler geradezubiegen.

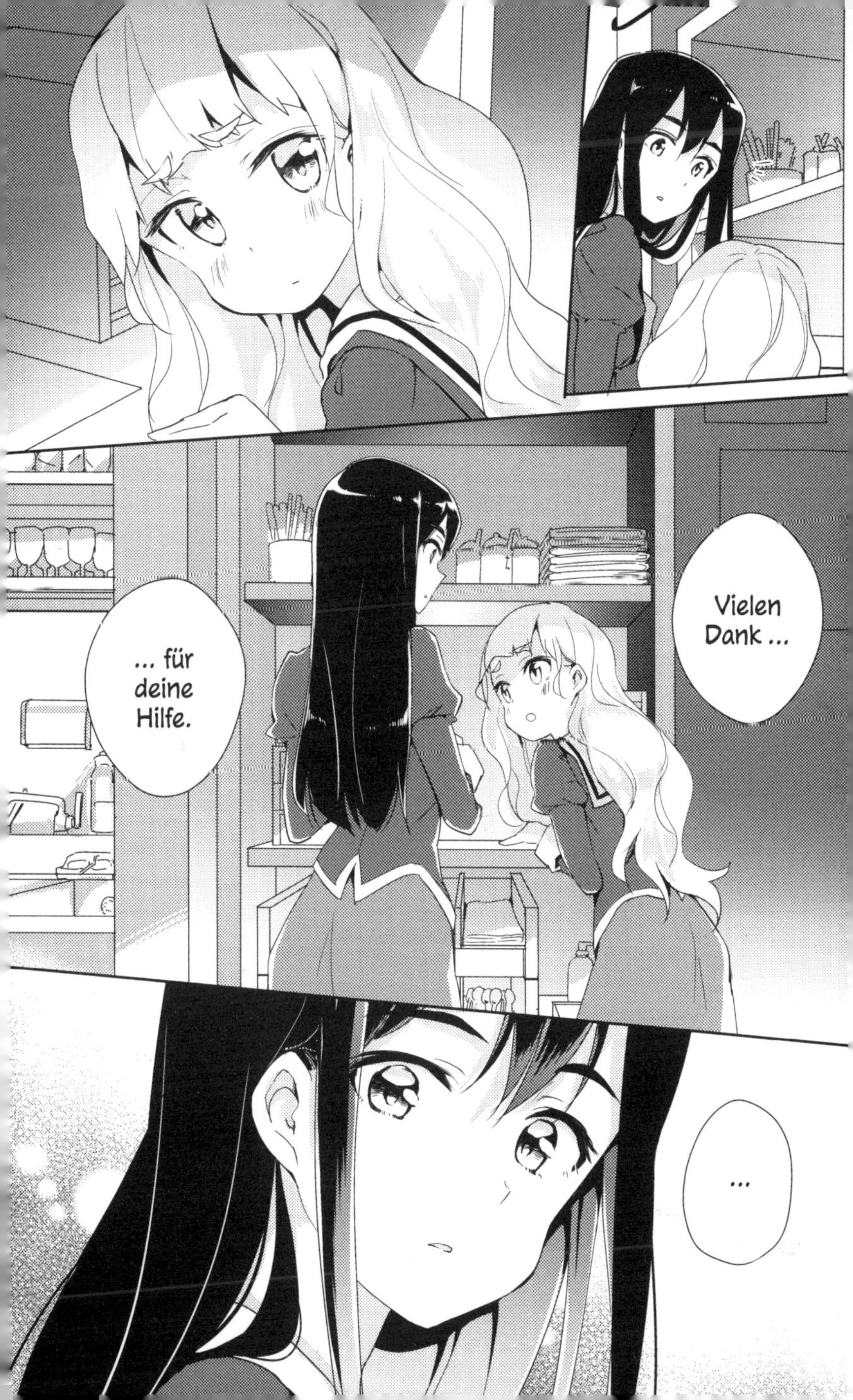
Vielen Dank ...
... für deine Hilfe.
...

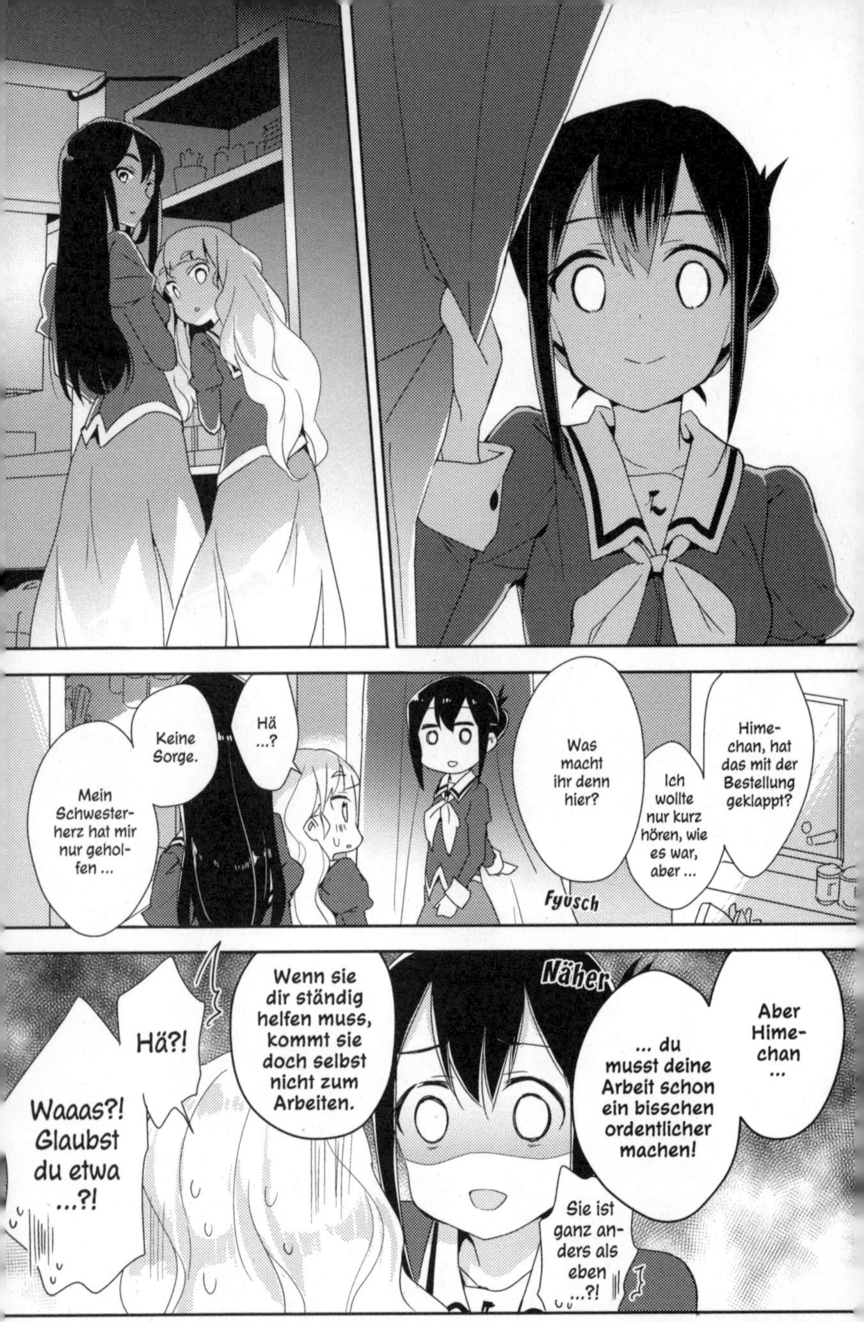
Hime-chan, hat das mit der Bestellung geklappt?
Ich wollte nur kurz hören, wie es war, aber ...
Was macht ihr denn hier?
Fyusch
Hä ...?
Keine Sorge.
Mein Schwesterherz hat mir nur geholfen ...
Aber Hime-chan ...
... du musst deine Arbeit schon ein bisschen ordentlicher machen!
Näher
Wenn sie dir ständig helfen muss, kommt sie doch selbst nicht zum Arbeiten.
Sie ist ganz anders als eben ...?!
Hä?!
Waaas?! Glaubst du etwa ...?!

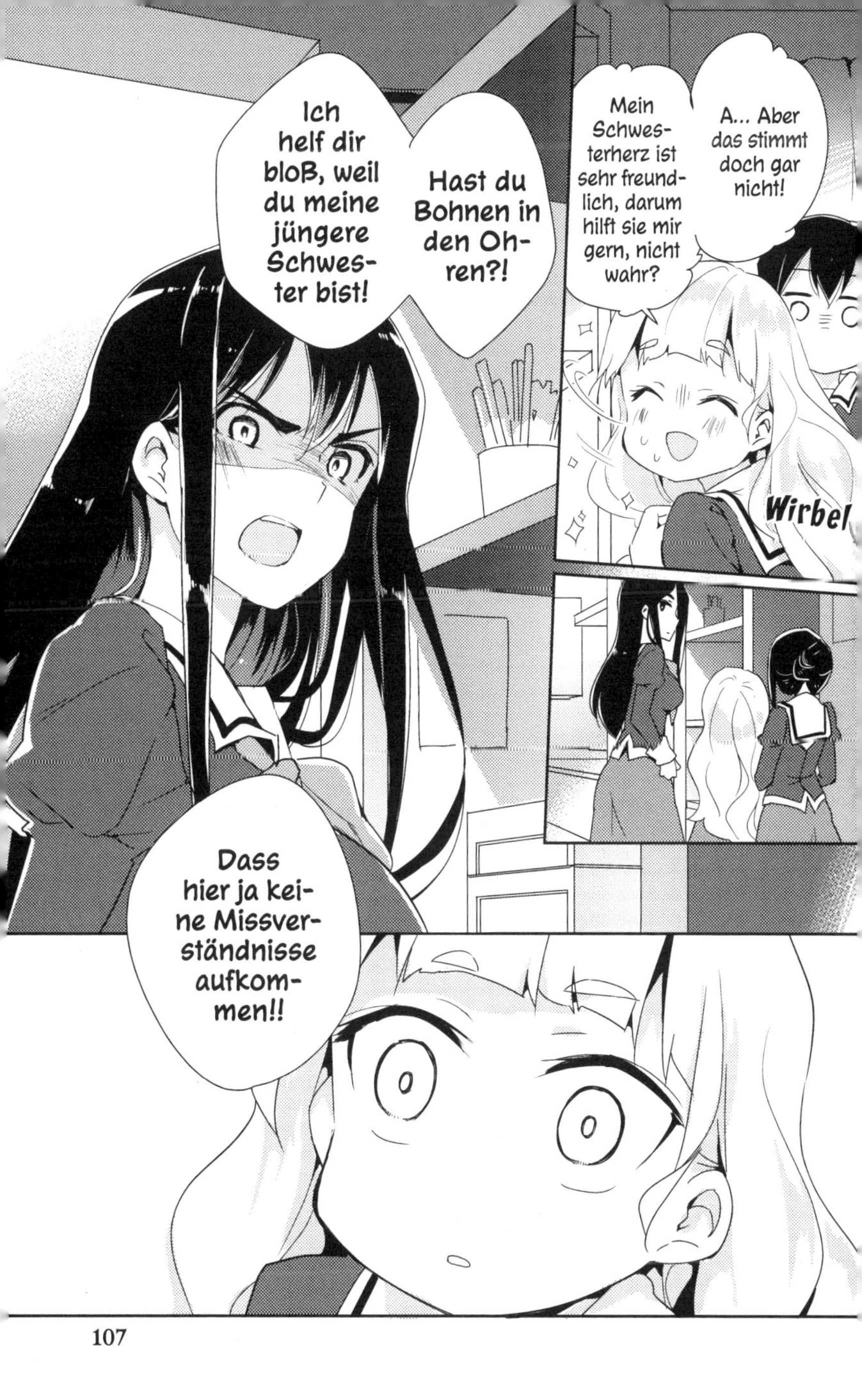
A… Aber das stimmt doch gar nicht!
Mein Schwesterherz ist sehr freundlich, darum hilft sie mir gern, nicht wahr?
Wirbel
Hast du Bohnen in den Ohren?!
Ich helf dir bloß, weil du meine jüngere Schwester bist!
Dass hier ja keine Missverständnisse aufkommen!!

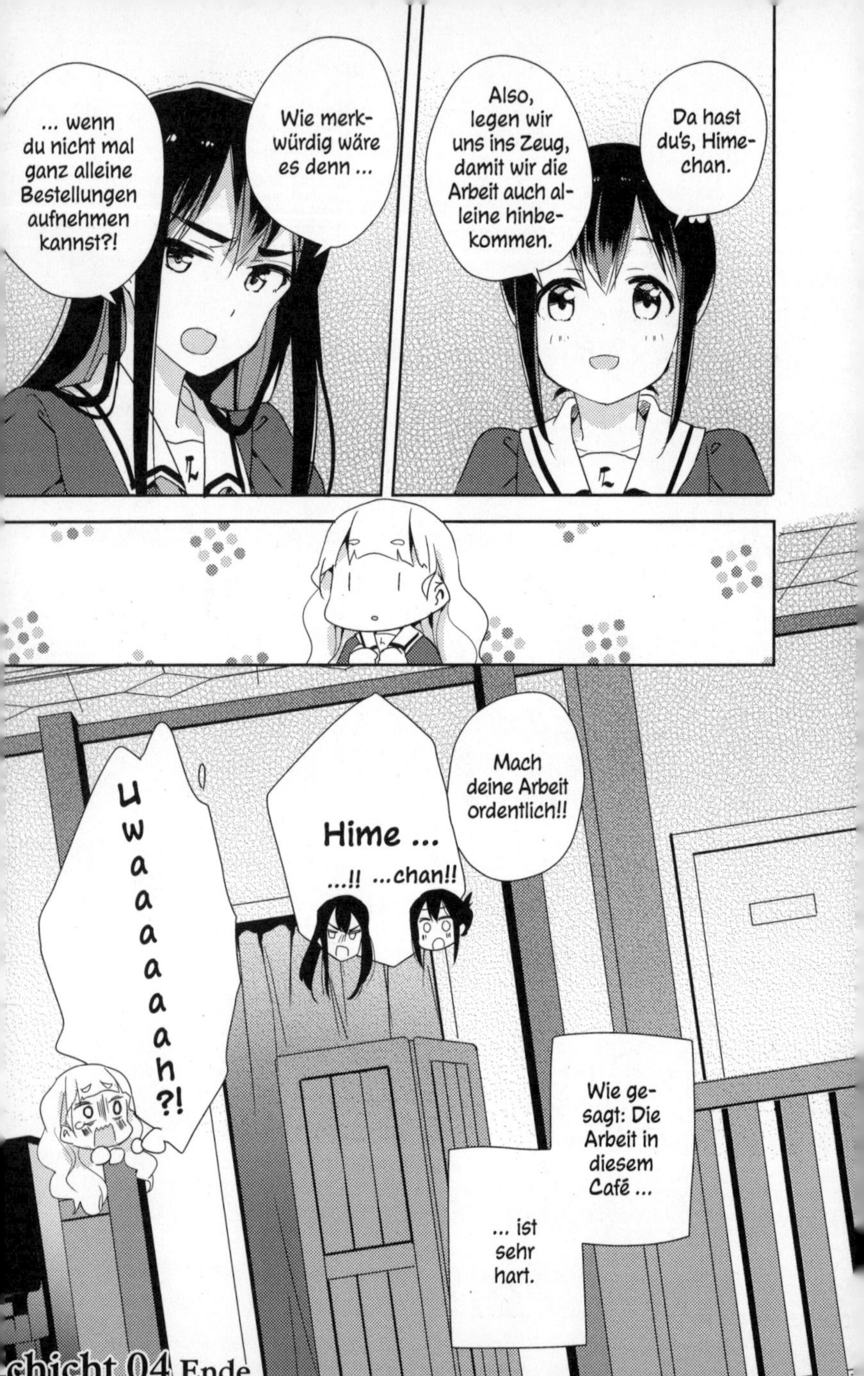

chicht 04 Ende

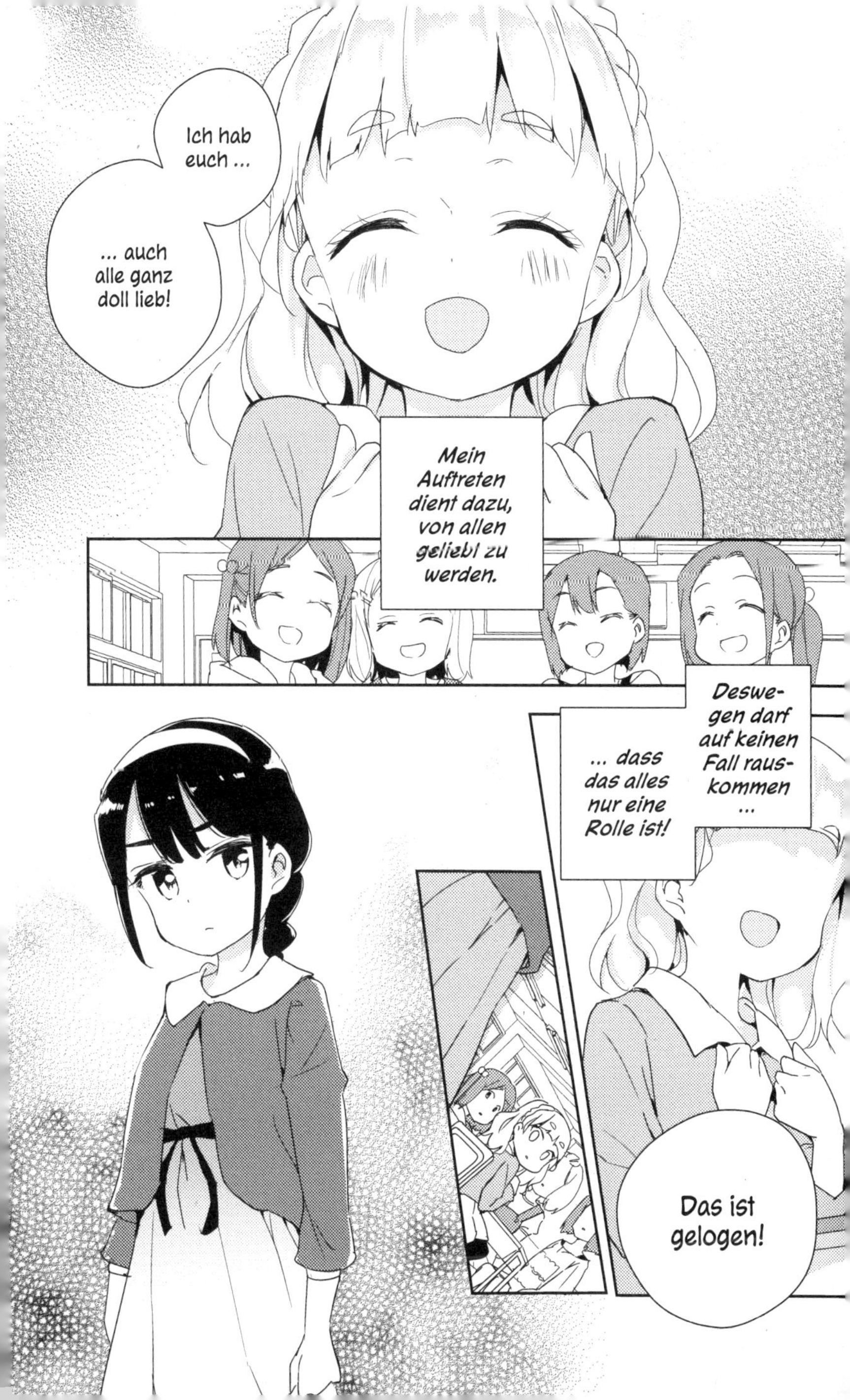
Ich hab euch ...
... auch alle ganz doll lieb!
Mein Auftreten dient dazu, von allen geliebt zu werden.
Deswegen darf auf keinen Fall rauskommen ...
... dass das alles nur eine Rolle ist!
Das ist gelogen!

Schicht 05 Das ist keine Lüge!

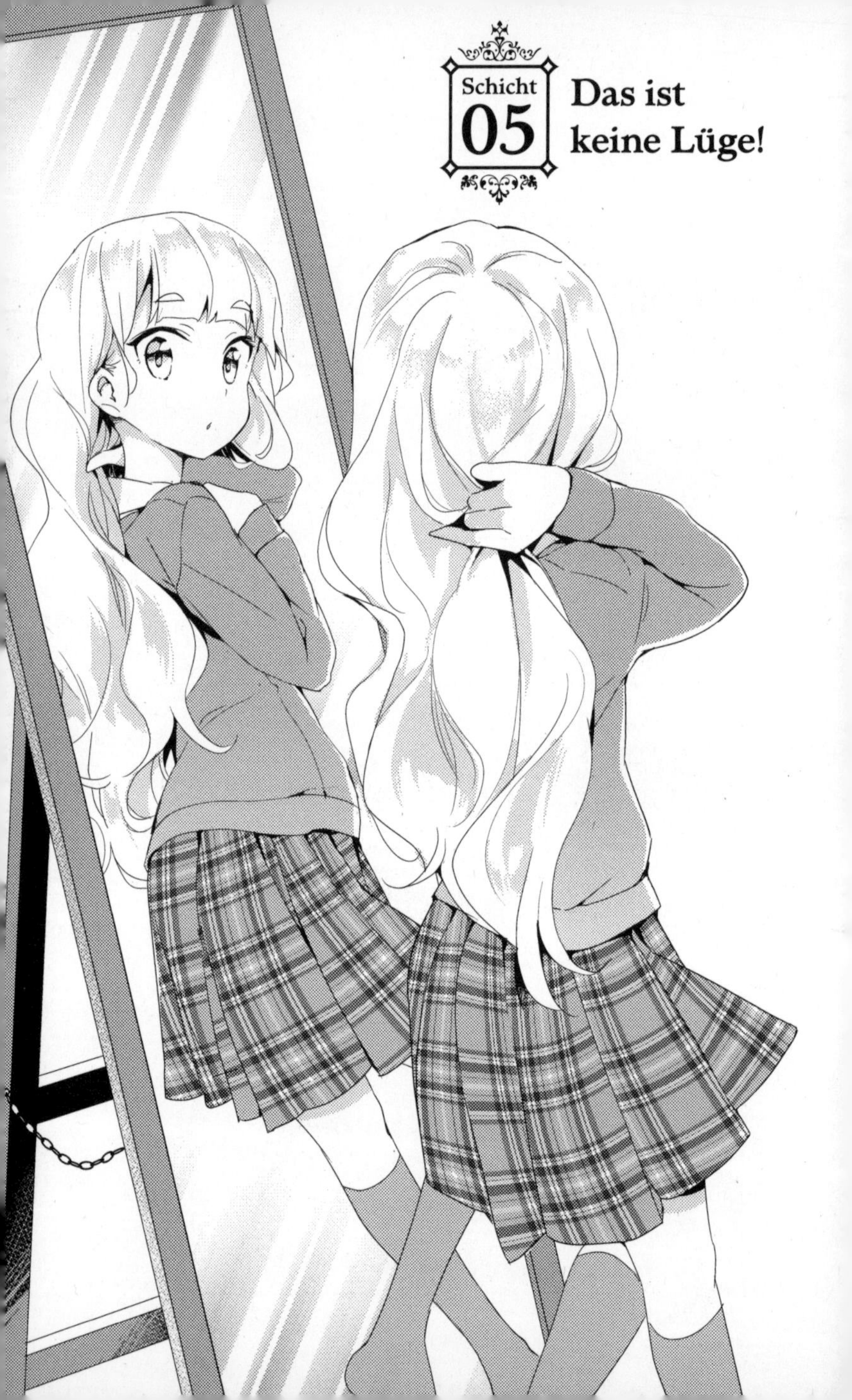

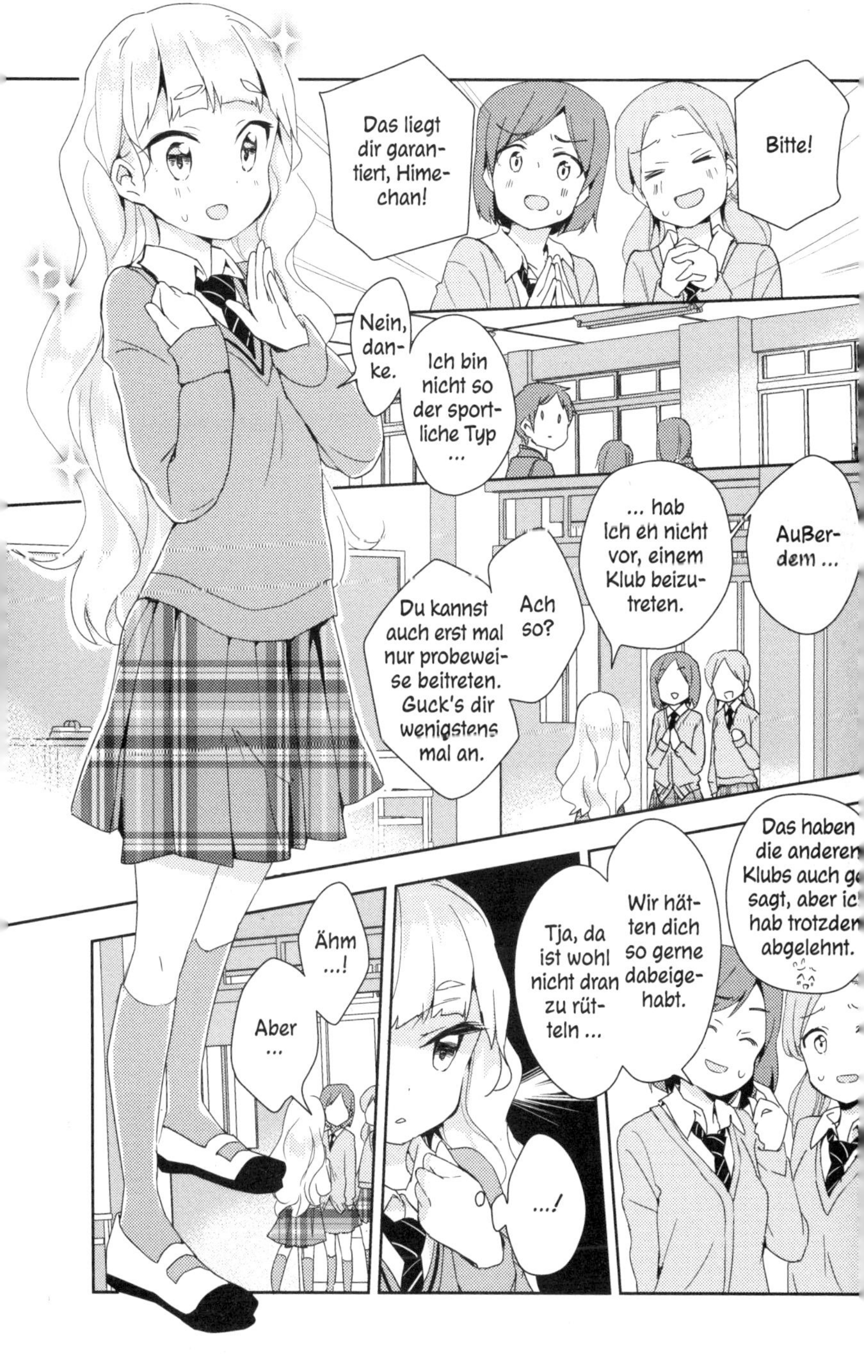
Bitte!
Das liegt dir garantiert, Hime-chan!
Nein, danke.
Ich bin nicht so der sportliche Typ ...
Außerdem ...
... hab ich eh nicht vor, einem Klub beizutreten.
Ach so?
Du kannst auch erst mal nur probeweise beitreten. Guck's dir wenigstens mal an.
Das haben die anderen Klubs auch ge sagt, aber ic hab trotzden abgelehnt.
Wir hätten dich so gerne dabeigehabt.
Tja, da ist wohl nicht dran zu rütteln ...
...!
Ähm ...!
Aber ...

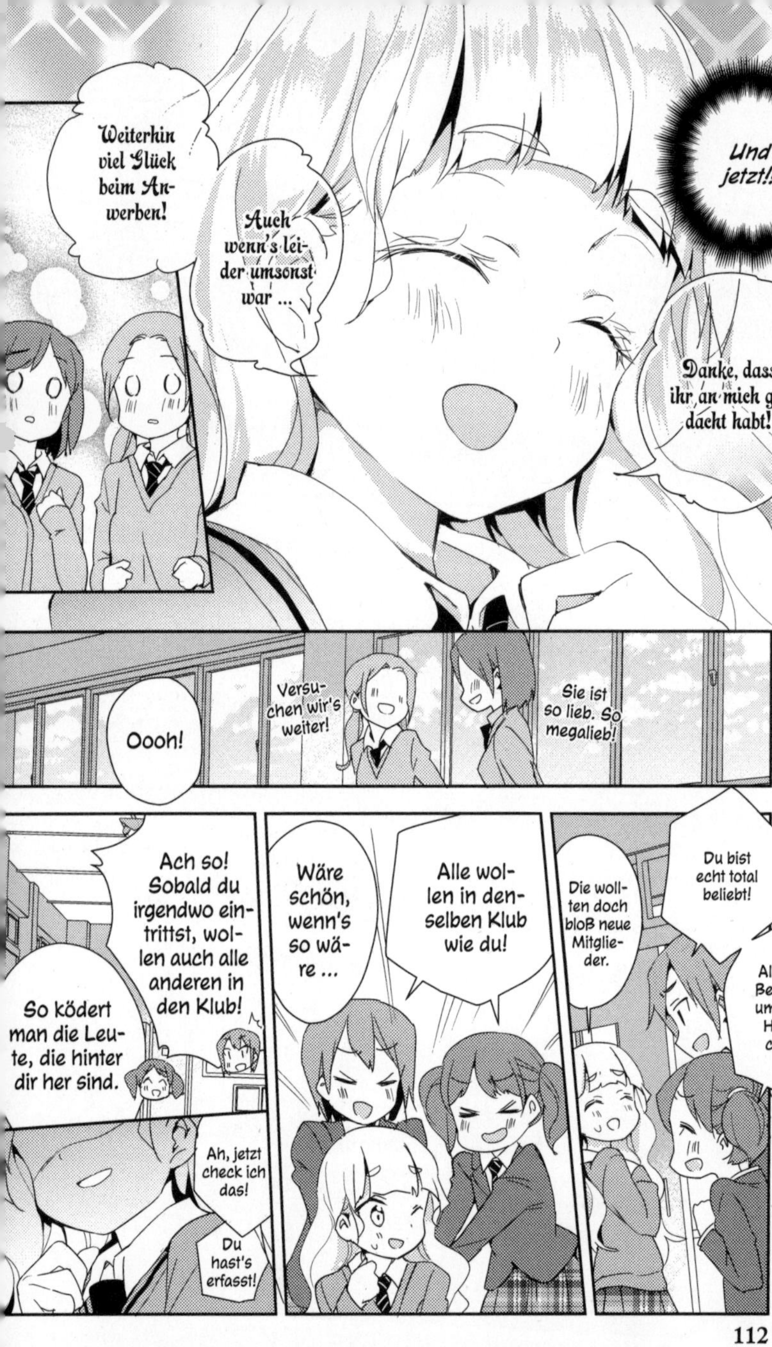
Und jetzt!!
Danke, dass ihr an mich gedacht habt!
Auch wenn's leider umsonst war ...
Weiterhin viel Glück beim Anwerben!
Sie ist so lieb. So megalieb!
Versuchen wir's weiter!
Oooh!
Du bist echt total beliebt!
Alle reißen sich um dich, Hime-chan!
Die wollten doch bloß neue Mitglieder.
Alle wollen in denselben Klub wie du!
Wäre schön, wenn's so wäre ...
Ach so! Sobald du irgendwo eintrittst, wollen auch alle anderen in den Klub!
So ködert man die Leute, die hinter dir her sind.
Ah, jetzt check ich das!
Du hast's erfasst!

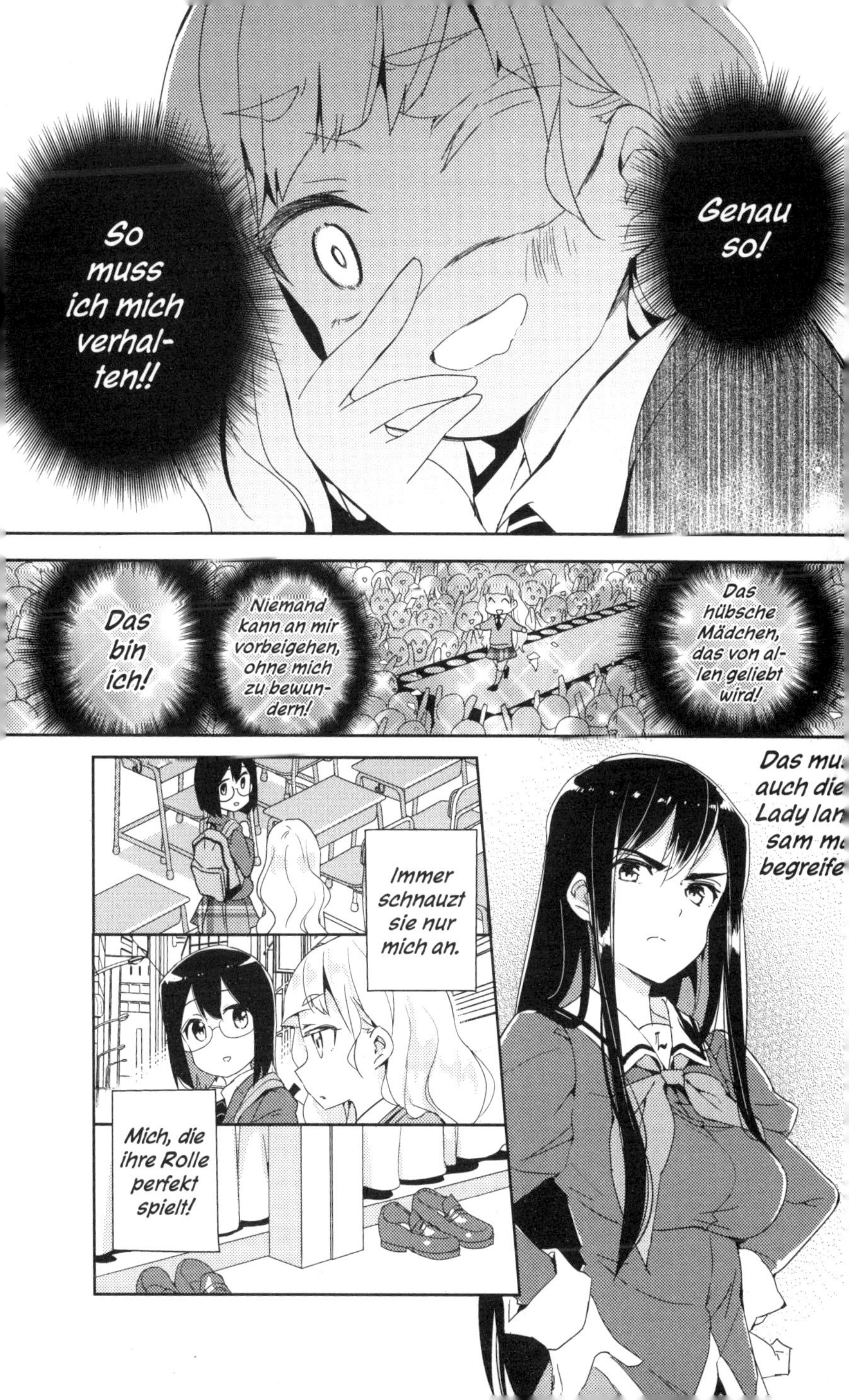
Genau so!
So muss ich mich verhal-ten!!
Das hübsche Mädchen, das von al-len geliebt wird!
Niemand kann an mir vorbeigehen, ohne mich zu bewun-dern!
Das bin ich!
Das mu
auch die
Lady lan
sam m
begreife
Immer schnauzt sie nur mich an.
Mich, die ihre Rolle perfekt spielt!

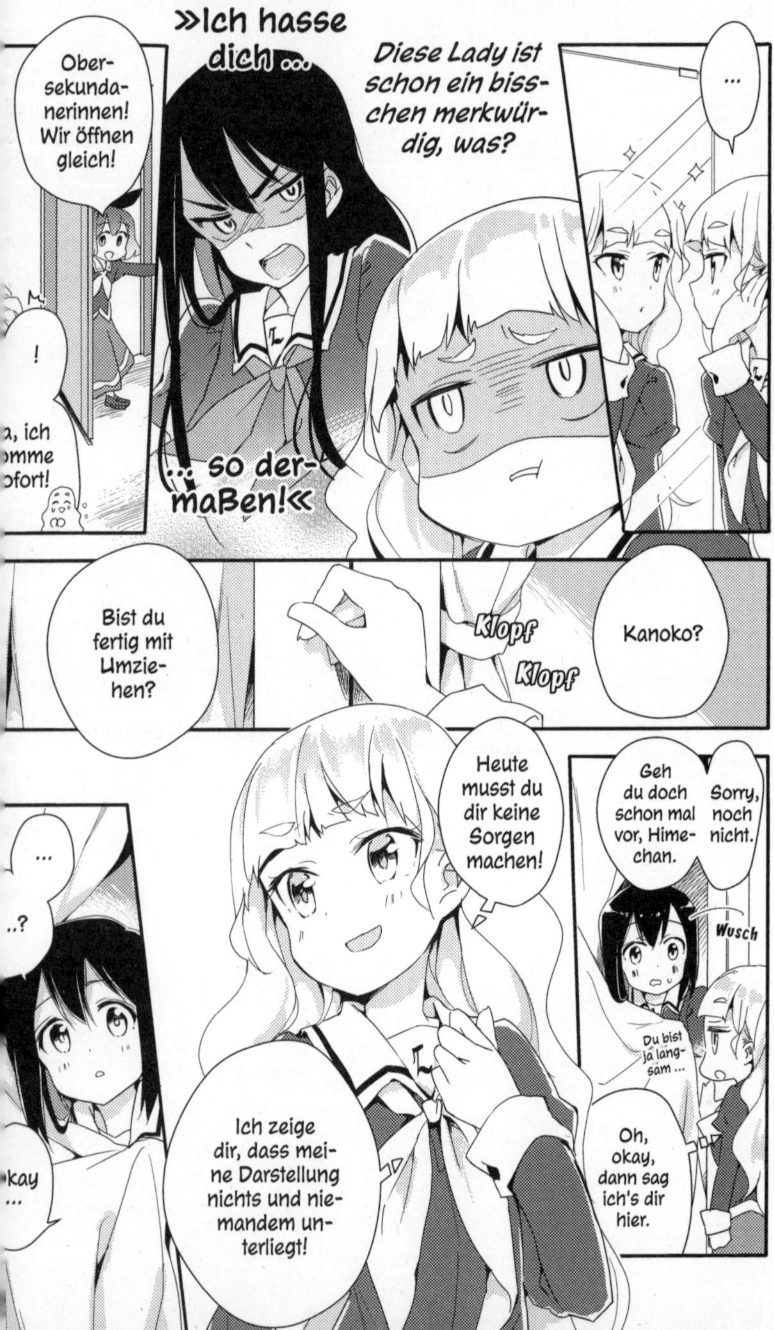
…
Diese Lady ist schon ein bisschen merkwürdig, was?
»Ich hasse dich …
… so dermaßen!«
Ober-sekundanerinnen! Wir öffnen gleich!
!
Kanoko?
Klopf
Klopf
Bist du fertig mit Umziehen?
Sorry, noch nicht.
Geh du doch schon mal vor, Hime-chan.
Wusch
Du bist ja langsam …
Oh, okay, dann sag ich's dir hier.
Heute musst du dir keine Sorgen machen!
Ich zeige dir, dass meine Darstellung nichts und niemandem unterliegt!
…
..?

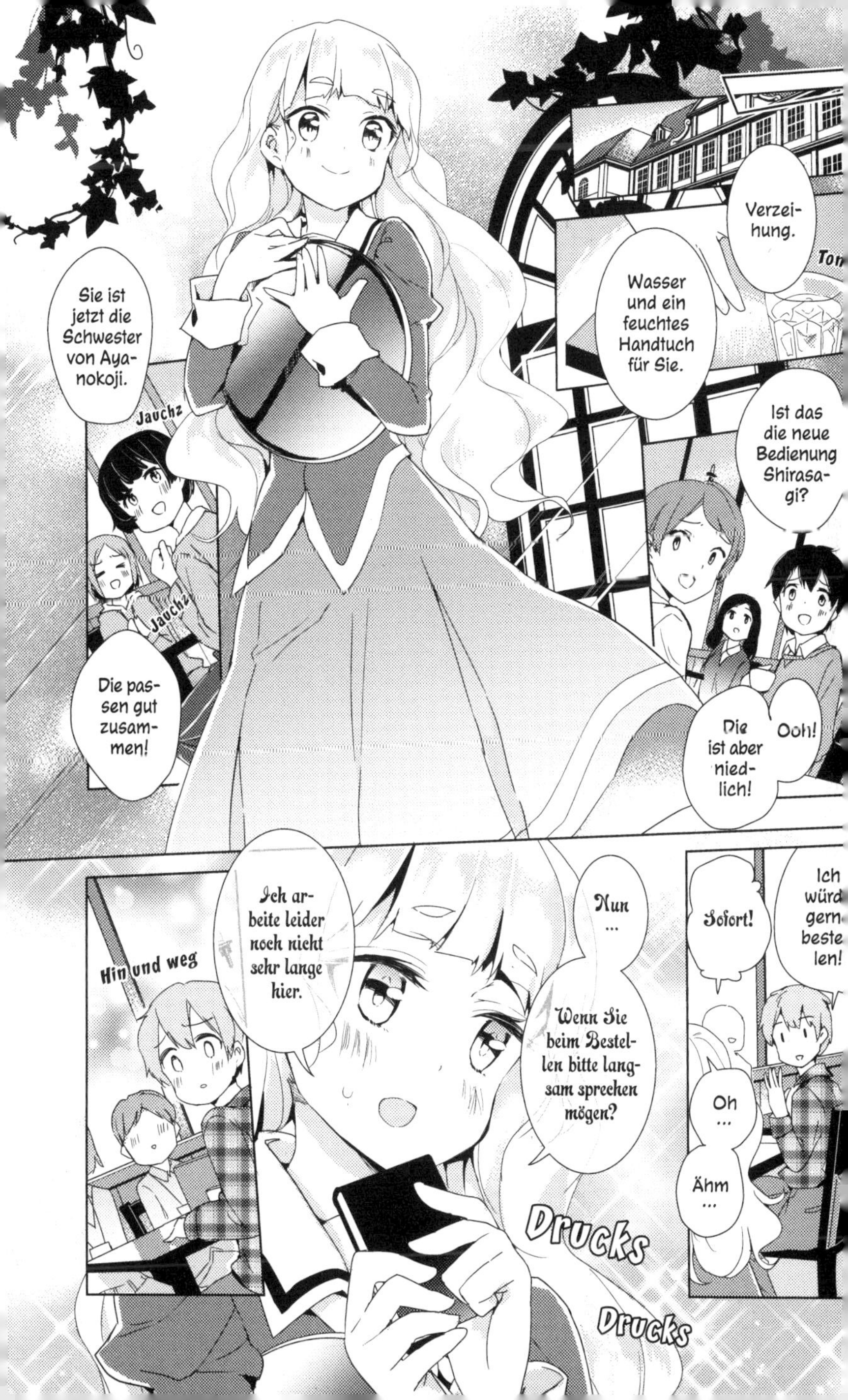
Verzeihung.
Wasser und ein feuchtes Handtuch für Sie.
Ist das die neue Bedienung Shirasagi?
Ooh!
Die ist aber niedlich!
Sie ist jetzt die Schwester von Ayanokoji.
Jauchz
Jauchz
Die passen gut zusammen!
Ich würd gern beste len!
Sofort!
Oh ...
Ähm ...
Nun ...
Wenn Sie beim Bestellen bitte langsam sprechen mögen?
Drucks
Drucks
Ich arbeite leider noch nicht sehr lange hier.
Hin und weg

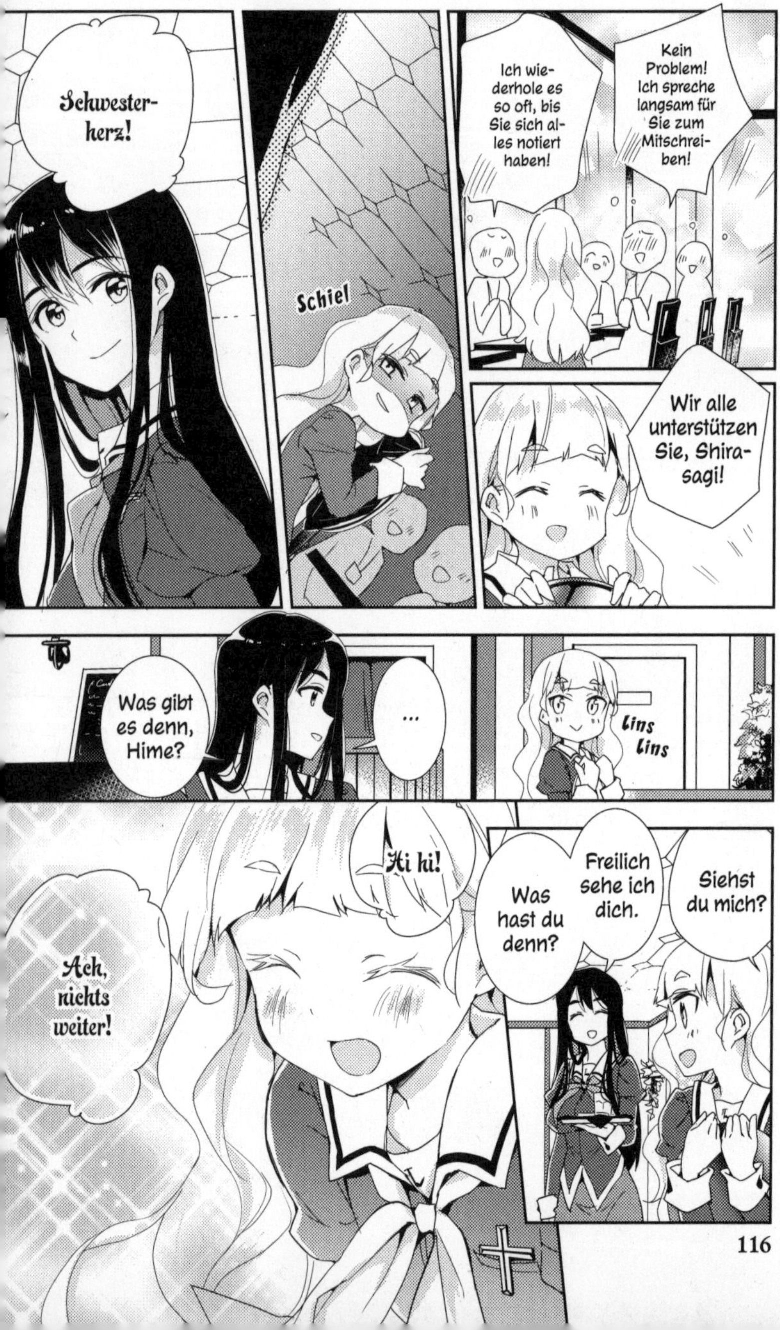

Kein Problem! Ich spreche langsam für Sie zum Mitschreiben!
Ich wiederhole es so oft, bis Sie sich alles notiert haben!
Wir alle unterstützen Sie, Shirasagi!
Schiel
Schwesterherz!
Lins Lins
...
Was gibt es denn, Hime?
Siehst du mich?
Freilich sehe ich dich.
Was hast du denn?
Hi hi!
Ach, nichts weiter!

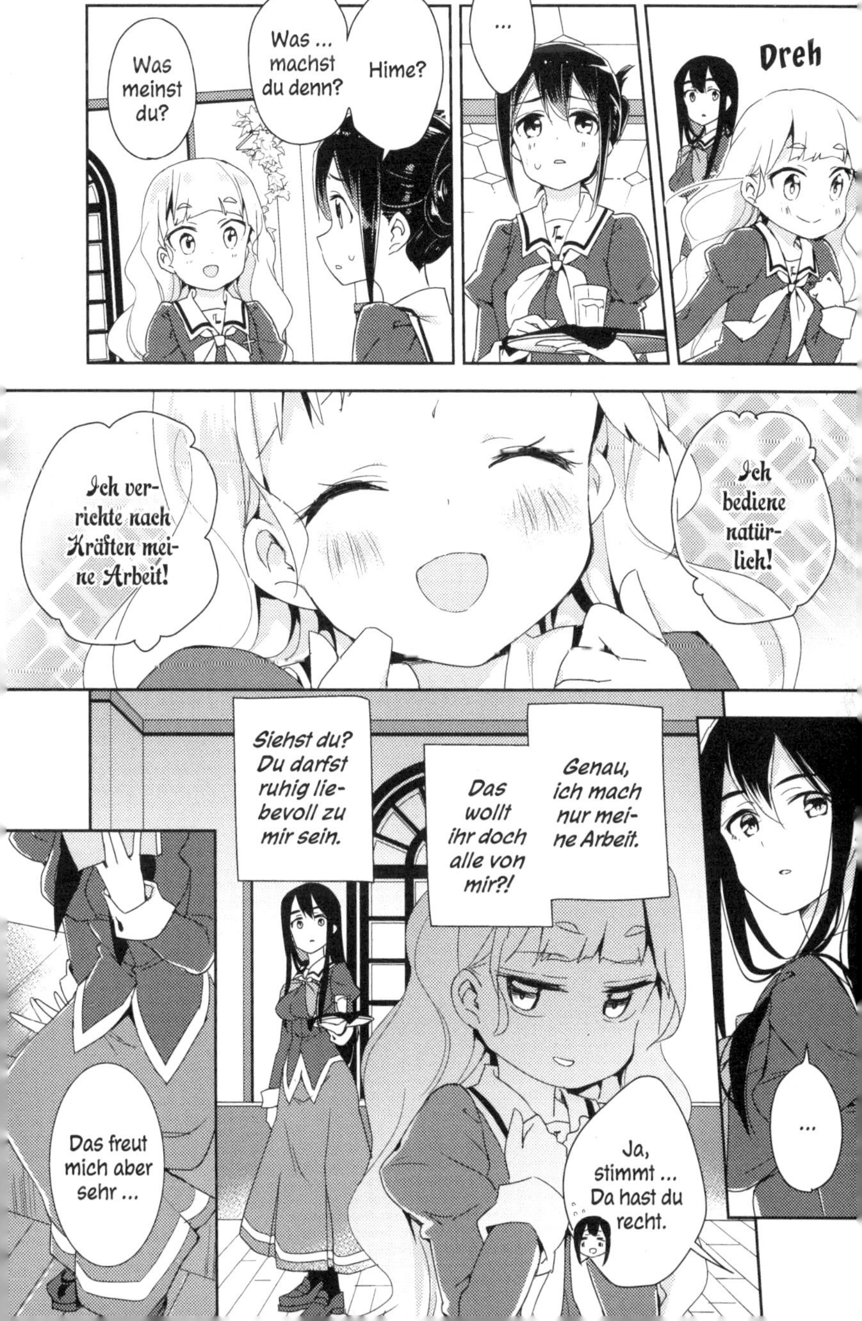
Dreh
...
Hime?
Was ... machst du denn?
Was meinst du?
Ich bediene natürlich!
Ich verrichte nach Kräften meine Arbeit!
Genau, ich mach nur meine Arbeit.
Das wollt ihr doch alle von mir?!
Siehst du? Du darfst ruhig liebevoll zu mir sein.
...
Ja, stimmt ... Da hast du recht.
Das freut mich aber sehr ...

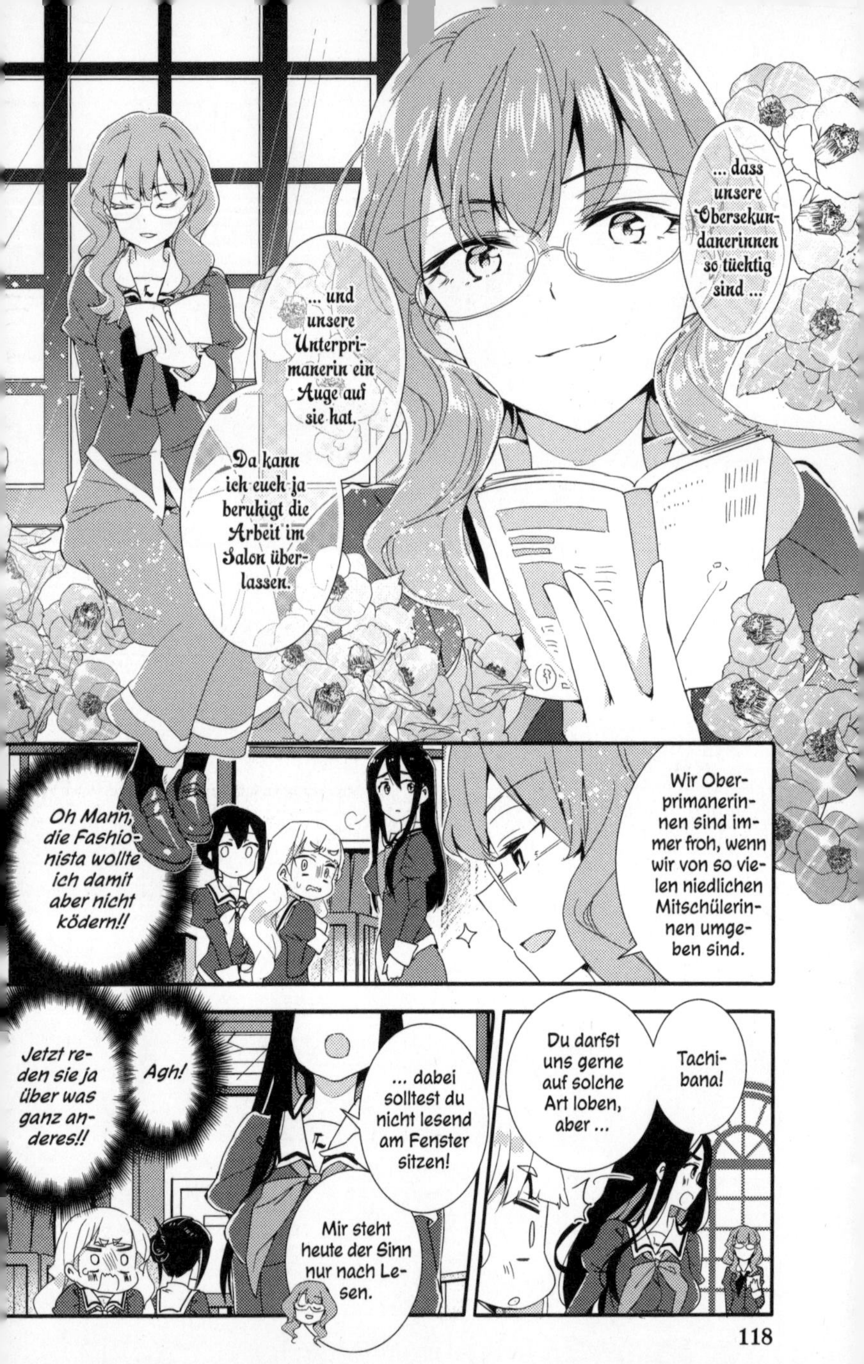
... dass unsere Obersekundanerinnen so tüchtig sind ...
... und unsere Unterprimanerin ein Auge auf sie hat.
Da kann ich euch ja beruhigt die Arbeit im Salon überlassen.
Wir Oberprimanerinnen sind immer froh, wenn wir von so vielen niedlichen Mitschülerinnen umgeben sind.
Oh Mann, die Fashionista wollte ich damit aber nicht ködern!!
Tachibana!
Du darfst uns gerne auf solche Art loben, aber ...
... dabei solltest du nicht lesend am Fenster sitzen!
Mir steht heute der Sinn nur nach Lesen.
Agh!
Jetzt reden sie ja über was ganz anderes!!

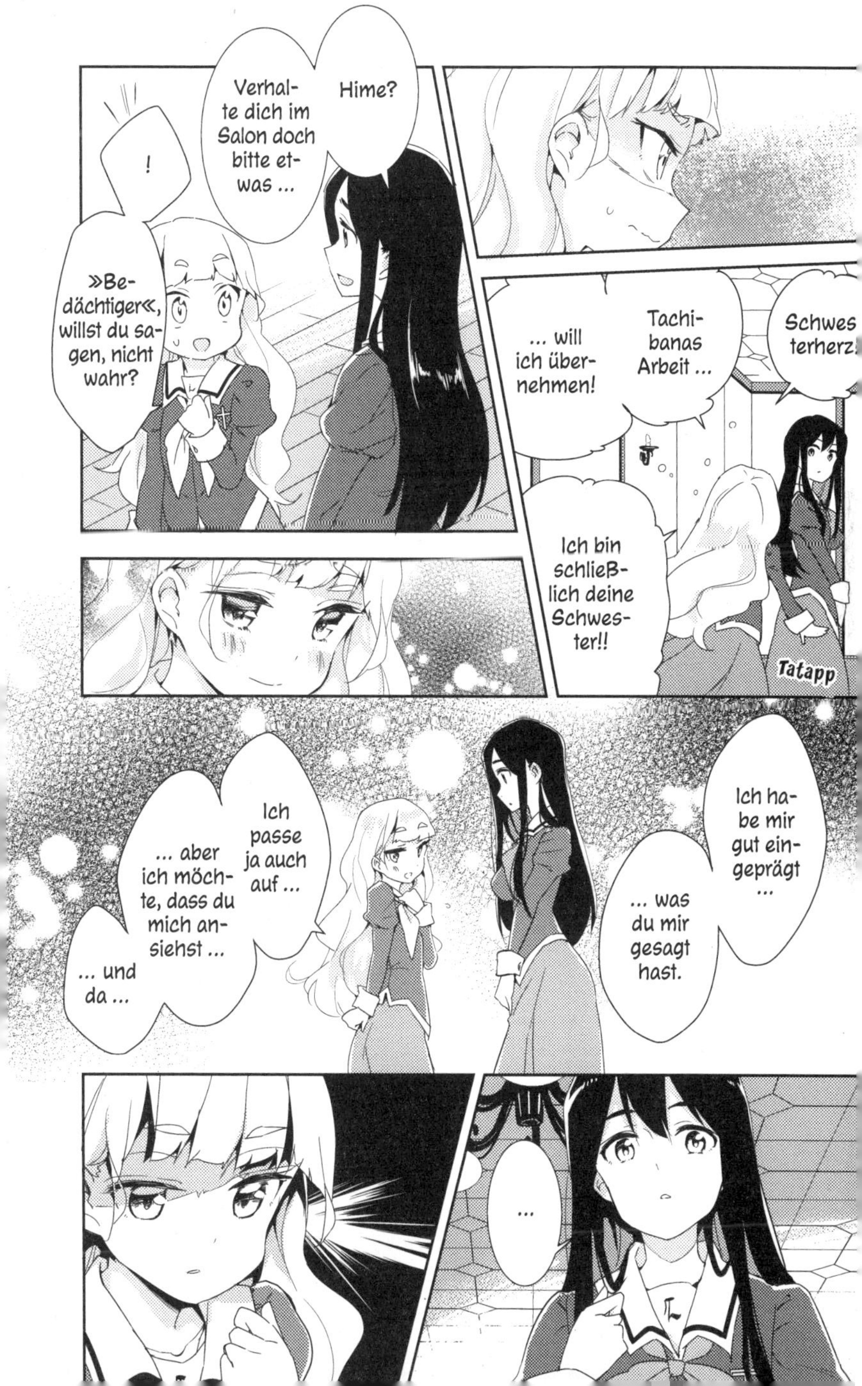
Hime?
Verhalte dich im Salon doch bitte etwas …
!
»Bedächtiger«, willst du sagen, nicht wahr?
Schwesterherz!
Tachibanas Arbeit …
… will ich übernehmen!
Ich bin schließlich deine Schwester!!
Tatapp
Ich habe mir gut eingeprägt …
… was du mir gesagt hast.
Ich passe ja auch auf …
… aber ich möchte, dass du mich ansiehst …
… und da …
…

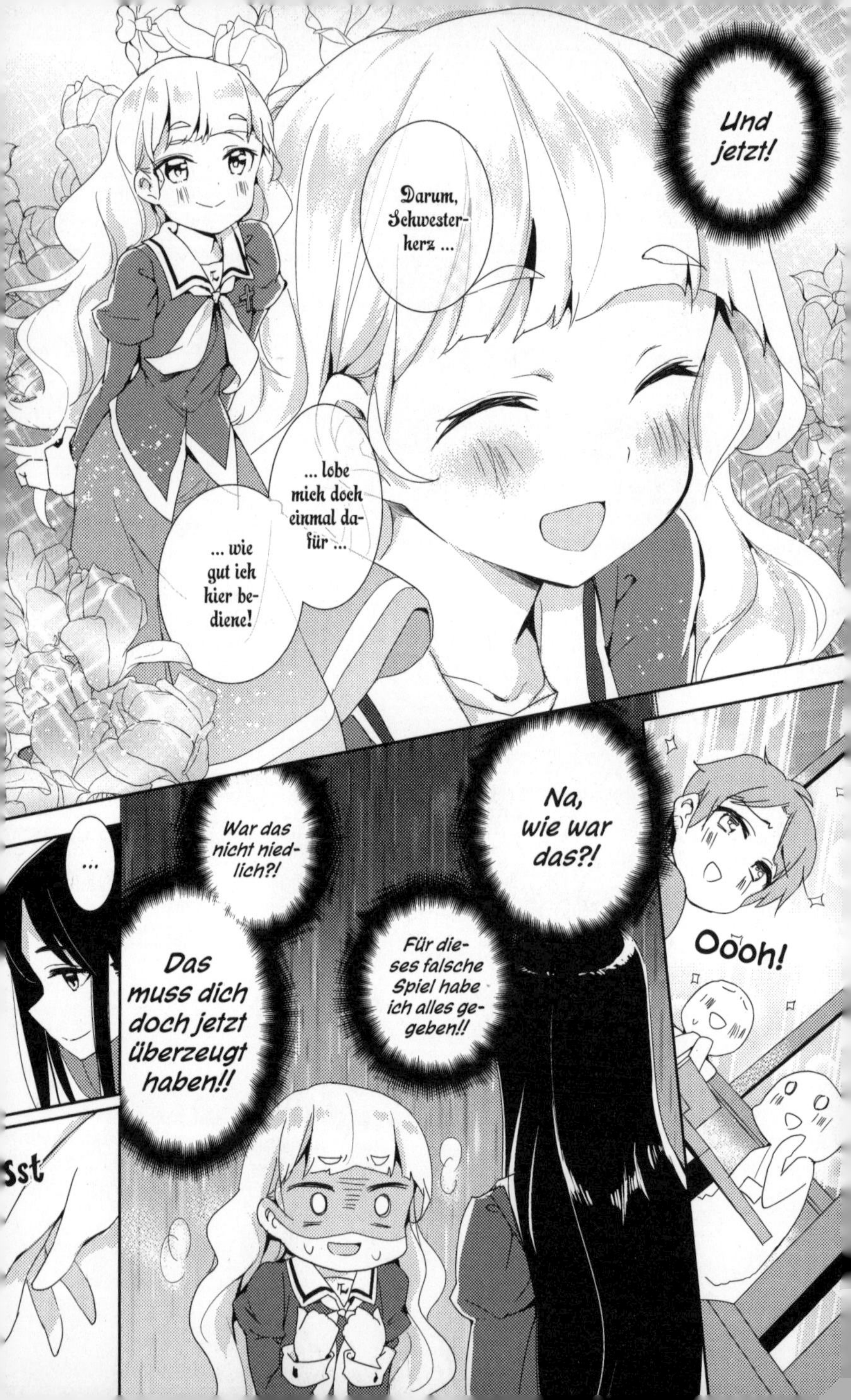
Und jetzt!
Darum, Schwester-herz ...
... lobe mich doch einmal da-für ...
... wie gut ich hier be-diene!
Oooh!
Na, wie war das?!
War das nicht nied-lich?!
Für dieses falsche Spiel habe ich alles ge-geben!!
Das muss dich doch jetzt überzeugt haben!!
...
sst

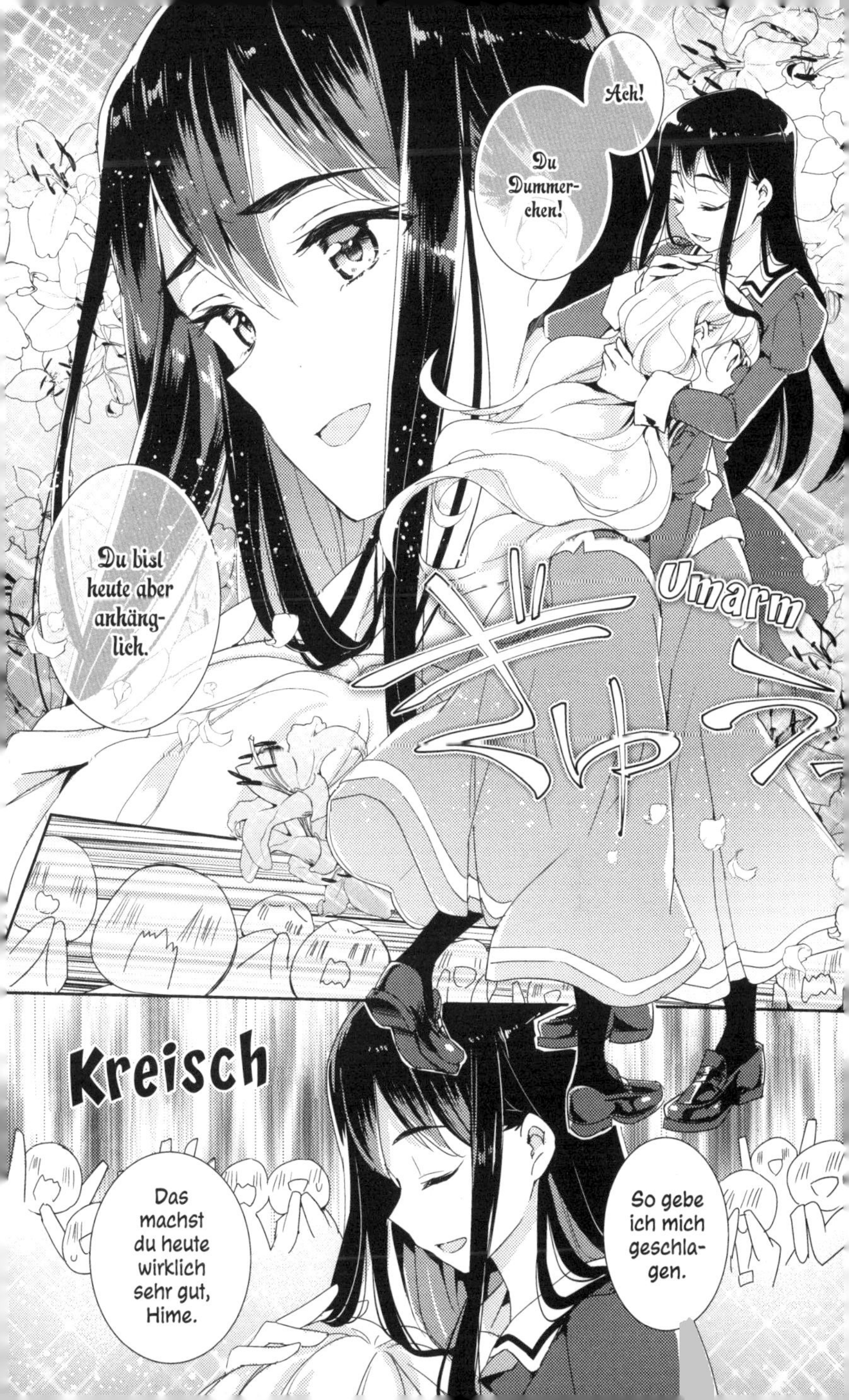
Ach!
Du Dummer-chen!
Du bist heute aber anhäng-lich.
Umarm
Kreisch
So gebe ich mich geschla-gen.
Das machst du heute wirklich sehr gut, Hime.

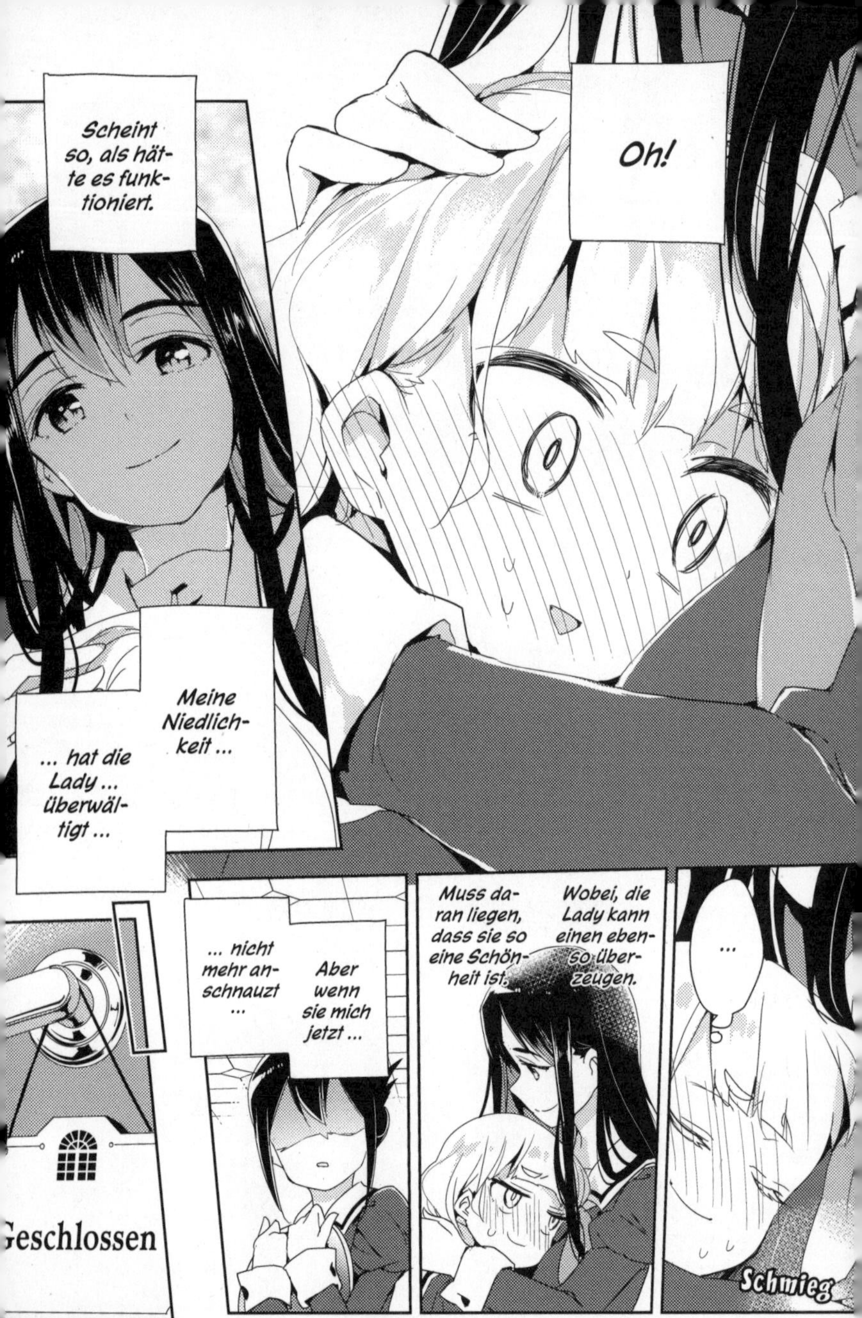
Oh!
Scheint so, als hätte es funktioniert.
Meine Niedlichkeit ...
... hat die Lady ... überwältigt ...
...
Schmieg
Wobei, die Lady kann einen ebenso überzeugen.
Muss daran liegen, dass sie so eine Schönheit ist.
Aber wenn sie mich jetzt ...
... nicht mehr anschnauzt ...
Geschlossen

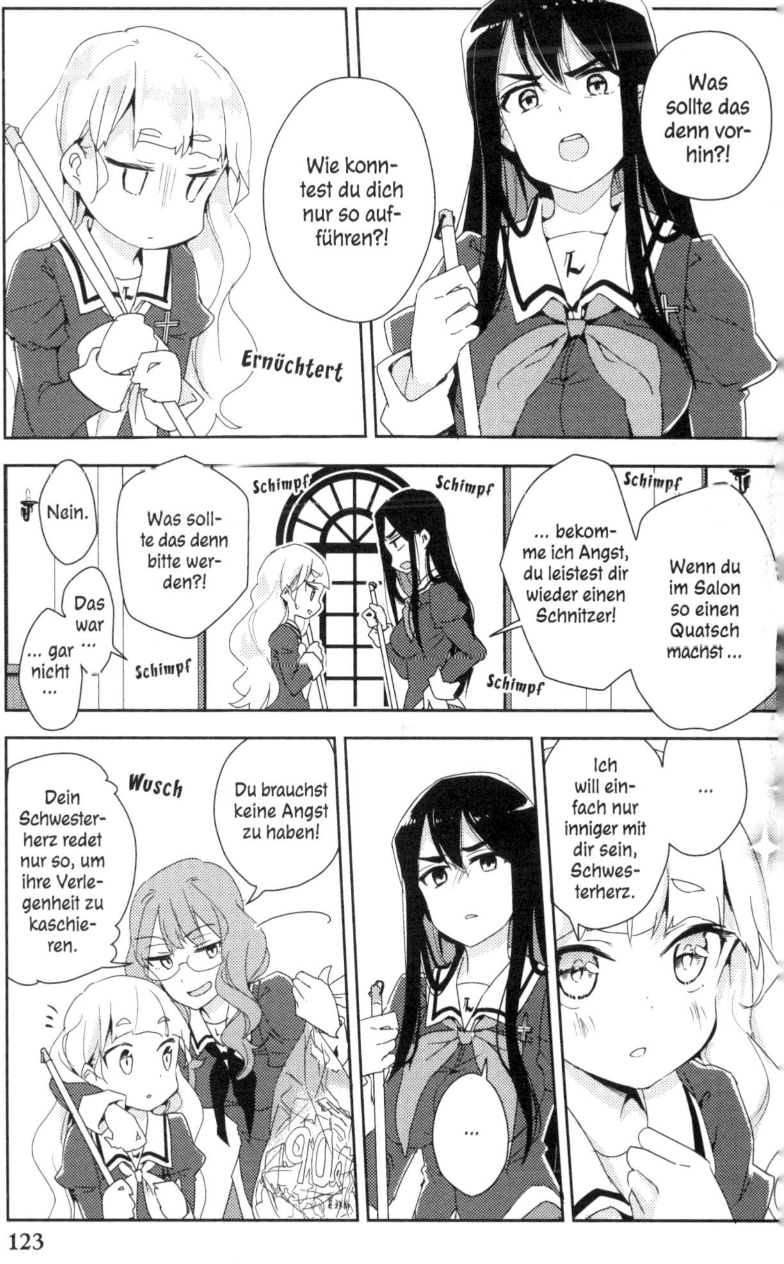
Was sollte das denn vorhin?!
Wie konntest du dich nur so aufführen?!
Ernüchtert
Wenn du im Salon so einen Quatsch machst ...
... bekomme ich Angst, du leistest dir wieder einen Schnitzer!
Schimpf
Schimpf
Schimpf
Was sollte das denn bitte werden?!
Nein.
Das war ... ... gar nicht ...
Schimpf
Schimpf
...
Ich will einfach nur inniger mit dir sein, Schwesterherz.
...
Du brauchst keine Angst zu haben!
Wusch
Dein Schwesterherz redet nur so, um ihre Verlegenheit zu kaschieren.

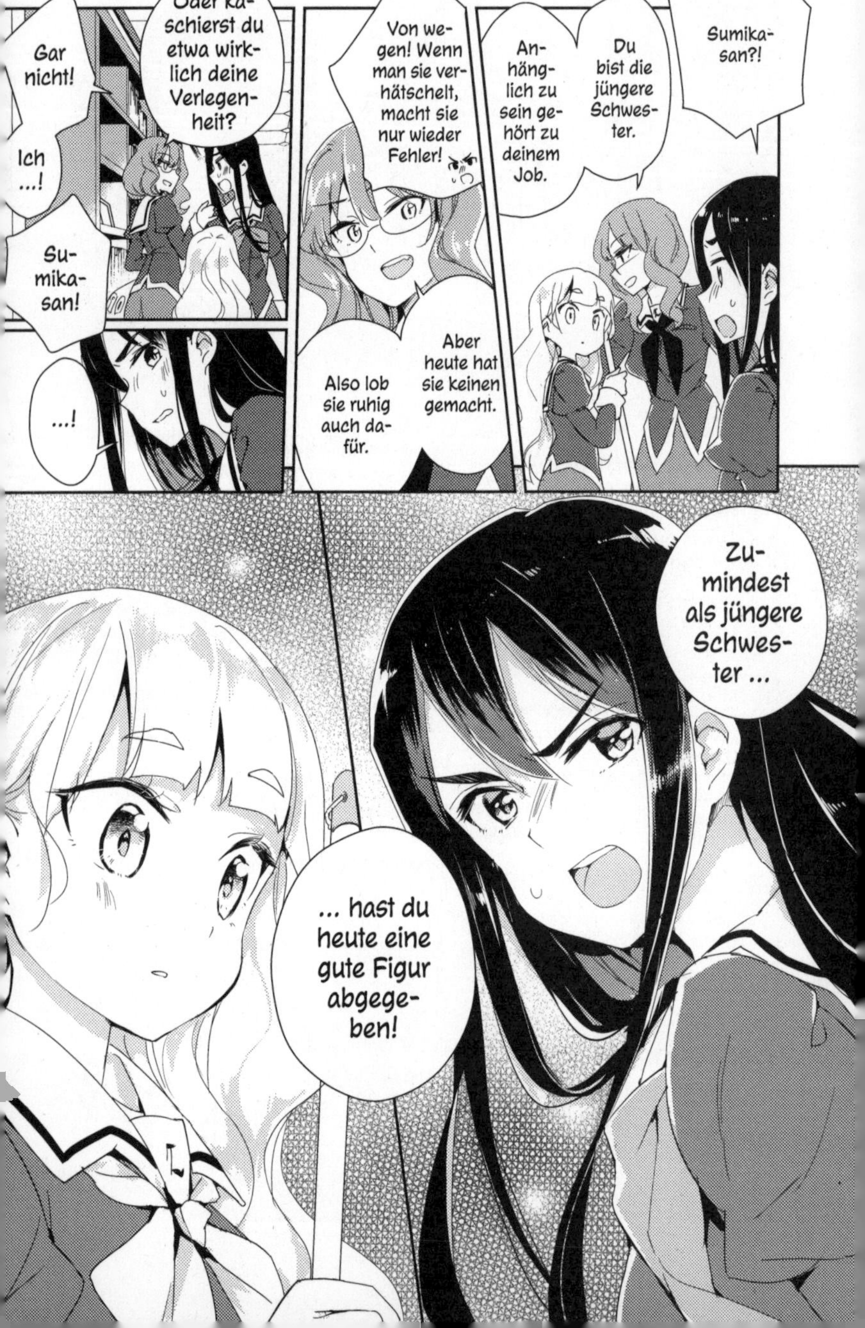
Sumika-san?!
Du bist die jüngere Schwester.
Anhänglich zu sein gehört zu deinem Job.
Von wegen! Wenn man sie verhätschelt, macht sie nur wieder Fehler!
Aber heute hat sie keinen gemacht.
Also lob sie ruhig auch dafür.
Oder kaschierst du etwa wirklich deine Verlegenheit?
Gar nicht!
Ich ...!
Sumika-san!
...!
Zumindest als jüngere Schwester ...
... hast du heute eine gute Figur abgegeben!

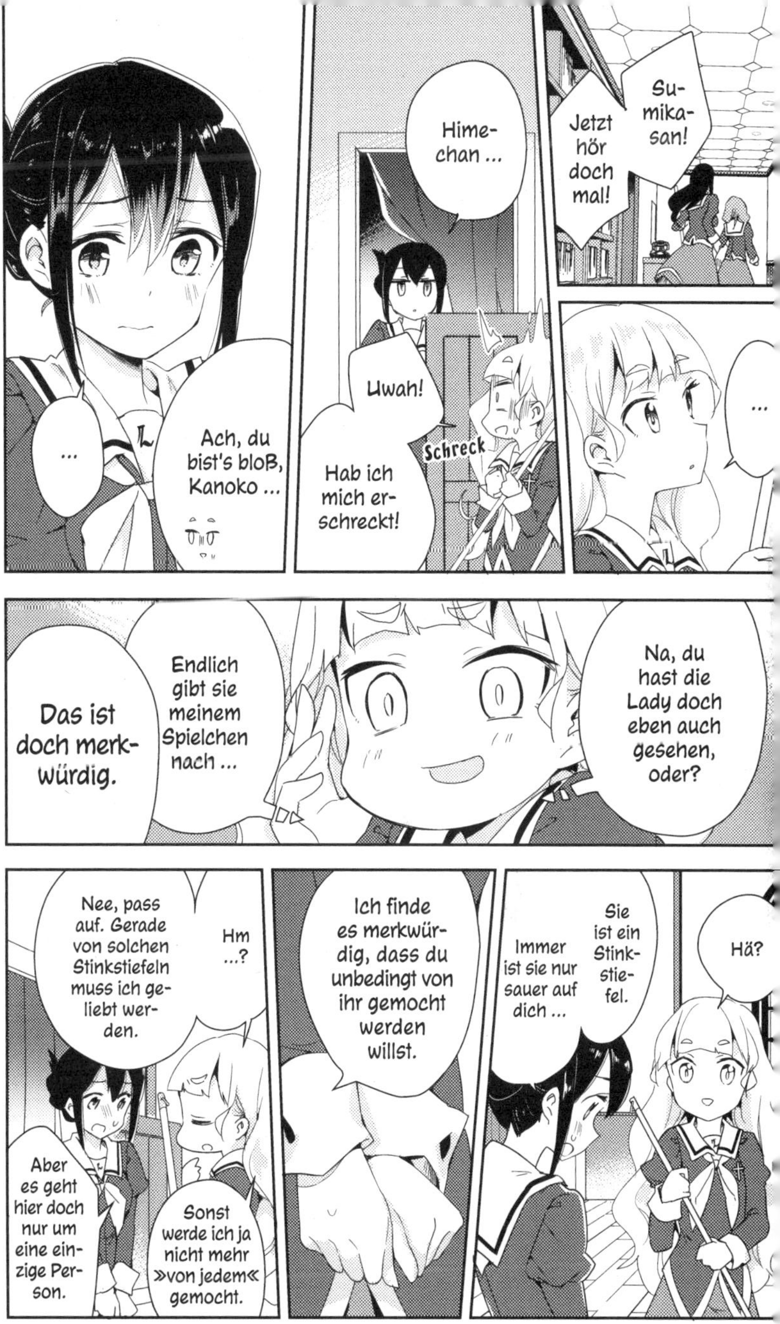

Sumika-san!
Jetzt hör doch mal!
Hime-chan ...
...
Uwah!
Schreck
Hab ich mich erschreckt!
Ach, du bist's bloß, Kanoko ...
...
Na, du hast die Lady doch eben auch gesehen, oder?
Endlich gibt sie meinem Spielchen nach ...
Das ist doch merkwürdig.
Hä?
Sie ist ein Stinkstiefel.
Immer ist sie nur sauer auf dich ...
Ich finde es merkwürdig, dass du unbedingt von ihr gemocht werden willst.
Nee, pass auf. Gerade von solchen Stinkstiefeln muss ich geliebt werden.
Hm ...?
Sonst werde ich ja nicht mehr »von jedem« gemocht.
Aber es geht hier doch nur um eine einzige Person.

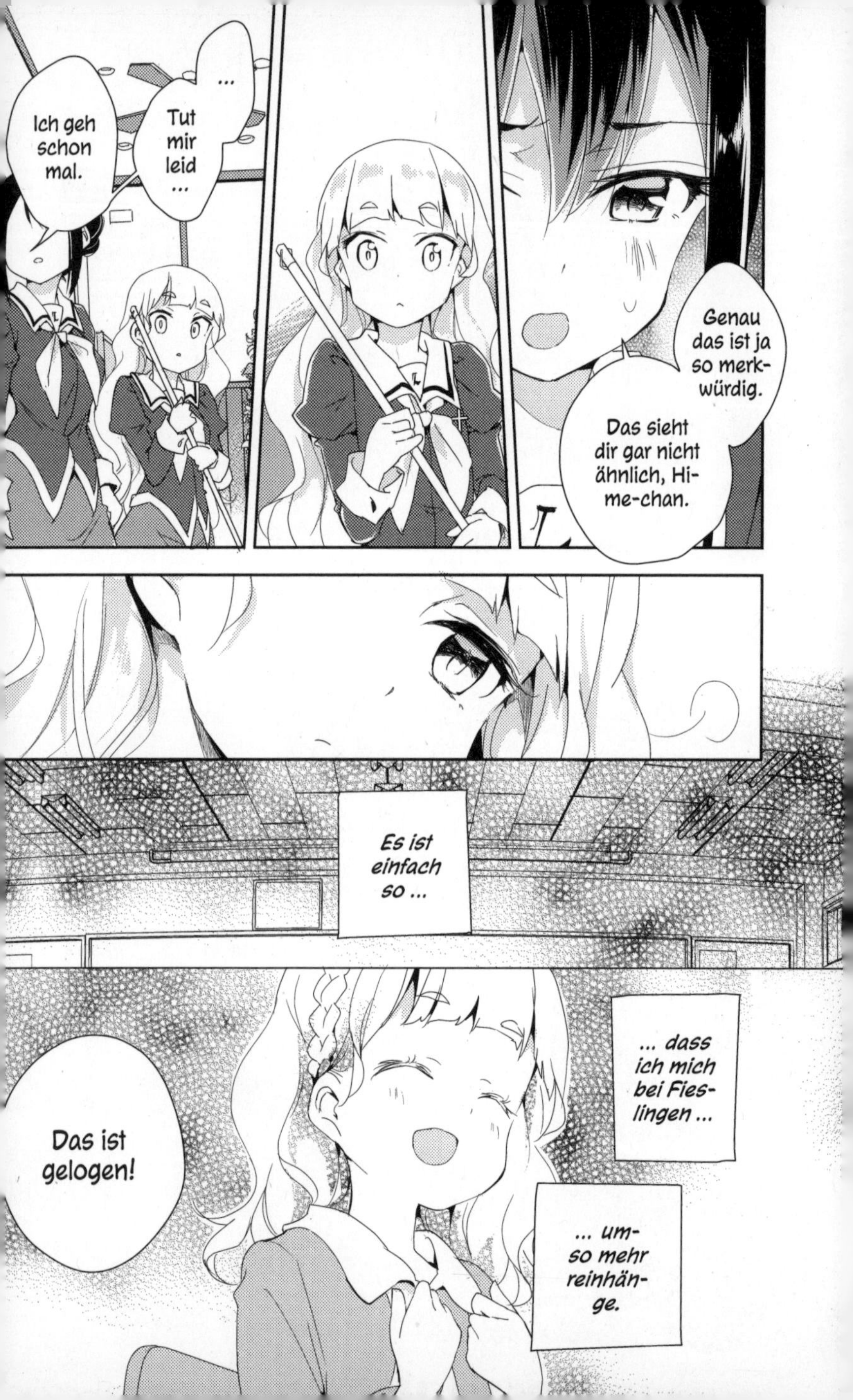
Genau das ist ja so merkwürdig.
Das sieht dir gar nicht ähnlich, Hime-chan.
…
Tut mir leid …
Ich geh schon mal.
Es ist einfach so …
… dass ich mich bei Fieslingen …
… umso mehr reinhänge.
Das ist gelogen!

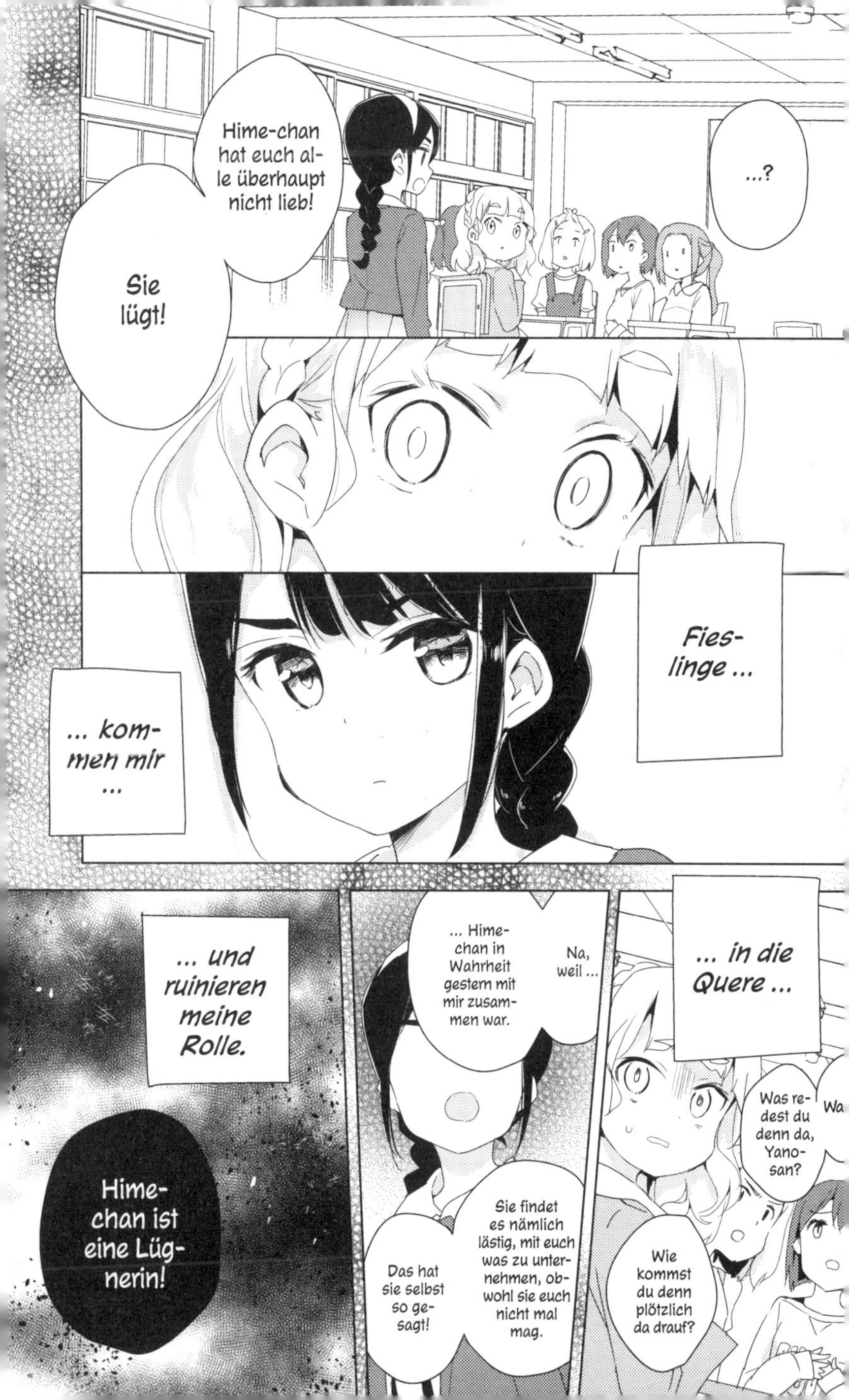
...?
Hime-chan hat euch alle überhaupt nicht lieb!
Sie lügt!
Fieslinge ...
... kommen mir ...
... in die Quere ...
Na, weil ...
... Hime-chan in Wahrheit gestern mit mir zusammen war.
Was redest du denn da, Yano-san?
Wie kommst du denn plötzlich da drauf?
Sie findet es nämlich lästig, mit euch was zu unternehmen, obwohl sie euch nicht mal mag.
Das hat sie selbst so gesagt!
... und ruinieren meine Rolle.
Hime-chan ist eine Lügnerin!

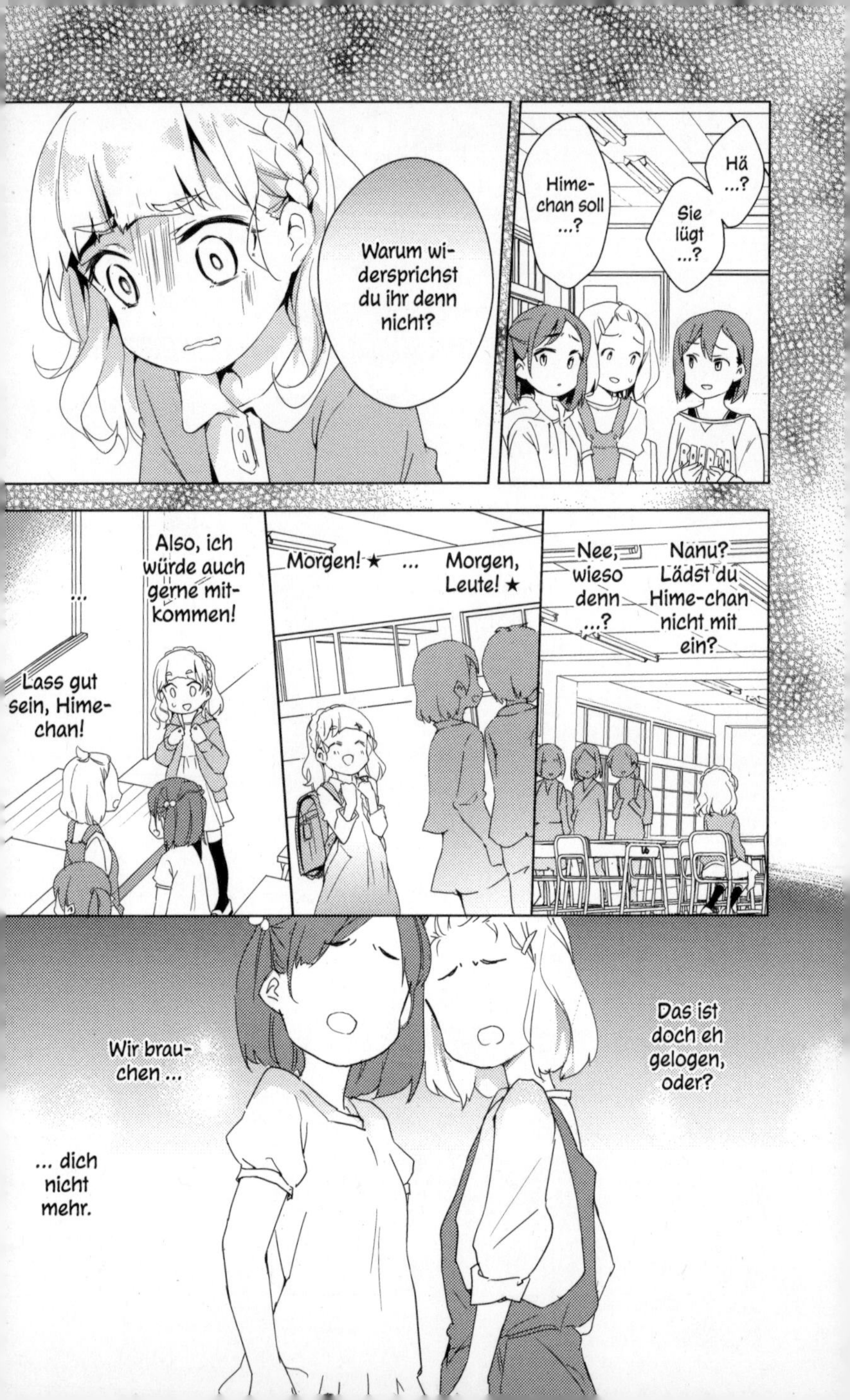
Hä ...?
Sie lügt ...?
Hime-chan soll ...?
Warum widersprichst du ihr denn nicht?
Nanu? Lädst du Hime-chan nicht mit ein?
Nee, wieso denn ...?
Morgen, Leute! ★
...
Morgen! ★
Also, ich würde auch gerne mitkommen!
...
Lass gut sein, Hime-chan!
Das ist doch eh gelogen, oder?
Wir brauchen ...
... dich nicht mehr.

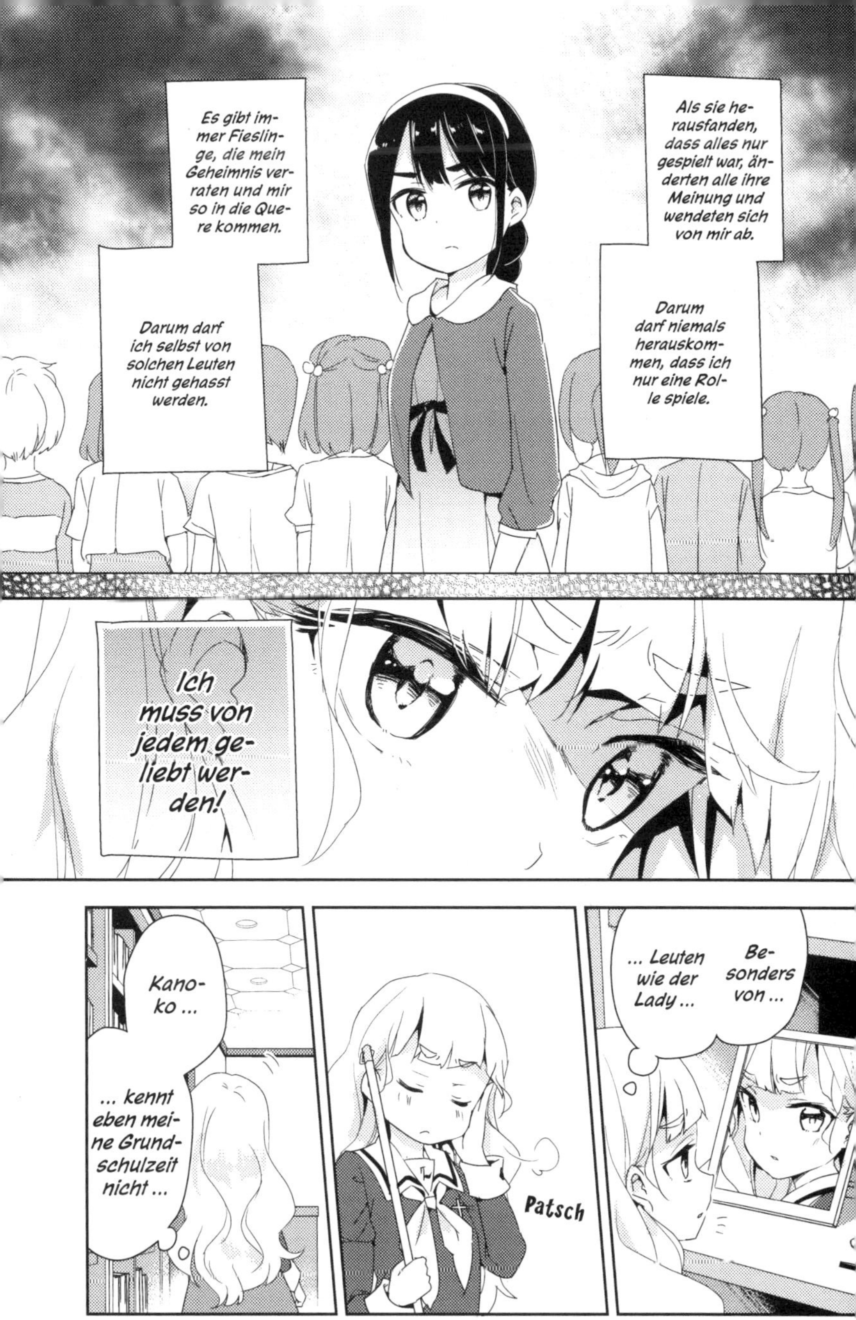
Als sie herausfanden, dass alles nur gespielt war, änderten alle ihre Meinung und wendeten sich von mir ab.
Darum darf niemals herauskommen, dass ich nur eine Rolle spiele.
Es gibt immer Fieslinge, die mein Geheimnis verraten und mir so in die Quere kommen.
Darum darf ich selbst von solchen Leuten nicht gehasst werden.
Ich muss von jedem geliebt werden!
Besonders von ...
... Leuten wie der Lady ...
Patsch
Kanoko ...
... kennt eben meine Grundschulzeit nicht ...

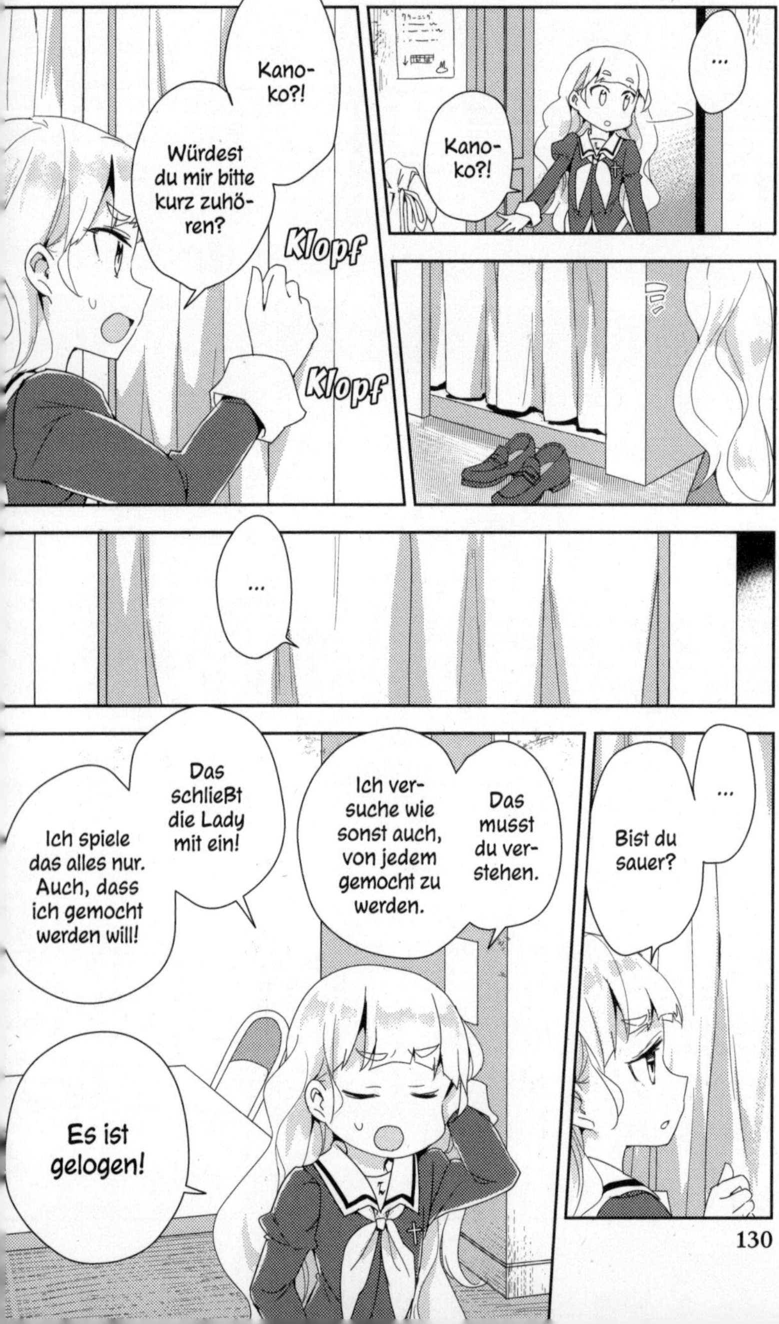
...
Kanoko?!
Kanoko?!
Würdest du mir bitte kurz zuhören?
Klopf
Klopf
...
...
Bist du sauer?
Das musst du verstehen.
Ich versuche wie sonst auch, von jedem gemocht zu werden.
Das schließt die Lady mit ein!
Ich spiele das alles nur. Auch, dass ich gemocht werden will!
Es ist gelogen!

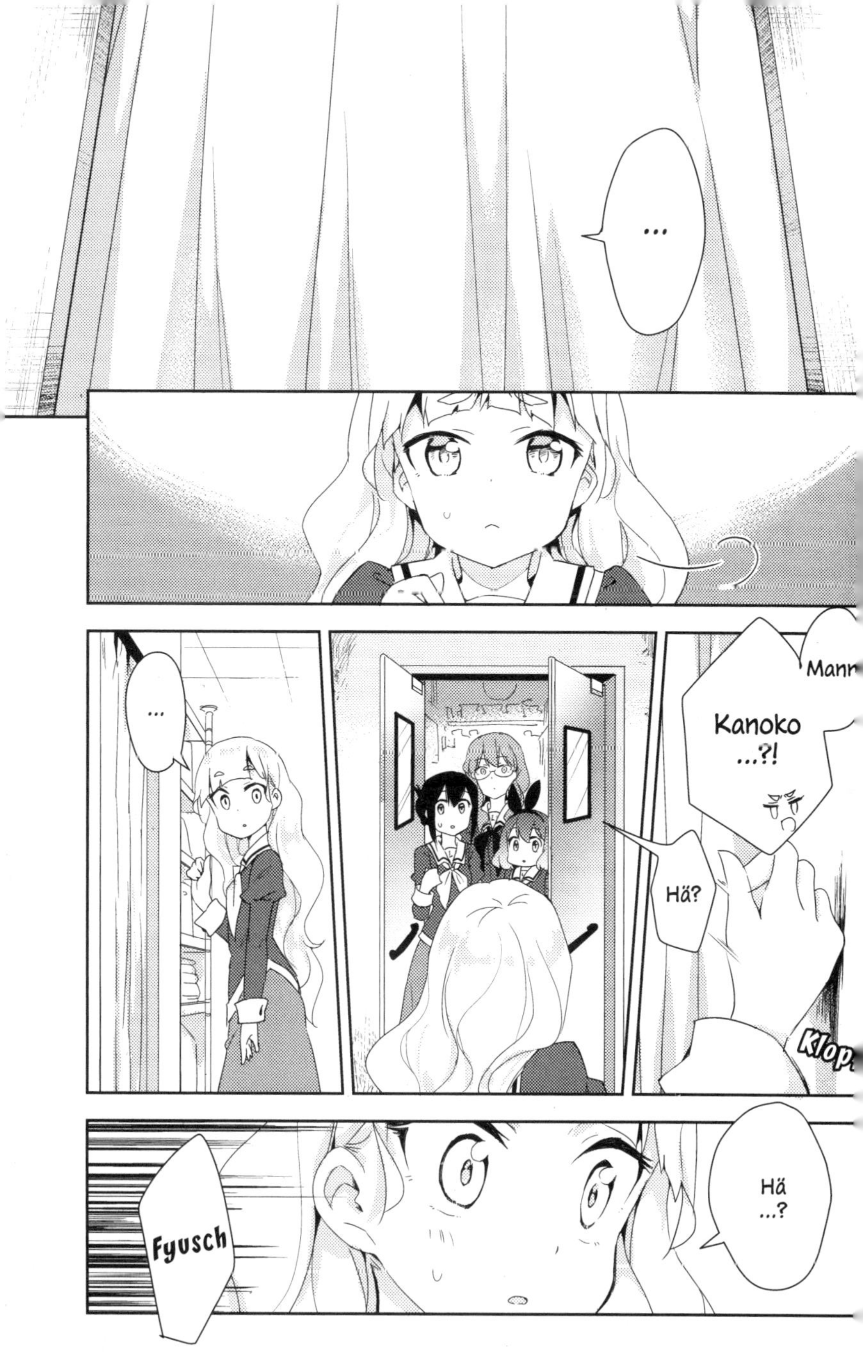
...
Mann
Kanoko ...?!
Klop
Hä?
...
Hä ...?
Fyusch

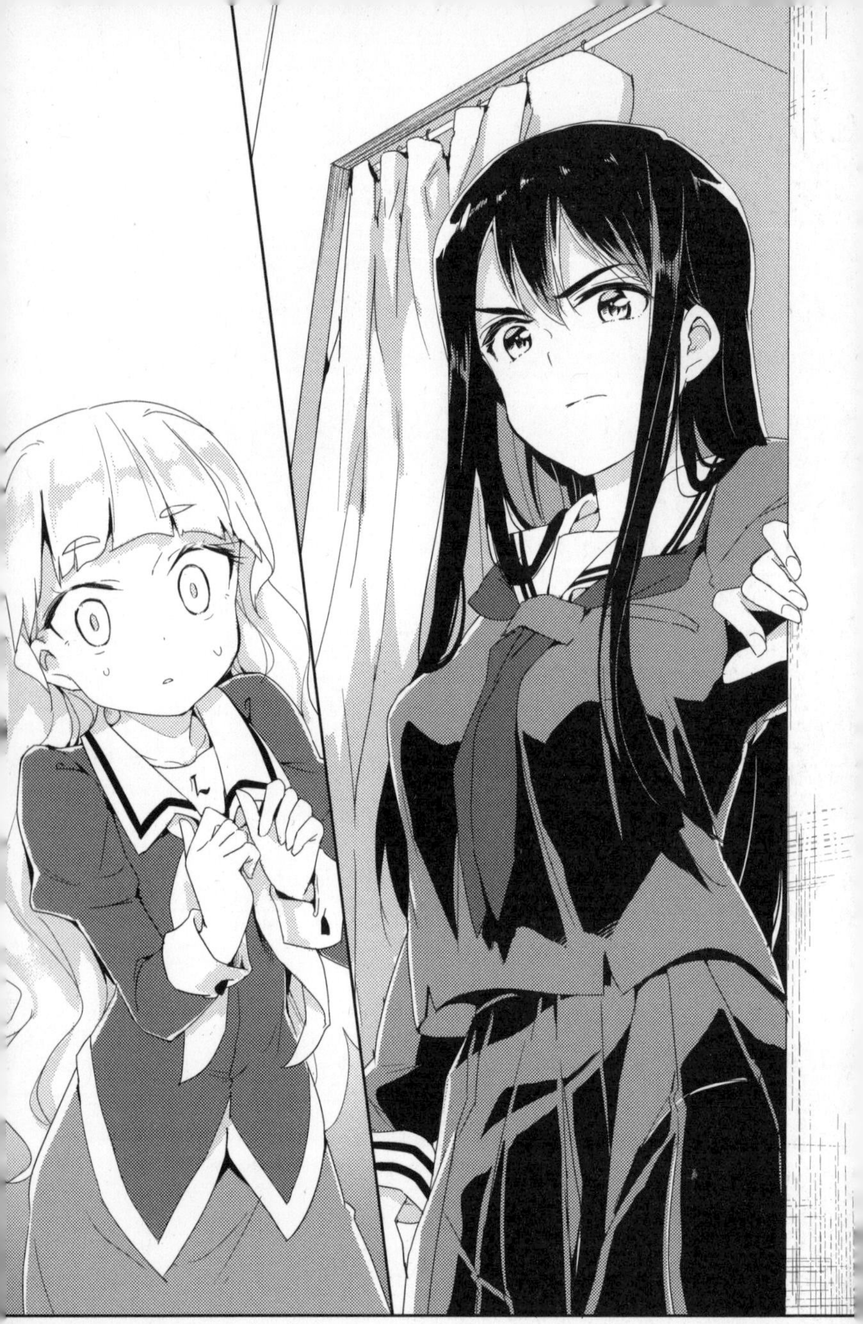

chicht 05 **Ende**

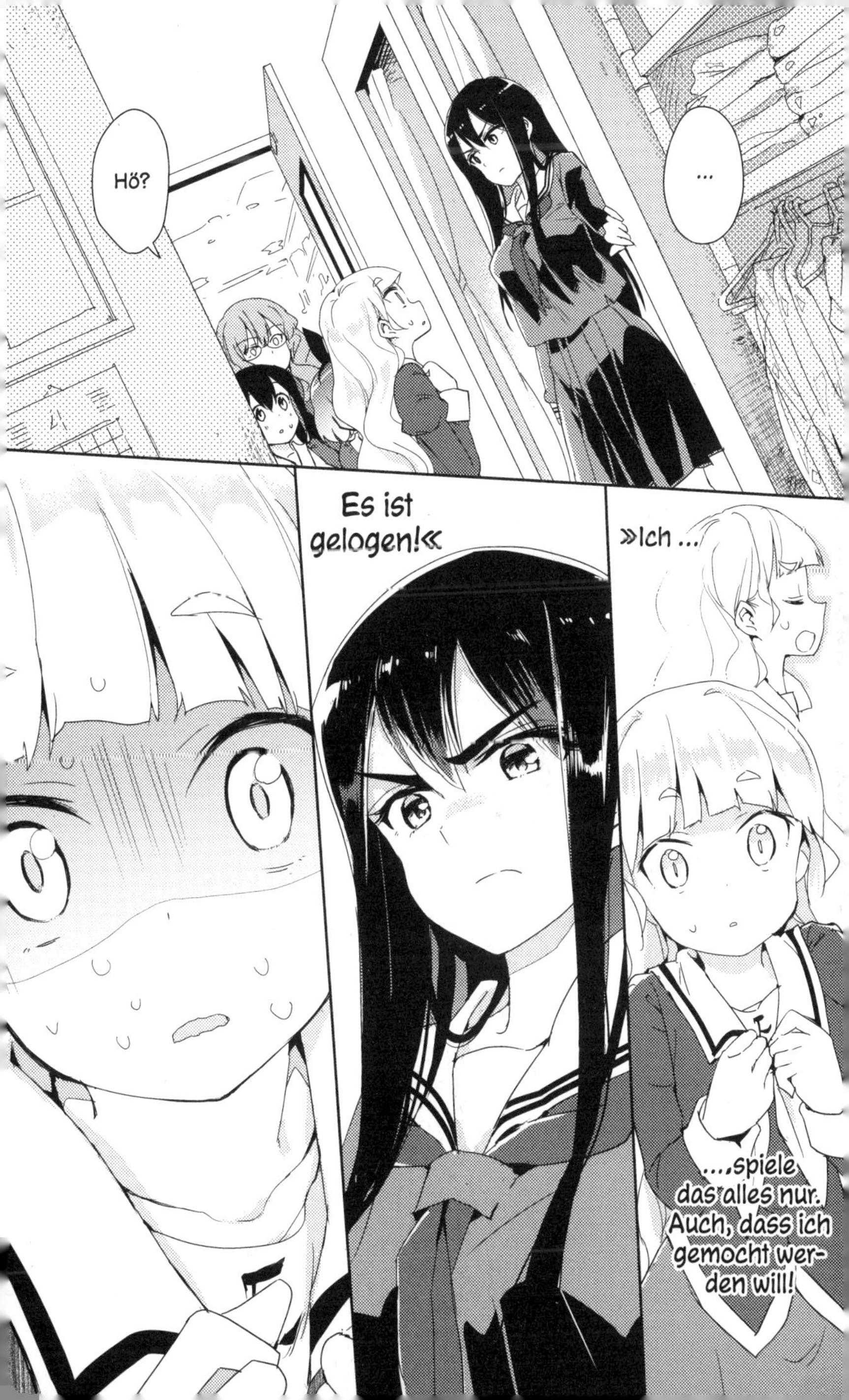
...
Hö?
»Ich ...
Es ist gelogen!«
..., spiele das alles nur. Auch, dass ich gemocht werden will!

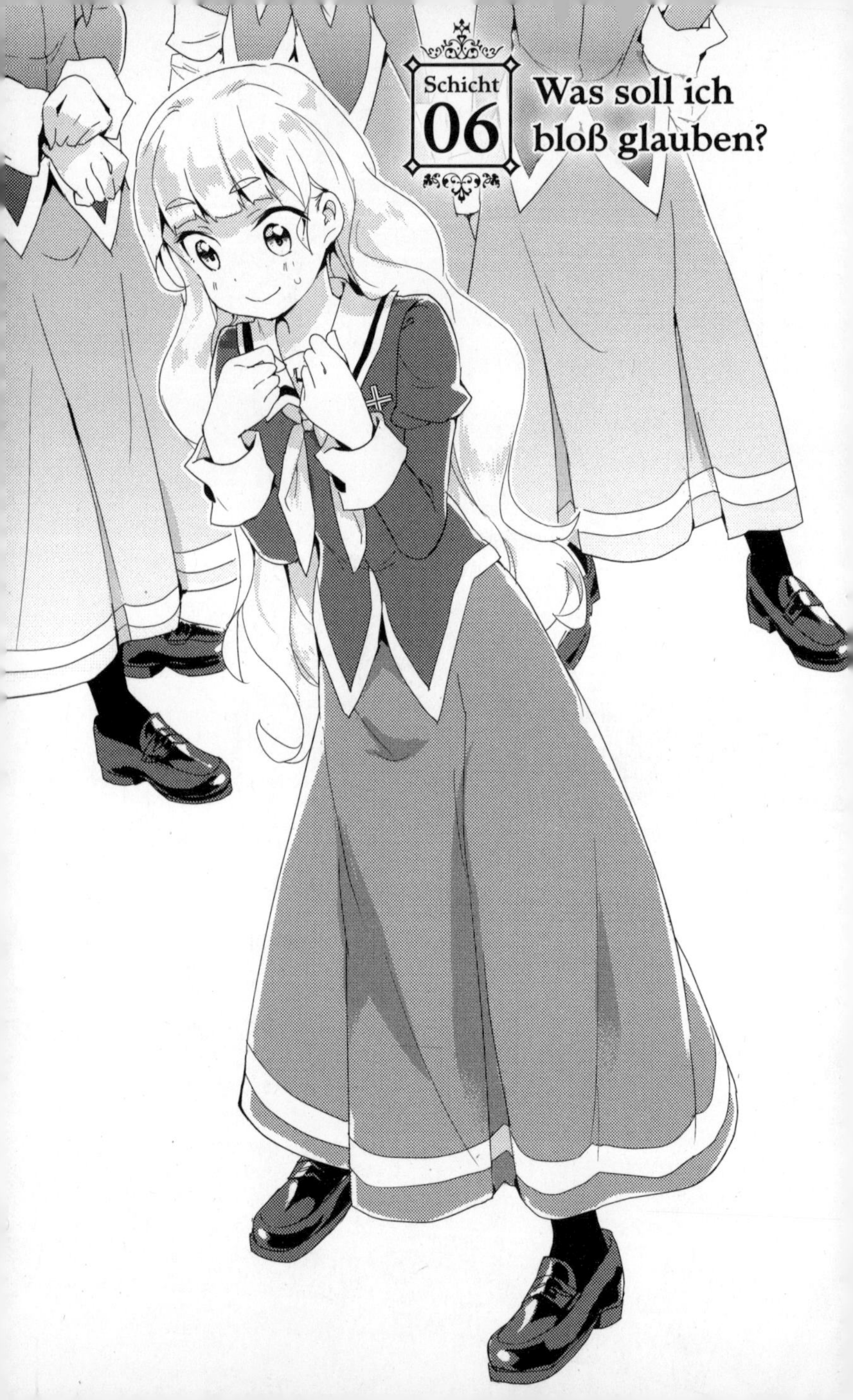
Schicht
06
Was soll ich bloß glauben?

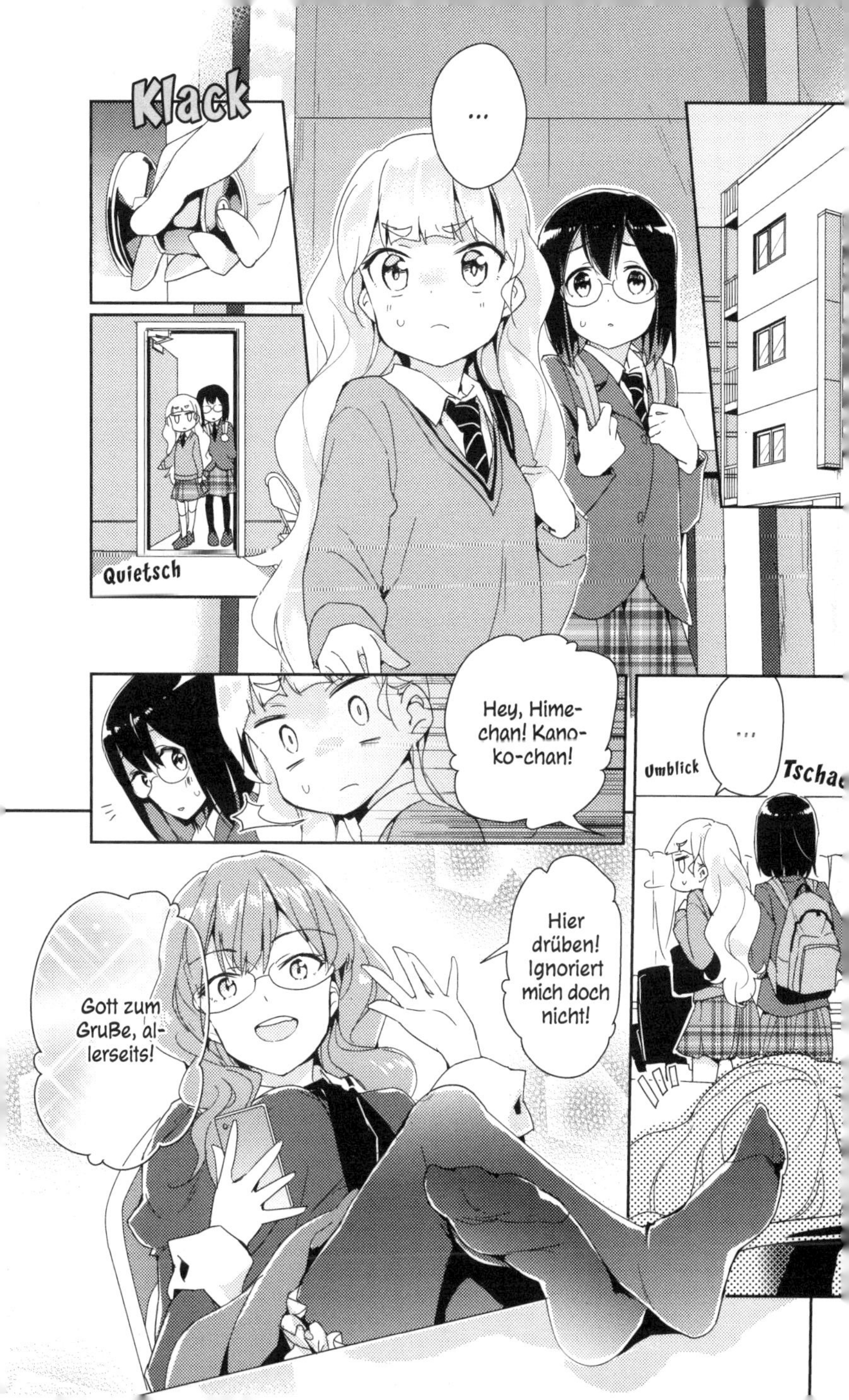
Klack
Quietsch
…
…
Umblick
Hey, Hime-chan! Kanoko-chan!
Hier drüben! Ignoriert mich doch nicht!
Gott zum Gruße, allerseits!

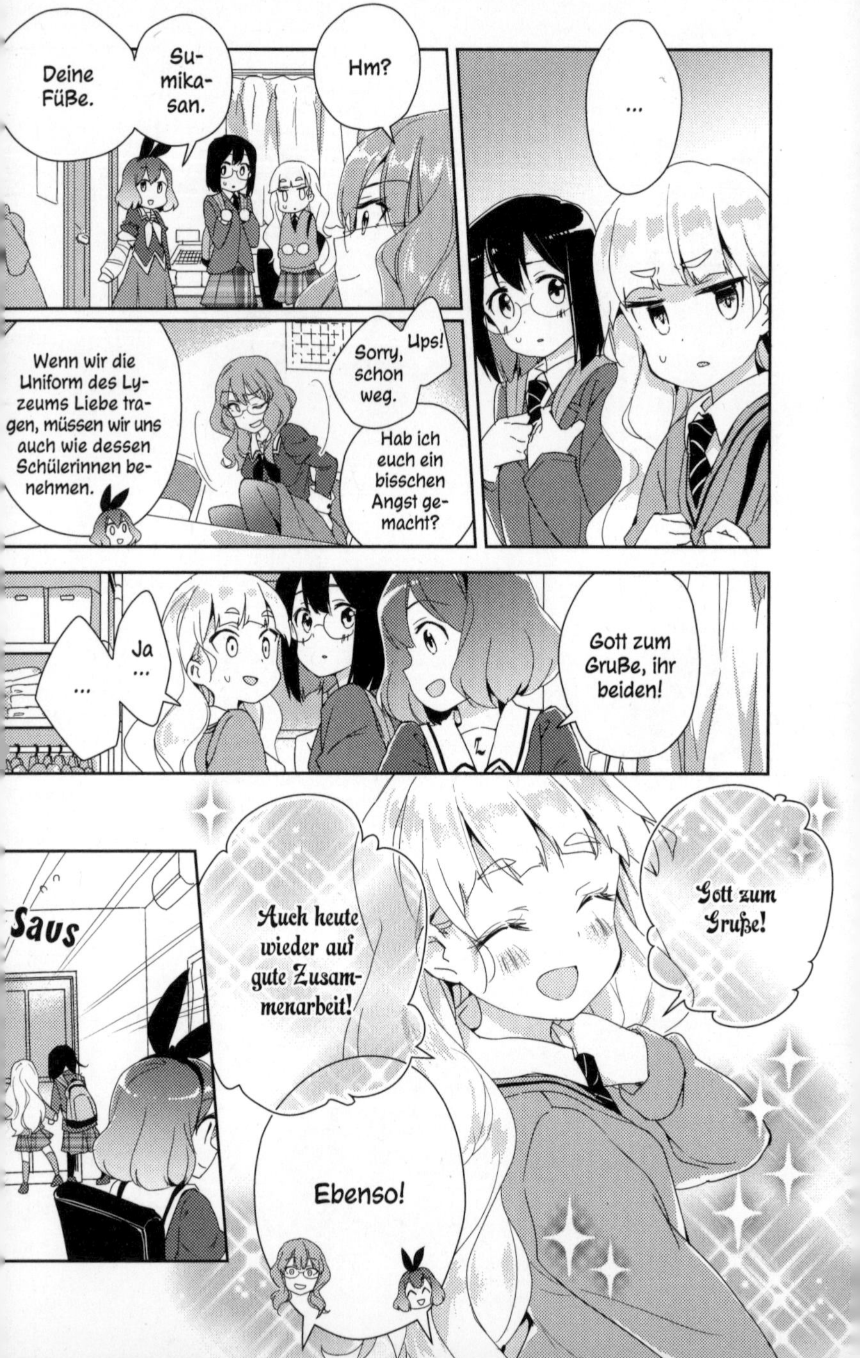

Hm?
Su-
mika-
san.
Deine
Füße.
...
Ups!
Sorry,
schon
weg.
Hab ich
euch ein
bisschen
Angst ge-
macht?
Wenn wir die
Uniform des Ly-
zeums Liebe tra-
gen, müssen wir uns
auch wie dessen
Schülerinnen be-
nehmen.
Gott zum
Gruße, ihr
beiden!
Ja
...
...
Gott zum
Gruße!
Auch heute
wieder auf
gute Zusam-
menarbeit!
Ebenso!
Saus

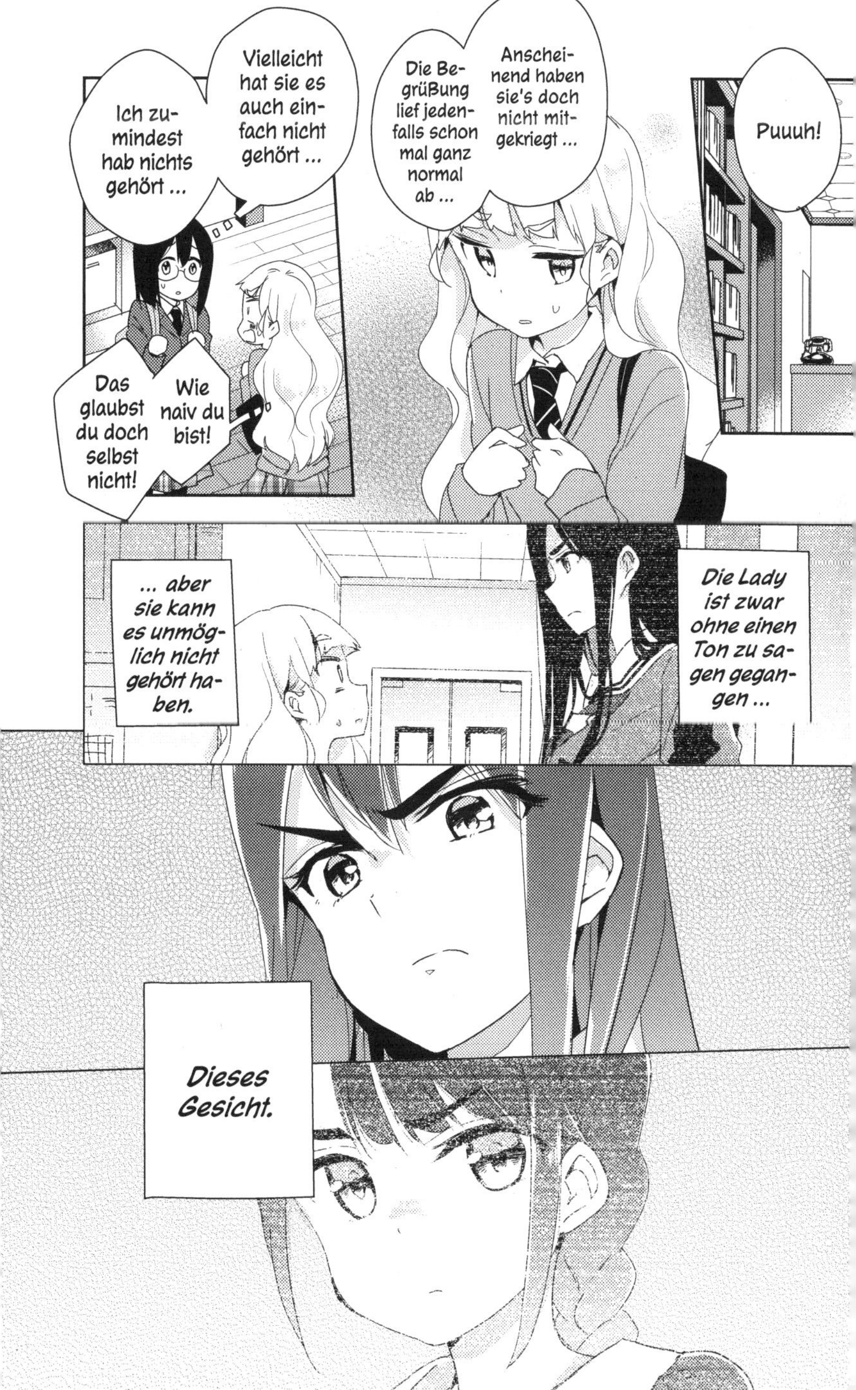
Puuuh!
Anschei-nend haben sie's doch nicht mit-gekriegt ...
Die Be-grüßung lief jeden-falls schon mal ganz normal ab ...
Vielleicht hat sie es auch ein-fach nicht gehört ...
Ich zu-mindest hab nichts gehört ...
Wie naiv du bist!
Das glaubst du doch selbst nicht!
Die Lady ist zwar ohne einen Ton zu sa-gen gegan-gen ...
... aber sie kann es unmög-lich nicht gehört ha-ben.
Dieses Gesicht.

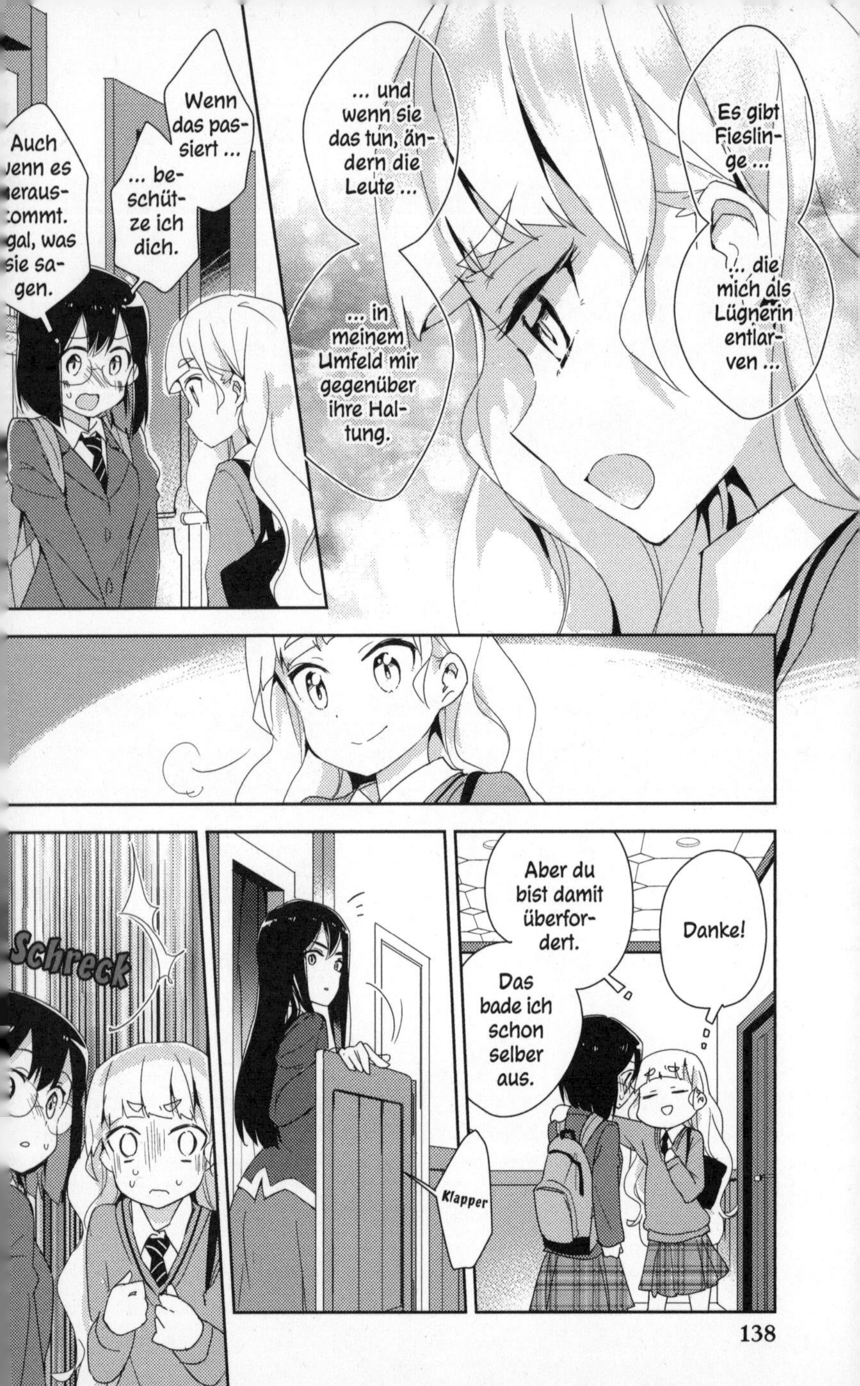
Es gibt Fieslinge ...
... die mich als Lügnerin entlarven ...
... und wenn sie das tun, ändern die Leute ...
... in meinem Umfeld mir gegenüber ihre Haltung.
Wenn das passiert ...
... beschütze ich dich.
Auch venn es eraus-ommt. gal, was sie sagen.
Danke!
Aber du bist damit überfordert.
Das bade ich schon selber aus.
Klapper
Schreck

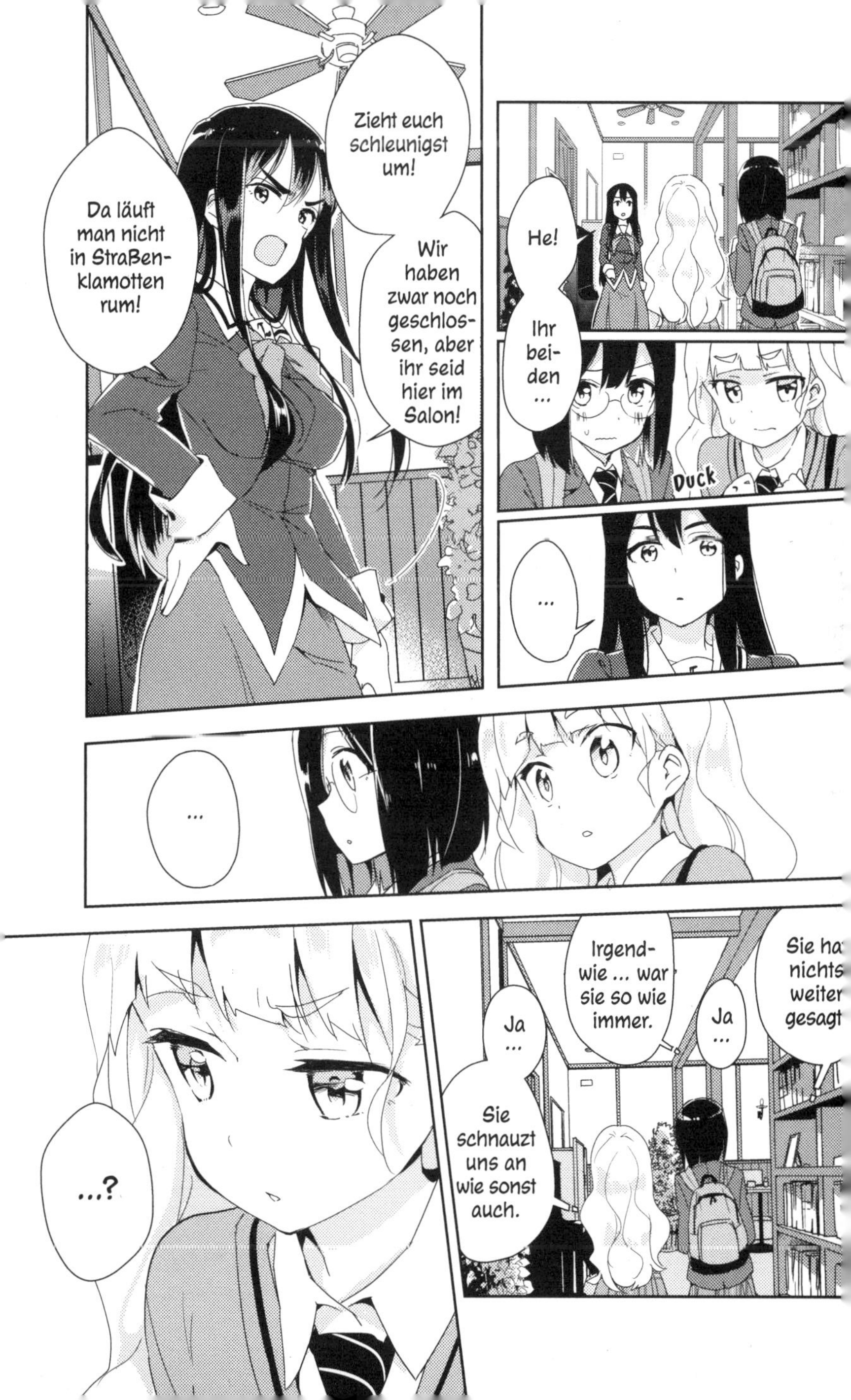
He!
Ihr beiden ...
DUCK
...
Zieht euch schleunigst um!
Wir haben zwar noch geschlossen, aber ihr seid hier im Salon!
Da läuft man nicht in Straßenklamotten rum!
...
Sie ha nichts weiter gesagt
Ja ...
Irgendwie ... war sie so wie immer.
Ja ...
Sie schnauzt uns an wie sonst auch.
...?

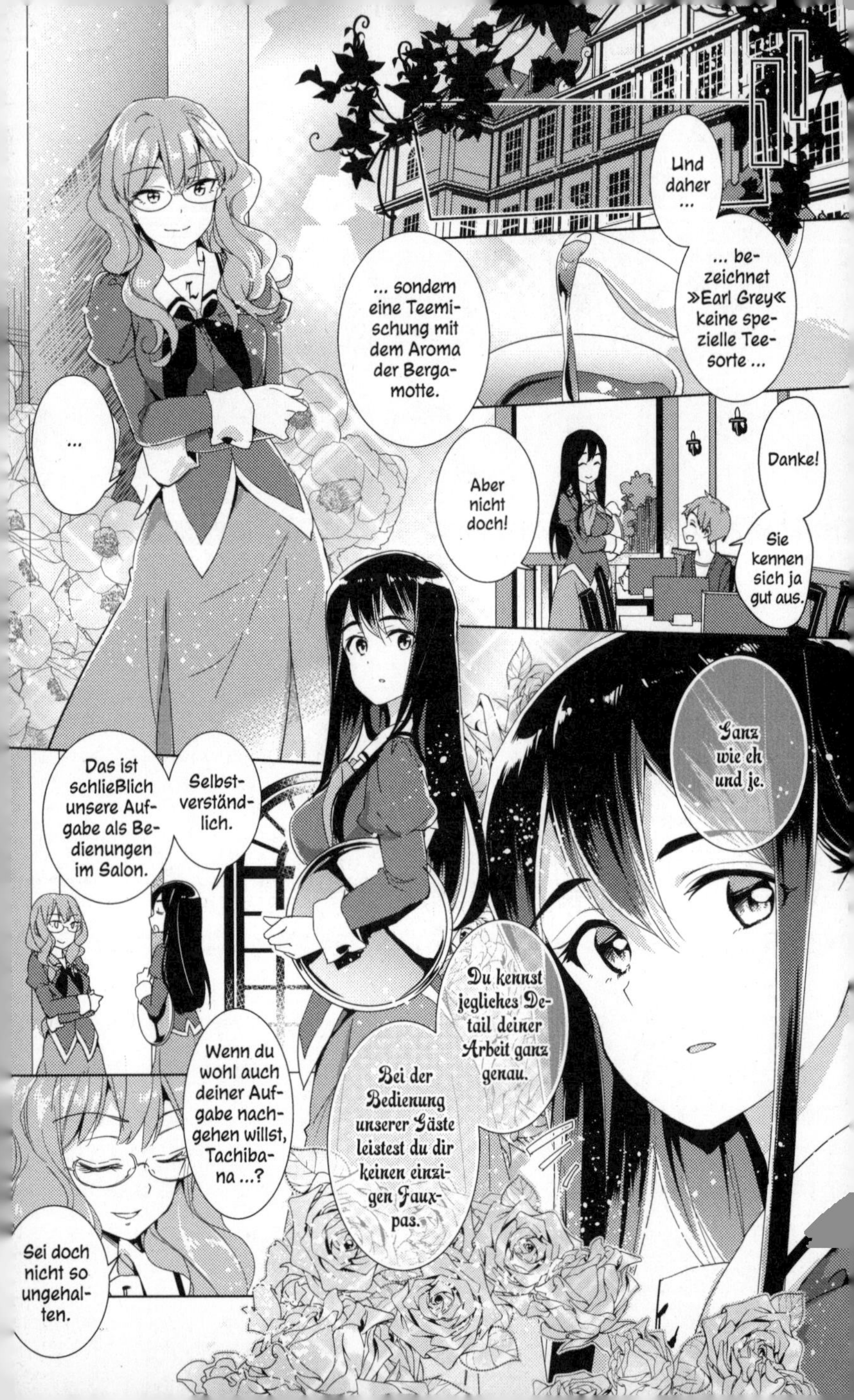
Und daher ...
... bezeichnet »Earl Grey« keine spezielle Teesorte ...
... sondern eine Teemischung mit dem Aroma der Bergamotte.
...
Danke!
Sie kennen sich ja gut aus.
Aber nicht doch!
Ganz wie eh und je.
Du kennst jegliches Detail deiner Arbeit ganz genau.
Bei der Bedienung unserer Gäste leistest du dir keinen einzigen Fauxpas.
Selbstverständlich.
Das ist schließlich unsere Aufgabe als Bedienungen im Salon.
Wenn du wohl auch deiner Aufgabe nachgehen willst, Tachibana ...?
Sei doch nicht so ungehalten.

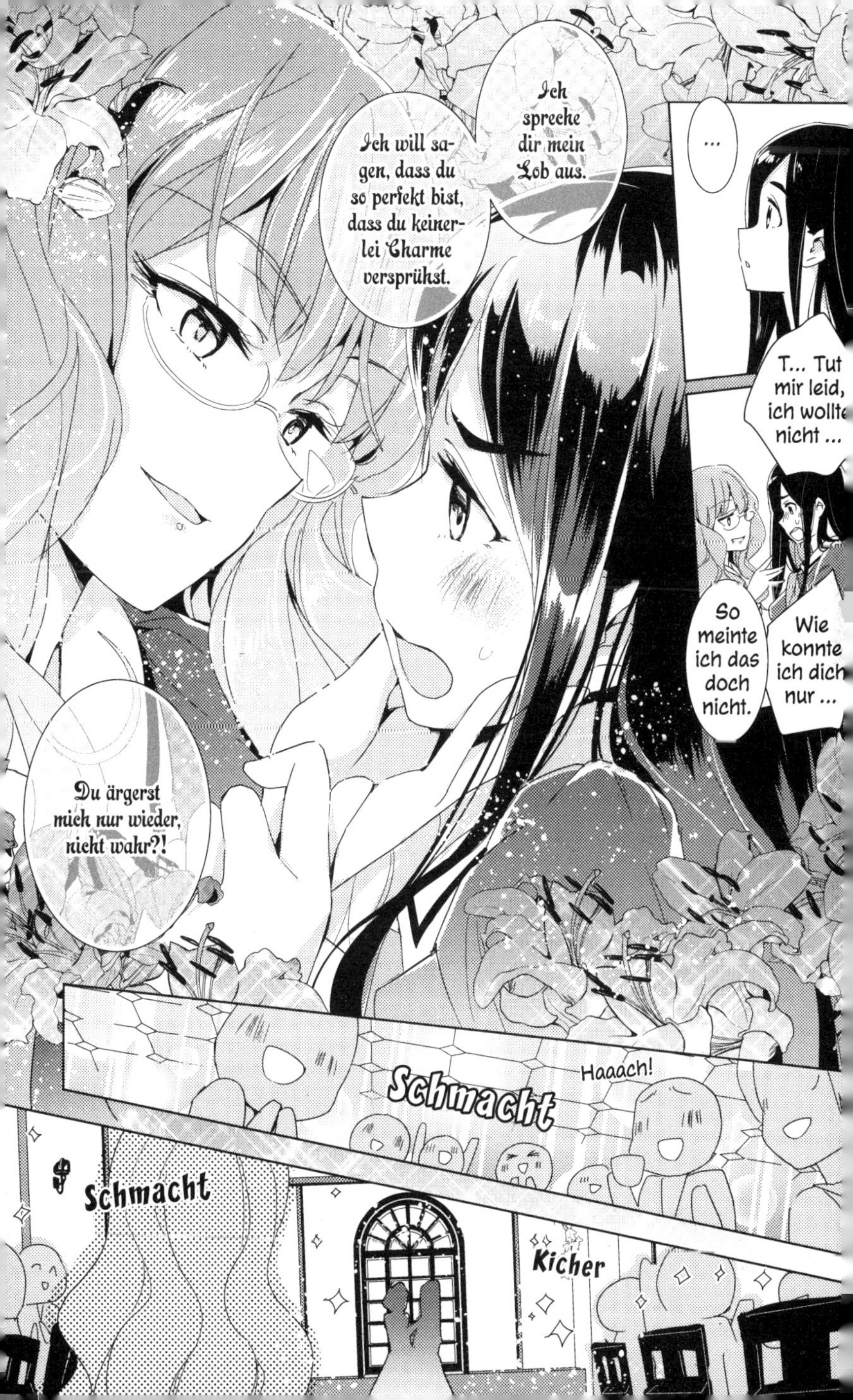

...
T... Tut mir leid, ich wollte nicht ...
Wie konnte ich dich nur ...
So meinte ich das doch nicht.
Ich spreche dir mein Lob aus.
Ich will sagen, dass du so perfekt bist, dass du keinerlei Charme versprühst.
Du ärgerst mich nur wieder, nicht wahr?!
Haaach!
Schmacht
Schmacht
Kicher

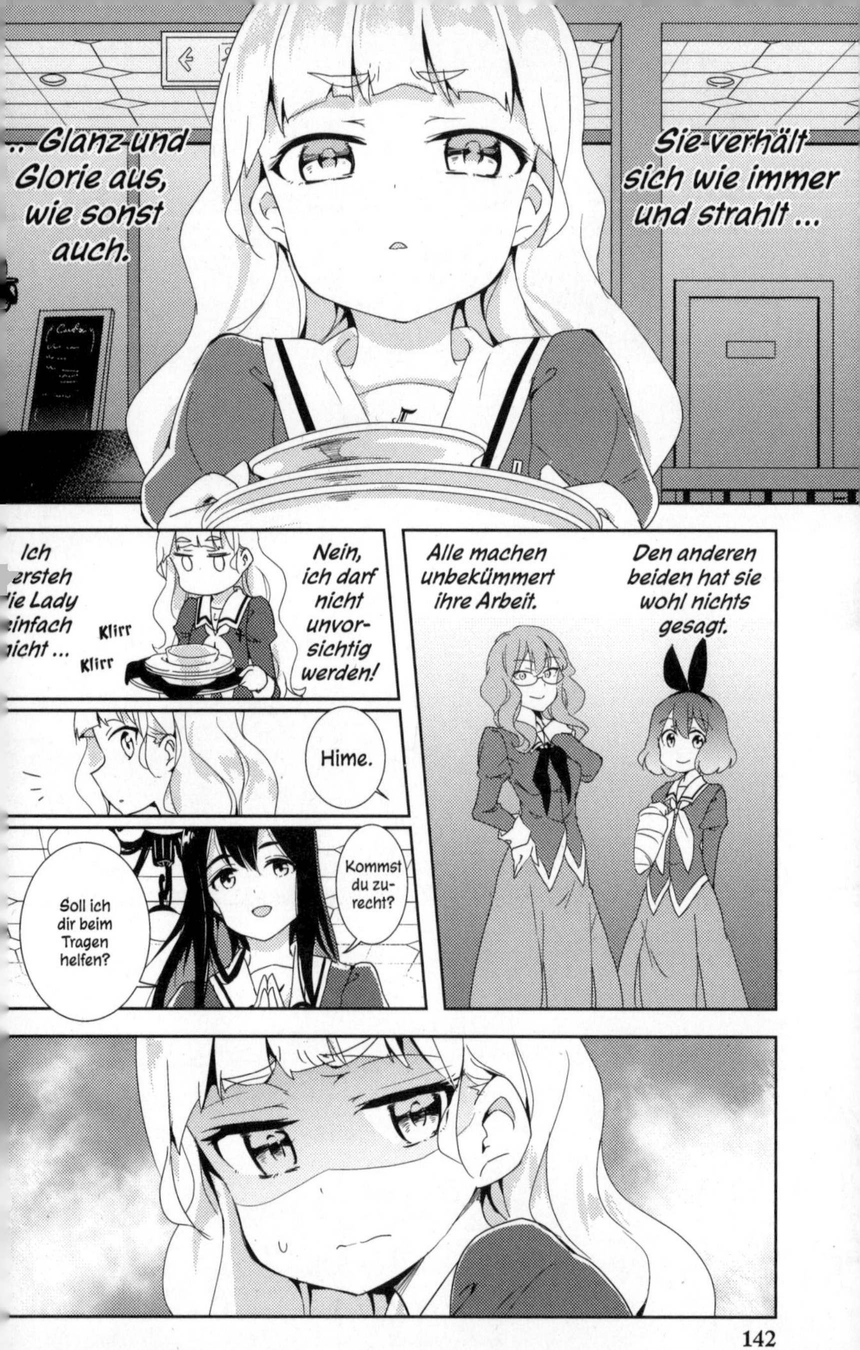
Sie verhält sich wie immer und strahlt ...
... Glanz und Glorie aus, wie sonst auch.
Den anderen beiden hat sie wohl nichts gesagt.
Alle machen unbekümmert ihre Arbeit.
Nein, ich darf nicht unvorsichtig werden!
Ich ersteh ie Lady einfach nicht ...
Klirr
Klirr
Hime.
Kommst du zurecht?
Soll ich dir beim Tragen helfen?

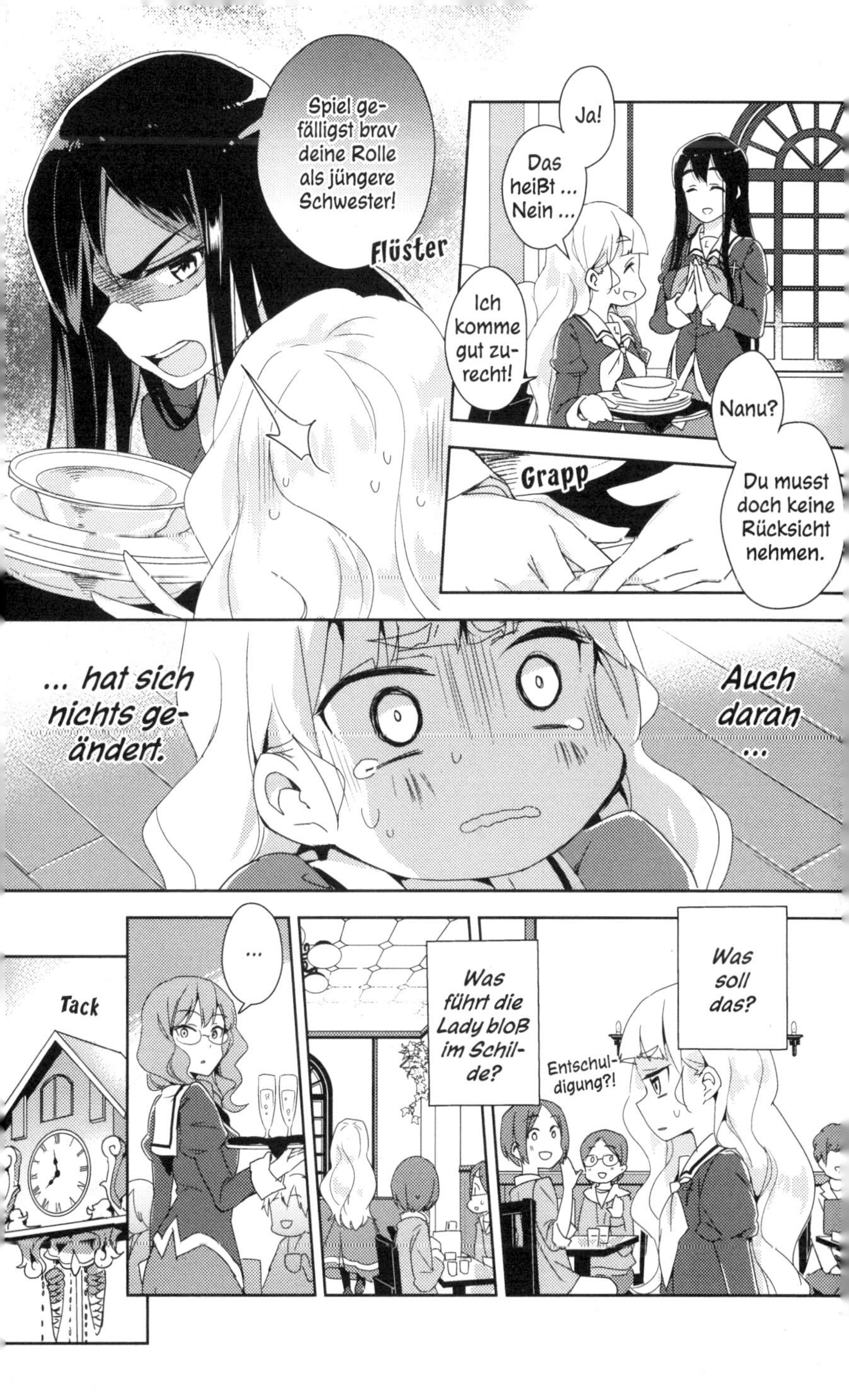
Ja!
Das heißt ... Nein ...
Ich komme gut zurecht!
Spiel gefälligst brav deine Rolle als jüngere Schwester!
Flüster
Nanu?
Du musst doch keine Rücksicht nehmen.
Grapp
Auch daran ...
... hat sich nichts geändert.
Was soll das?
Entschuldigung?!
Was führt die Lady bloß im Schilde?
...
Tack

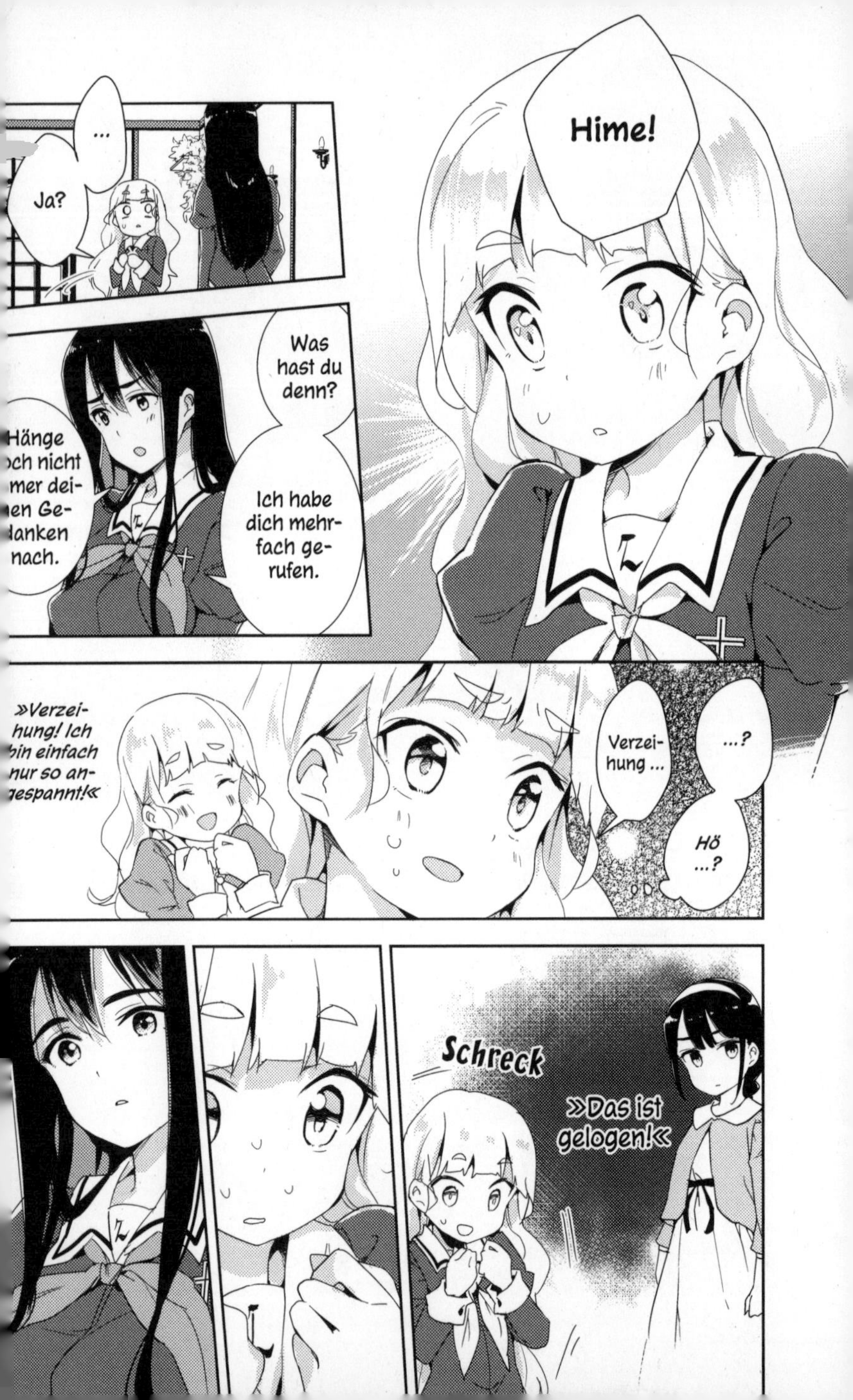
Hime!
...
Ja?
Was hast du denn?
Ich habe dich mehrfach gerufen.
Hänge och nicht mer deien Gedanken nach.
...?
Hö ...?
Verzeihung ...
»Verzeihung! Ich bin einfach nur so angespannt!«
Schreck
»Das ist gelogen!«

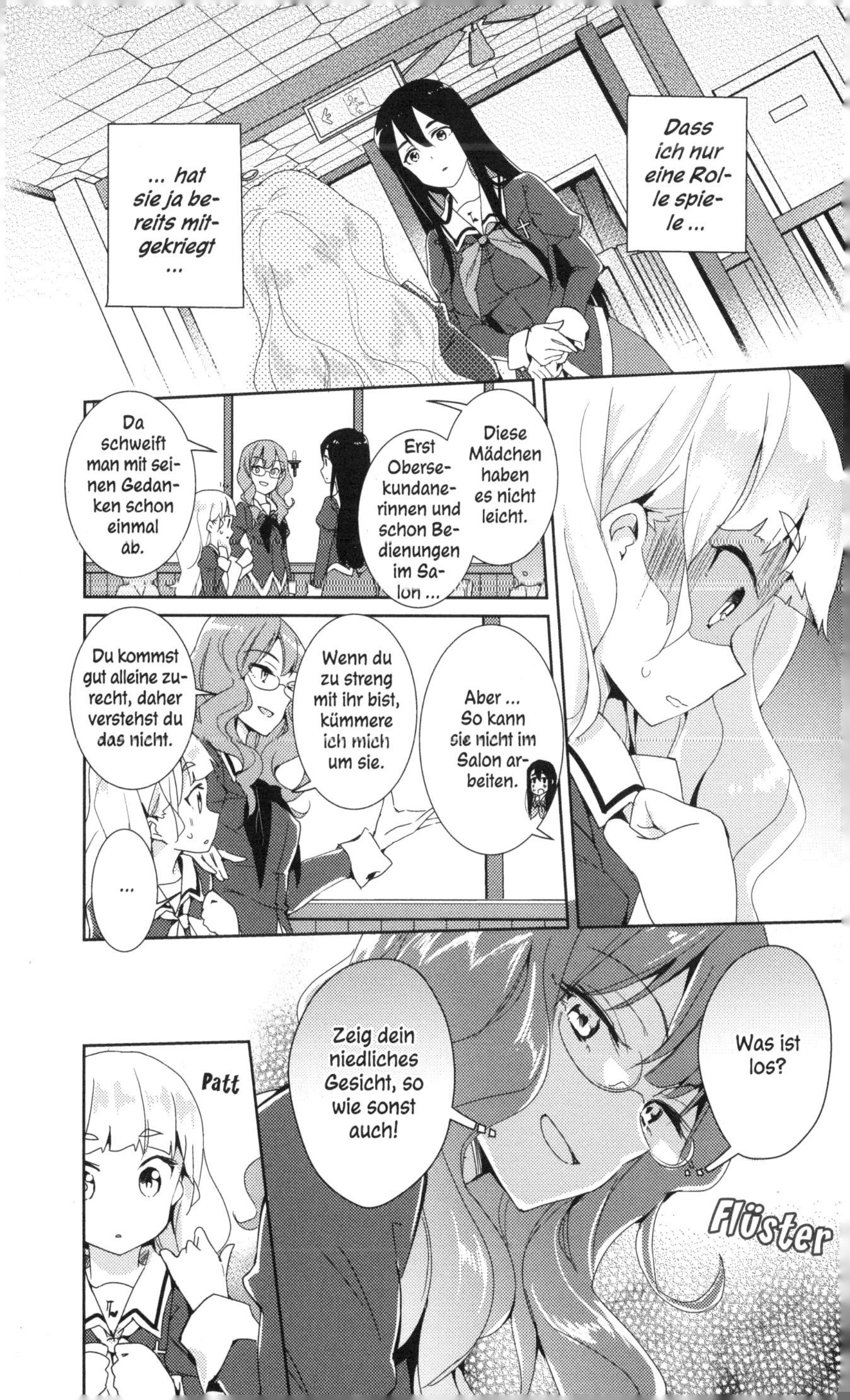
Dass ich nur eine Rolle spiele ...
... hat sie ja bereits mitgekriegt ...
Diese Mädchen haben es nicht leicht.
Erst Obersekundanerinnen und schon Bedienungen im Salon ...
Da schweift man mit seinen Gedanken schon einmal ab.
Aber ... So kann sie nicht im Salon arbeiten.
Wenn du zu streng mit ihr bist, kümmere ich mich um sie.
Du kommst gut alleine zurecht, daher verstehst du das nicht.
...
Was ist los?
Flüster
Zeig dein niedliches Gesicht, so wie sonst auch!
Patt

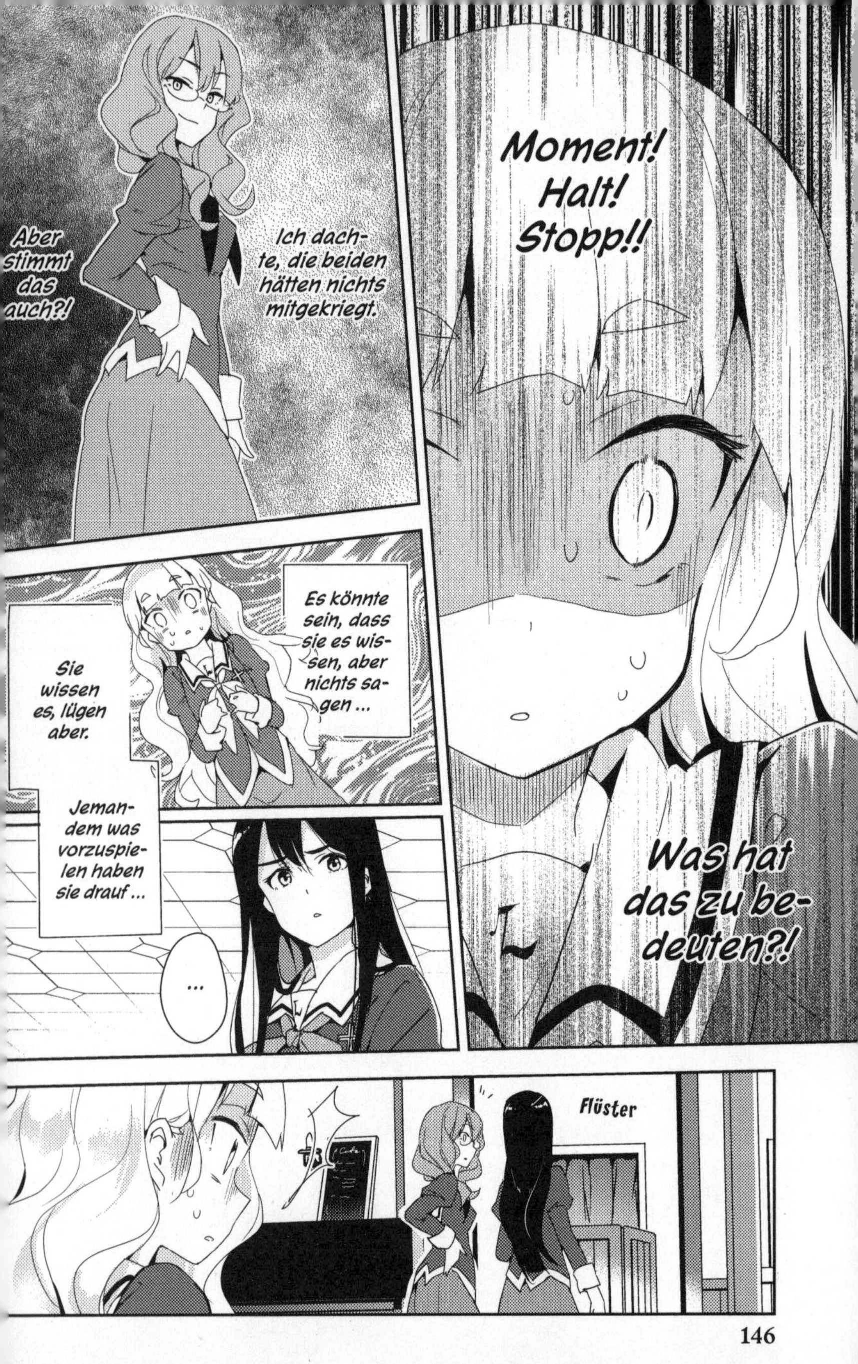
Moment! Halt! Stopp!!
Ich dachte, die beiden hätten nichts mitgekriegt.
Aber stimmt das auch?!
Es könnte sein, dass sie es wissen, aber nichts sagen …
Sie wissen es, lügen aber.
Was hat das zu bedeuten?!
Jemandem was vorzuspielen haben sie drauf …
…
Flüster

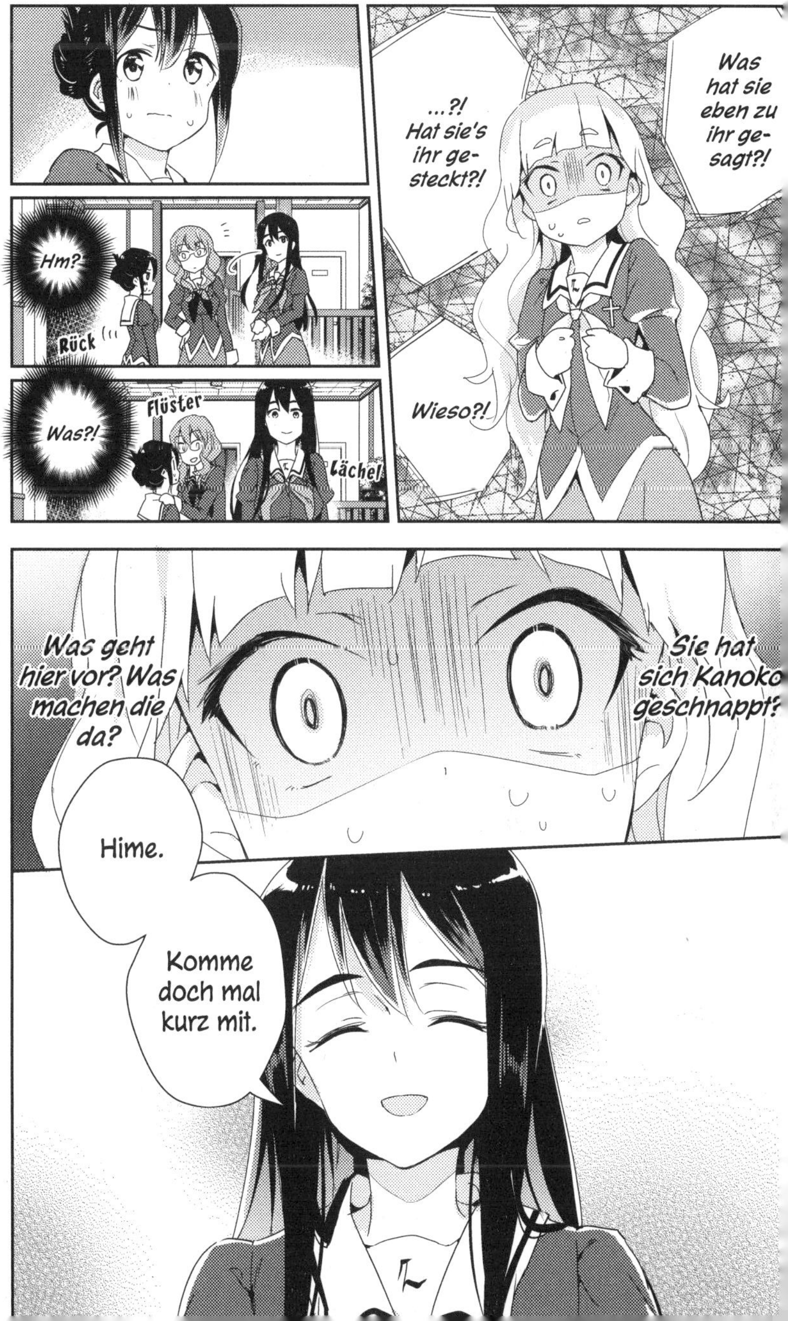
Was hat sie eben zu ihr gesagt?!
...?! Hat sie's ihr gesteckt?!
Wieso?!
Hm?
Rück
Was?!
Flüster
Lächel
Sie hat sich Kanoko geschnappt?
Was geht hier vor? Was machen die da?
Hime.
Komme doch mal kurz mit.

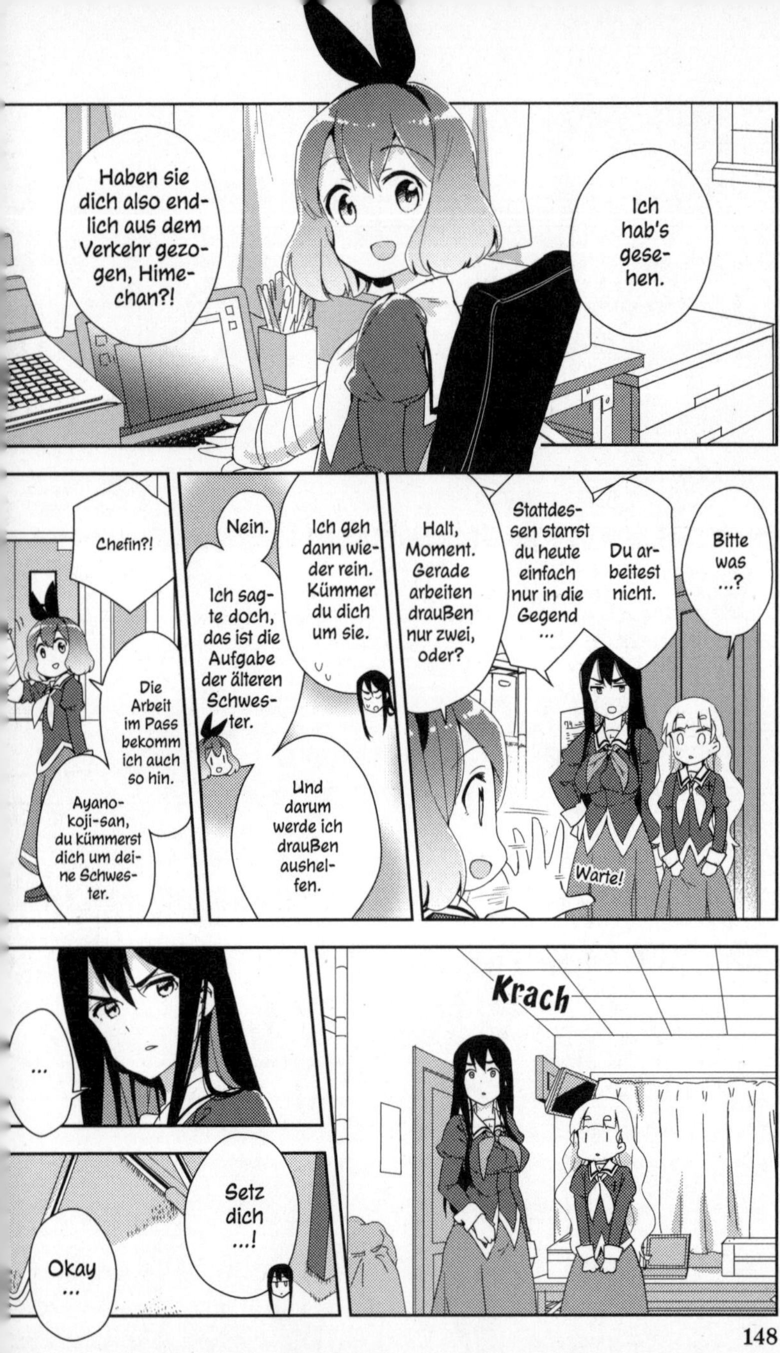

Ich hab's gesehen.
Haben sie dich also endlich aus dem Verkehr gezogen, Hime-chan?!
Bitte was ...?
Du arbeitest nicht.
Stattdessen starrst du heute einfach nur in die Gegend ...
Halt, Moment. Gerade arbeiten draußen nur zwei, oder?
Warte!
Ich geh dann wieder rein. Kümmer du dich um sie.
Nein.
Ich sagte doch, das ist die Aufgabe der älteren Schwester.
Und darum werde ich draußen aushelfen.
Chefin?!
Die Arbeit im Pass bekomm ich auch so hin.
Ayanokoji-san, du kümmerst dich um deine Schwester.
Krach
...
Setz dich ...!
Okay ...

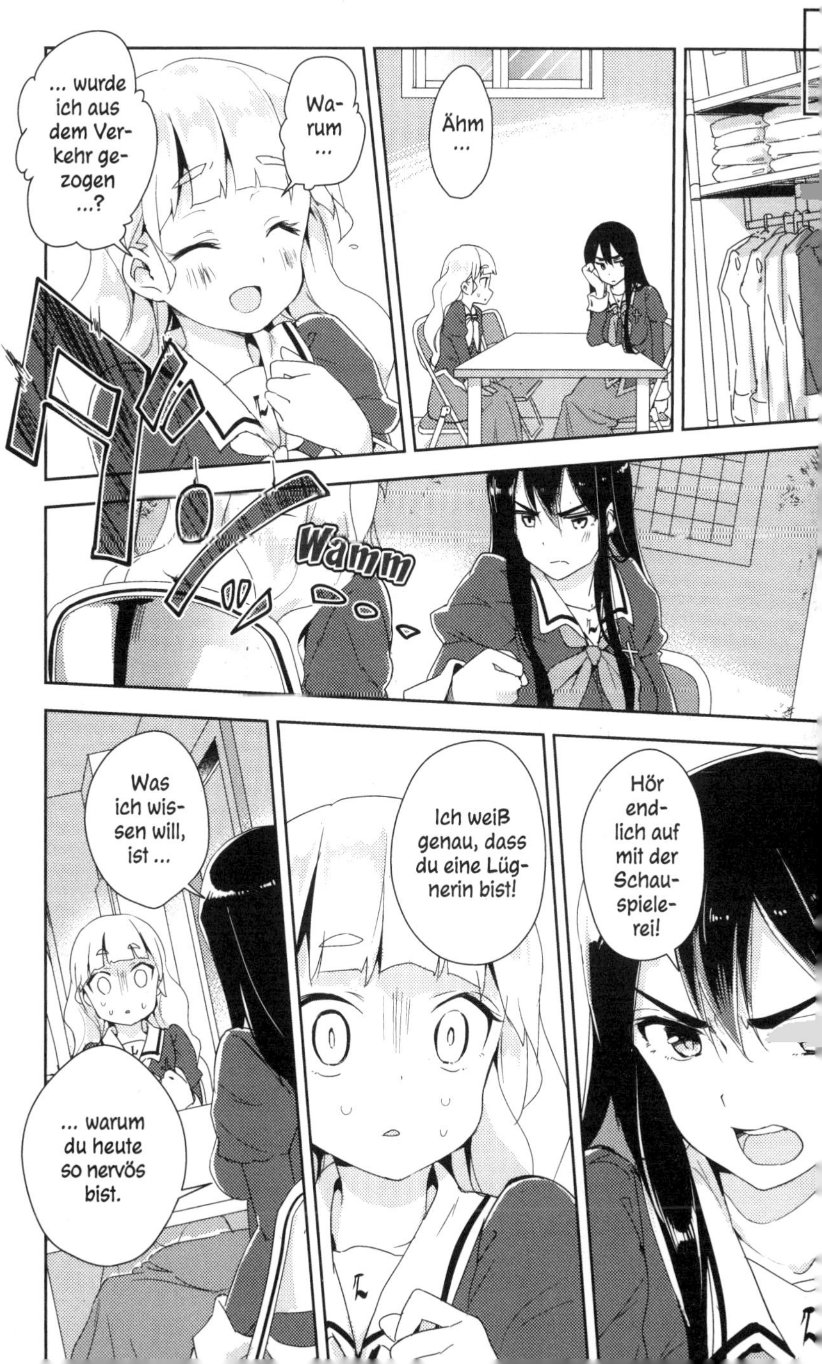
Ähm ...
Warum ...
... wurde ich aus dem Verkehr gezogen ...?
Wamm
Hör endlich auf mit der Schauspielerei!
Ich weiß genau, dass du eine Lügnerin bist!
Was ich wissen will, ist ...
... warum du heute so nervös bist.

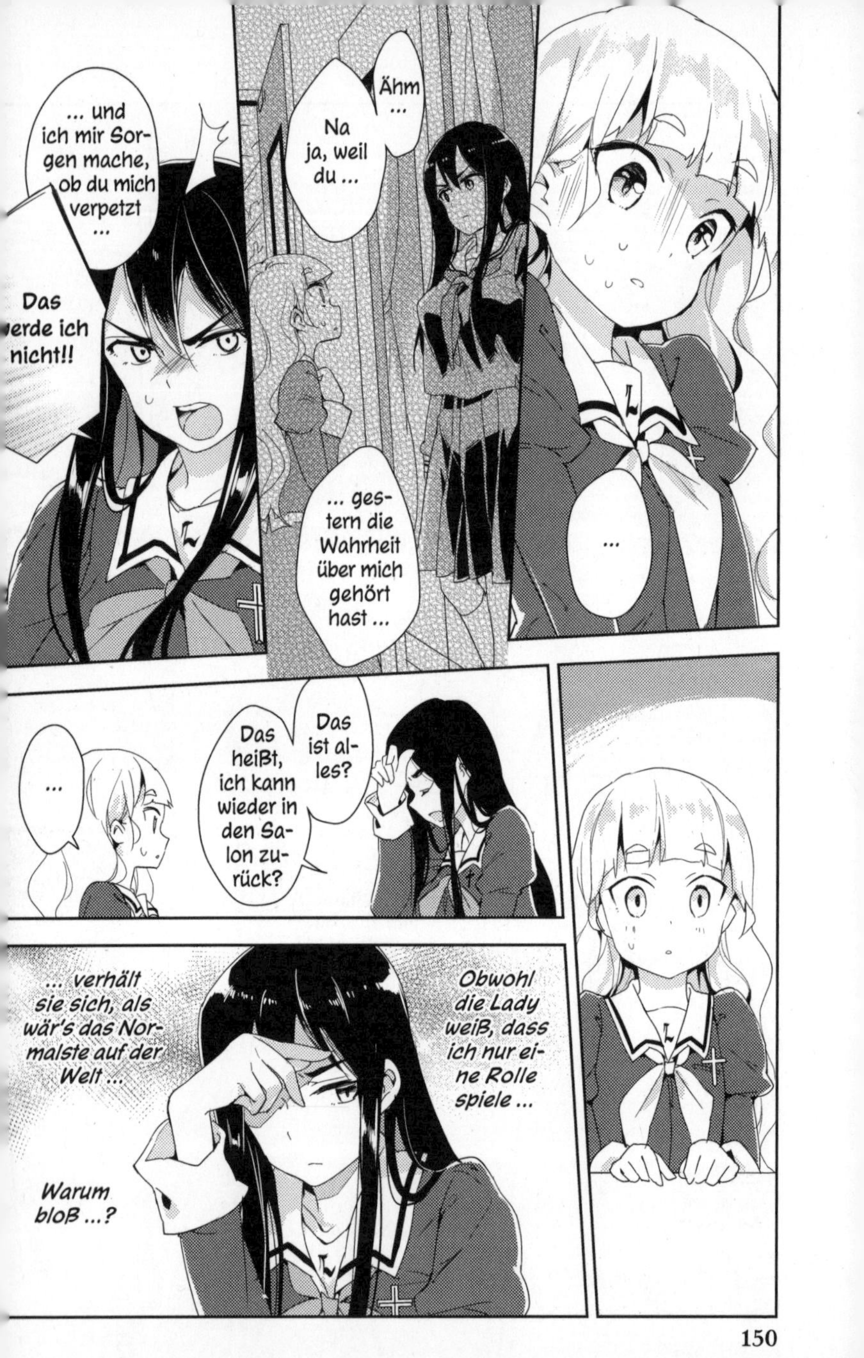
...
Ähm ...
Na ja, weil du ...
... gestern die Wahrheit über mich gehört hast ...
... und ich mir Sorgen mache, ob du mich verpetzt ...
Das werde ich nicht!!
Das ist alles?
Das heißt, ich kann wieder in den Salon zurück?
...
Obwohl die Lady weiß, dass ich nur eine Rolle spiele ...
... verhält sie sich, als wär's das Normalste auf der Welt ...
Warum bloß ...?

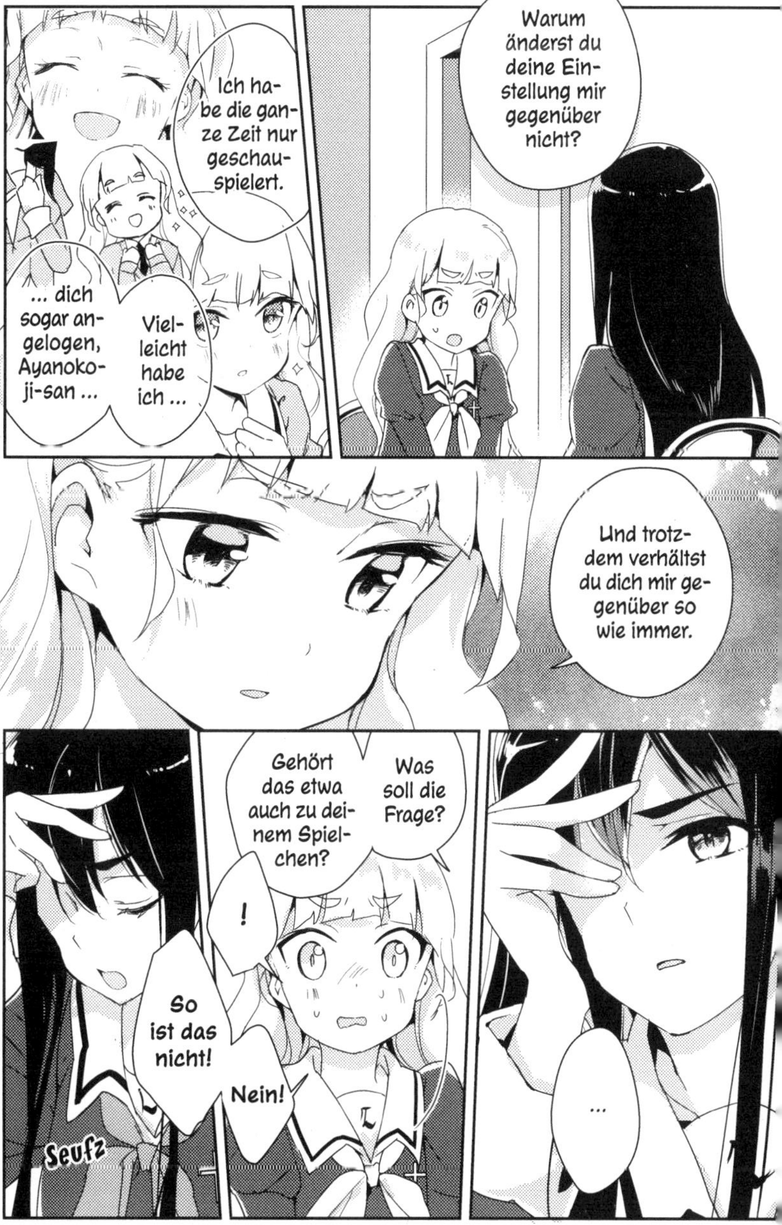
Warum änderst du deine Einstellung mir gegenüber nicht?
Ich habe die ganze Zeit nur geschauspielert.
Vielleicht habe ich ...
... dich sogar angelogen, Ayanokoji-san ...
Und trotzdem verhältst du dich mir gegenüber so wie immer.
...
Was soll die Frage?
Gehört das etwa auch zu deinem Spielchen?
!
Nein!
So ist das nicht!
Seufz

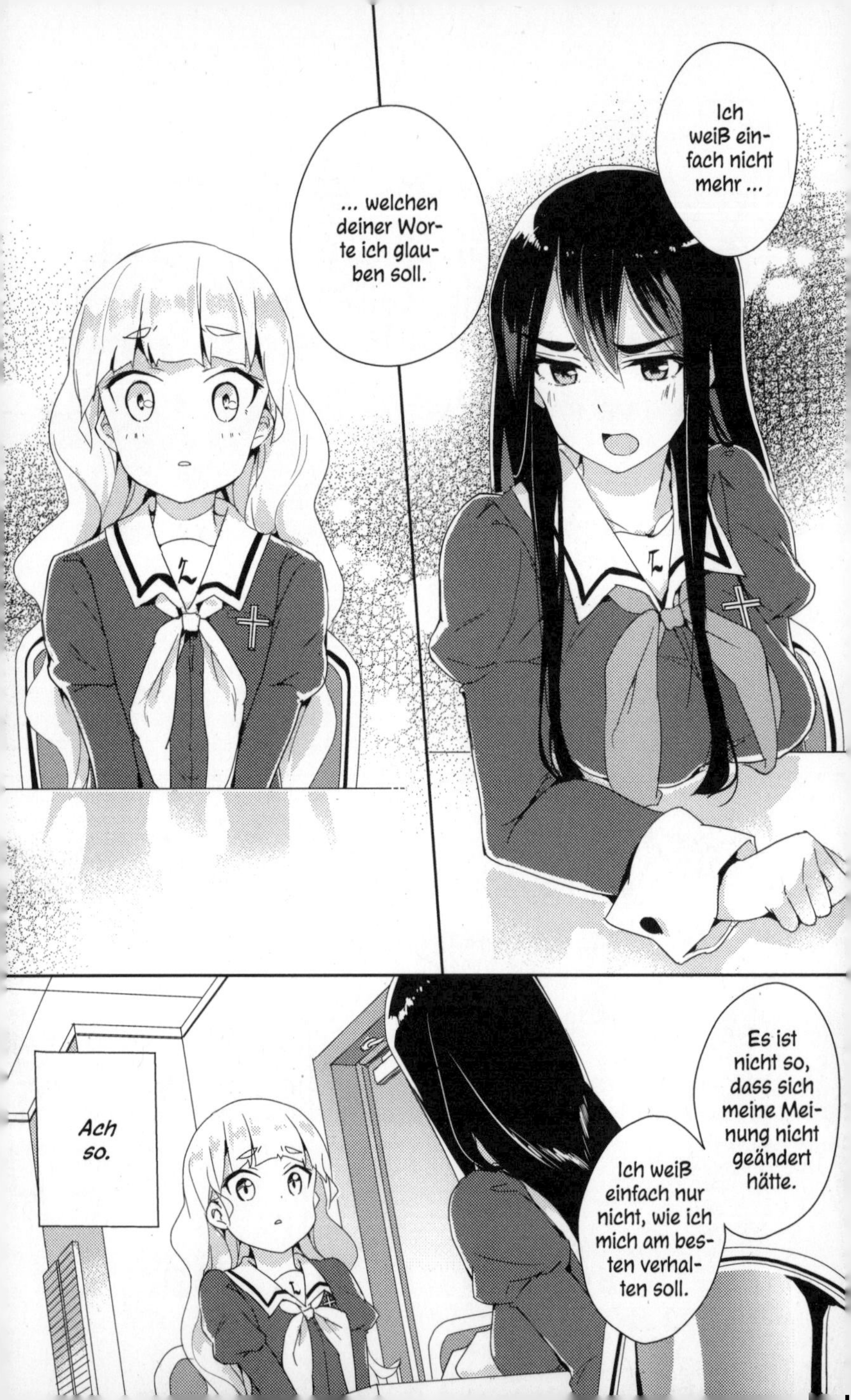
Ich weiß einfach nicht mehr ...
... welchen deiner Worte ich glauben soll.
Es ist nicht so, dass sich meine Meinung nicht geändert hätte.
Ich weiß einfach nur nicht, wie ich mich am besten verhalten soll.
Ach so.

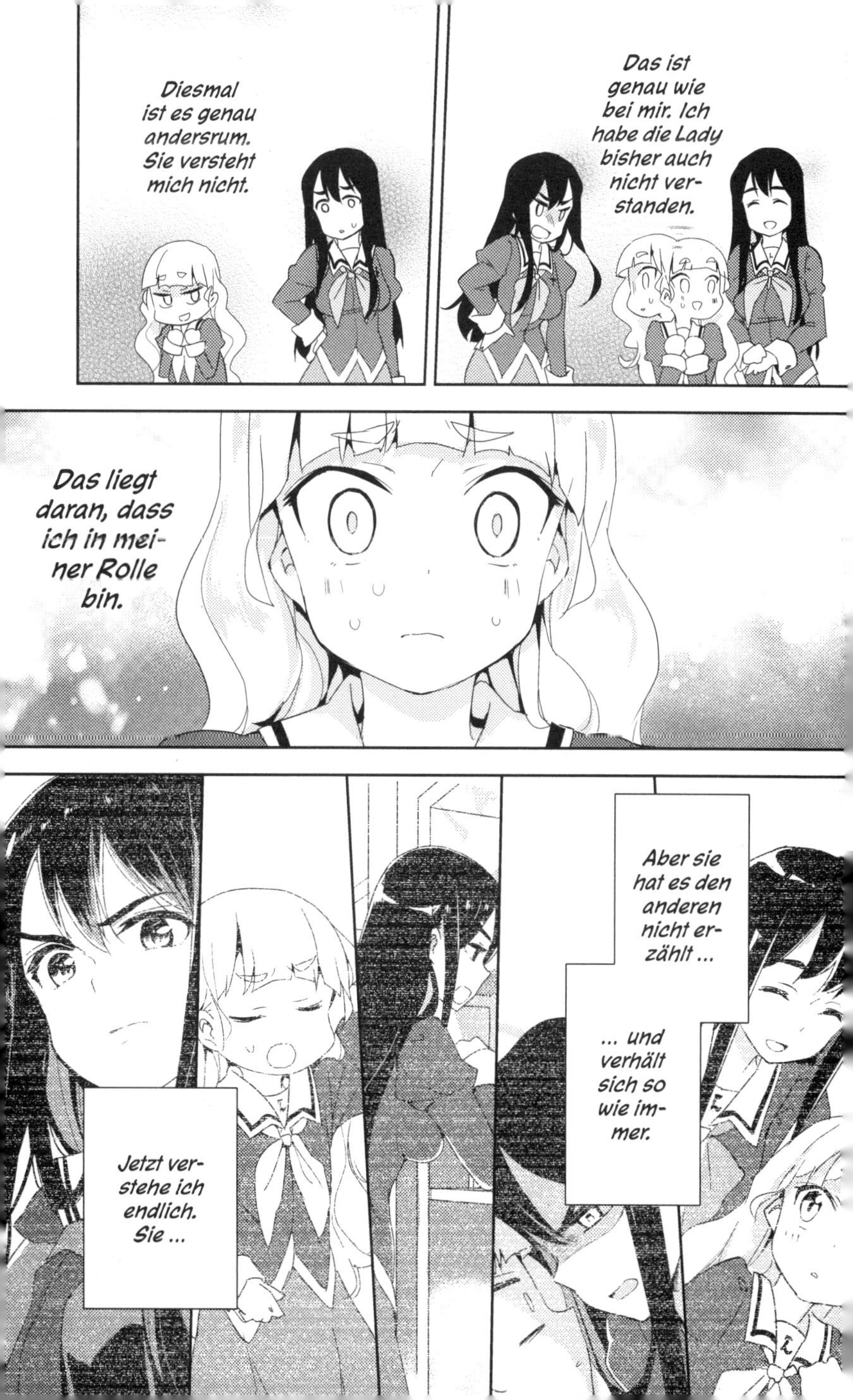
Das ist genau wie bei mir. Ich habe die Lady bisher auch nicht verstanden.
Diesmal ist es genau andersrum. Sie versteht mich nicht.
Das liegt daran, dass ich in meiner Rolle bin.
Aber sie hat es den anderen nicht erzählt ...
... und verhält sich so wie immer.
Jetzt verstehe ich endlich. Sie ...

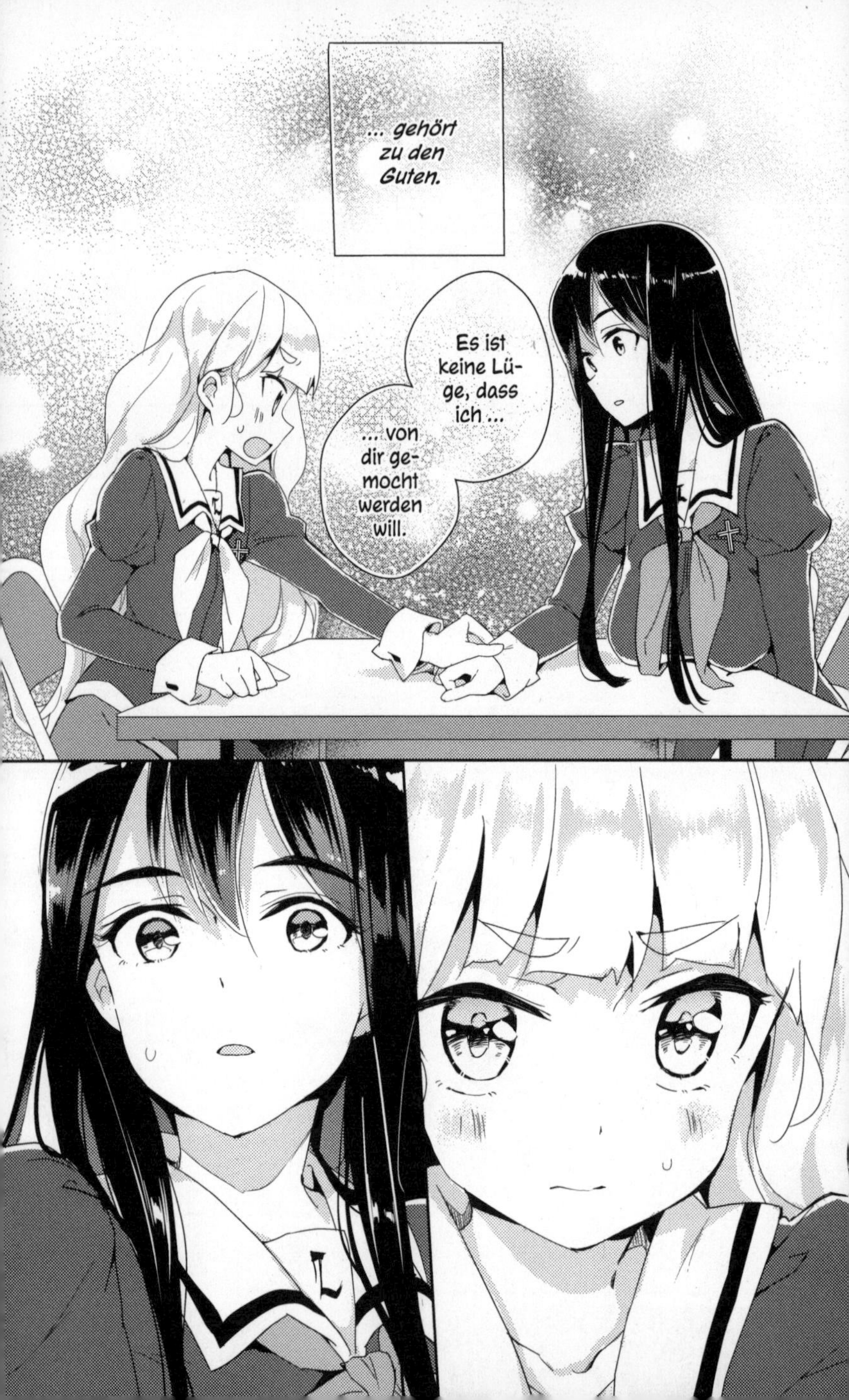
... gehört zu den Guten.
Es ist keine Lüge, dass ich ...
... von dir gemocht werden will.

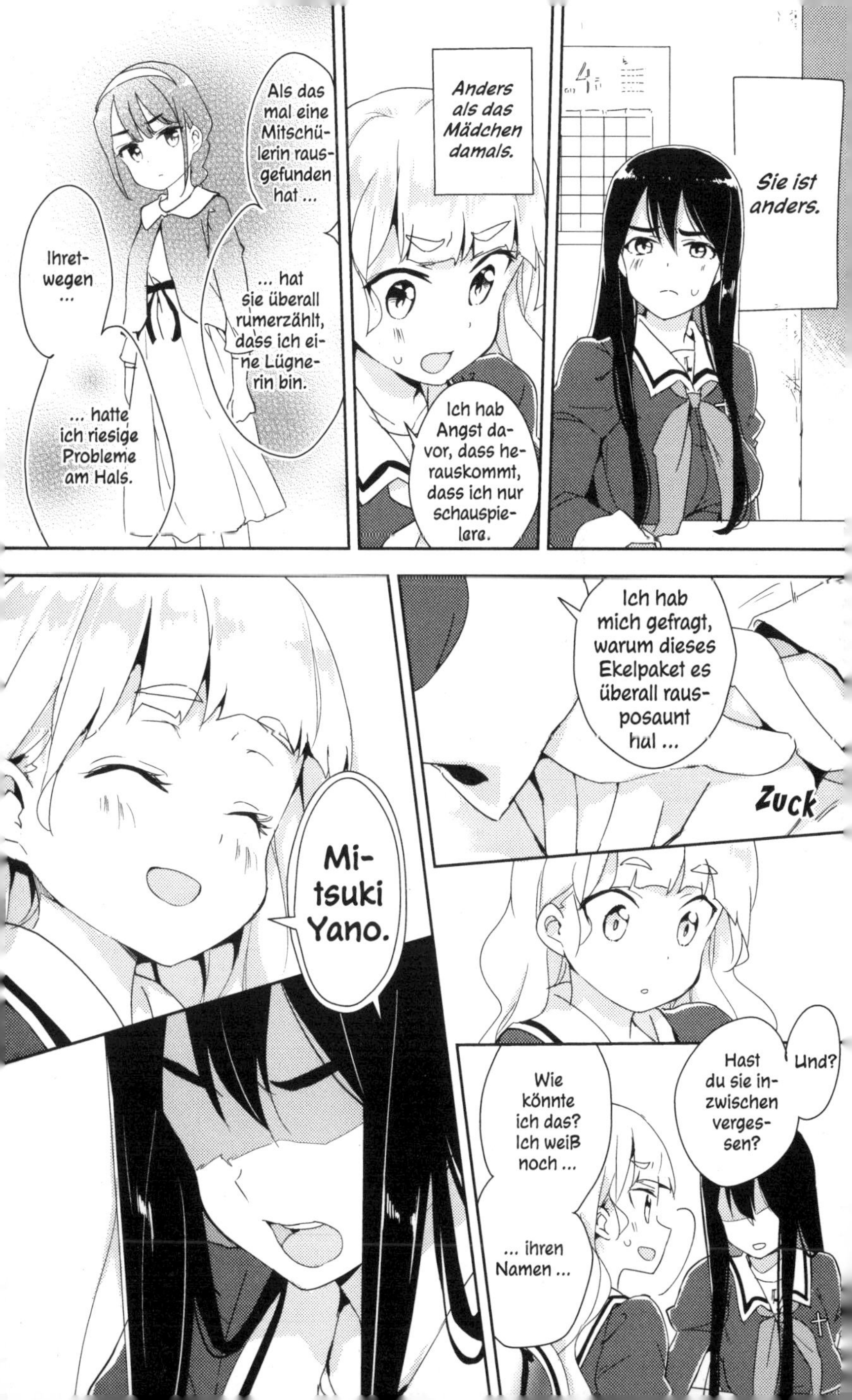
Sie ist anders.
Anders als das Mädchen damals.
Ich hab Angst davor, dass herauskommt, dass ich nur schauspielere.
Als das mal eine Mitschülerin rausgefunden hat ...
... hat sie überall rumerzählt, dass ich eine Lügnerin bin.
Ihretwegen ...
... hatte ich riesige Probleme am Hals.
Ich hab mich gefragt, warum dieses Ekelpaket es überall rausposaunt hal ...
ZUCK
Und?
Hast du sie inzwischen vergessen?
Wie könnte ich das? Ich weiß noch ...
... ihren Namen ...
Mitsuki Yano.

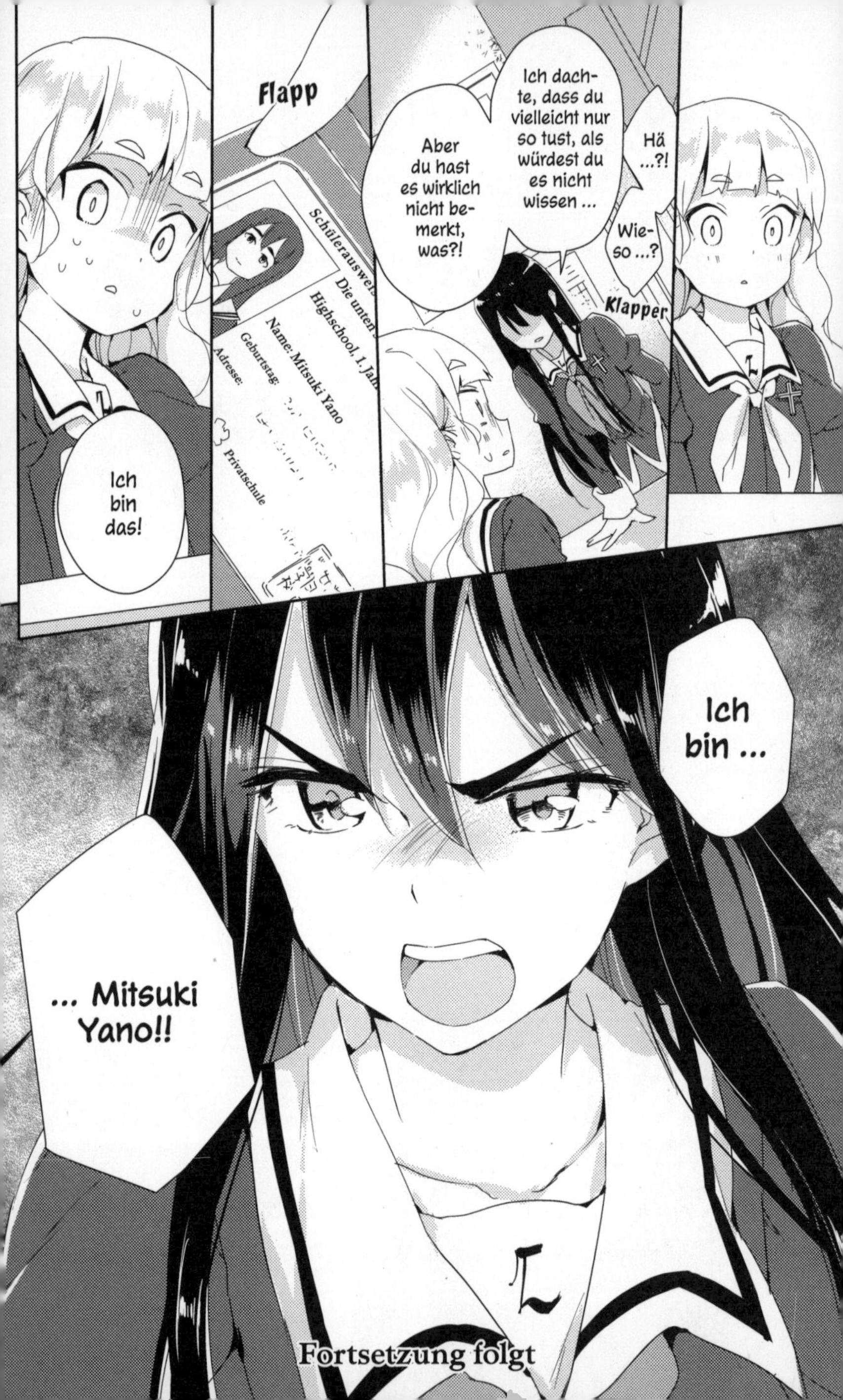
Hä ...?!
Wie-so ...?
Klapper
Ich dach-te, dass du vielleicht nur so tust, als würdest du es nicht wissen ...
Aber du hast es wirklich nicht be-merkt, was?!
Flapp
Name: Mitsuki Yano
Geburtstag:
Adresse:
Privatschule
Ich bin das!
Ich bin ...
... Mitsuki Yano!!
Fortsetzung folgt

Café Liebe

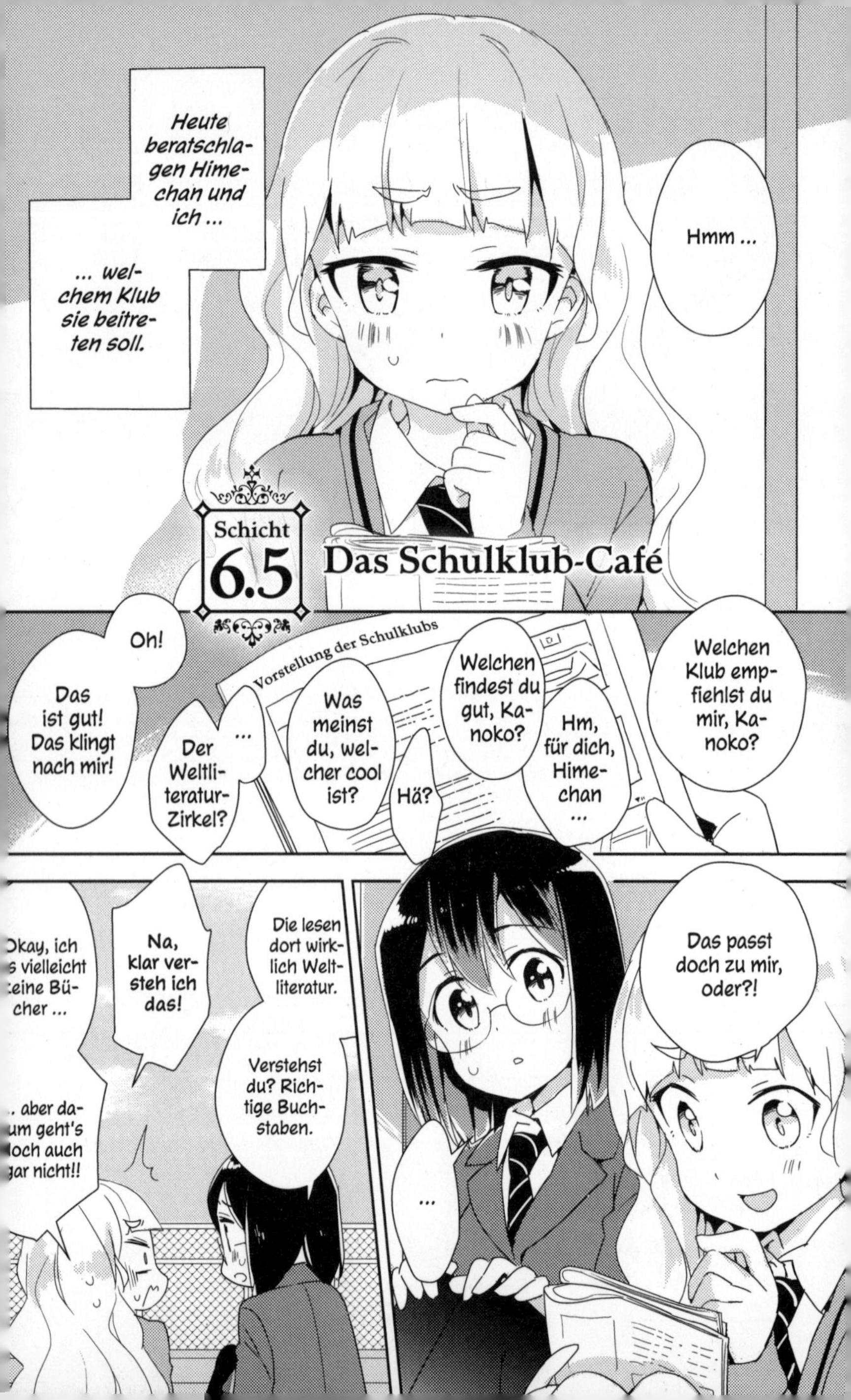
Heute beratschlagen Hime-chan und ich ...
... welchem Klub sie beitreten soll.
Hmm ...
Schicht 6.5
Das Schulklub-Café
Welchen Klub empfiehlst du mir, Kanoko?
Hm, für dich, Hime-chan ...
Welchen findest du gut, Kanoko?
Hä?
Was meinst du, welcher cool ist?
Vorstellung der Schulklubs
...
Der Weltliteratur-Zirkel?
Oh!
Das ist gut! Das klingt nach mir!
Das passt doch zu mir, oder?!
...
Die lesen dort wirklich Weltliteratur.
Verstehst du? Richtige Buchstaben.
Na, klar versteh ich das!
kay, ich s vielleicht eine Bücher ...
. aber da- um geht's och auch gar nicht!!

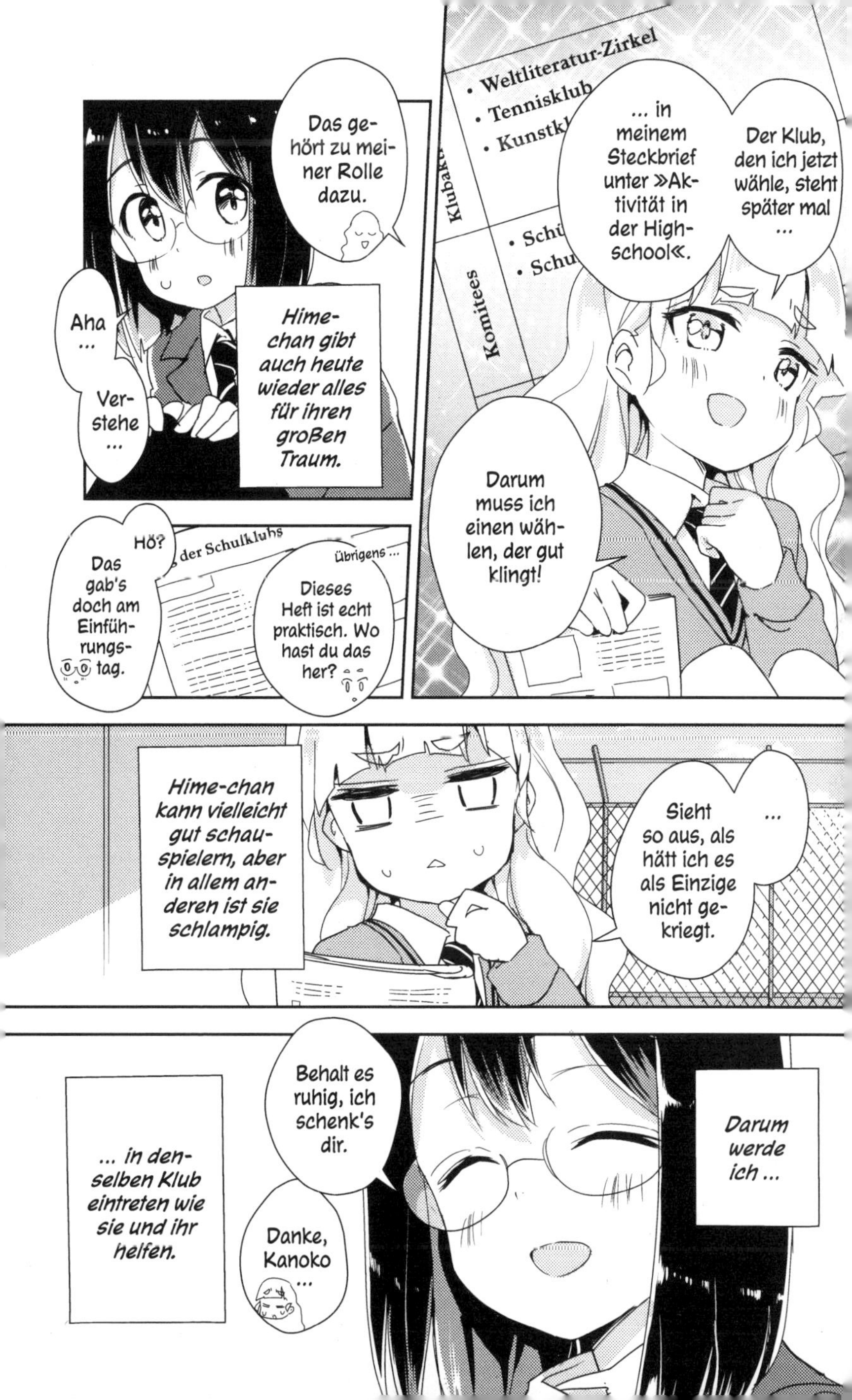

Der Klub, den ich jetzt wähle, steht später mal ...
... in meinem Steckbrief unter »Aktivität in der Highschool«.
• Weltliteratur-Zirkel
• Tennisklub
Komitees
Darum muss ich einen wählen, der gut klingt!
Das gehört zu meiner Rolle dazu.
Hime-chan gibt auch heute wieder alles für ihren großen Traum.
Aha ...
Verstehe ...
Übrigens ...
Dieses Heft ist echt praktisch. Wo hast du das her?
der Schulklubs
Hö?
Das gab's doch am Einführungstag.
Sieht so aus, als hätt ich es als Einzige nicht gekriegt. ...
Hime-chan kann vielleicht gut schauspielern, aber in allem anderen ist sie schlampig.
Darum werde ich ...
Behalt es ruhig, ich schenk's dir.
Danke, Kanoko ...
... in denselben Klub eintreten wie sie und ihr helfen.

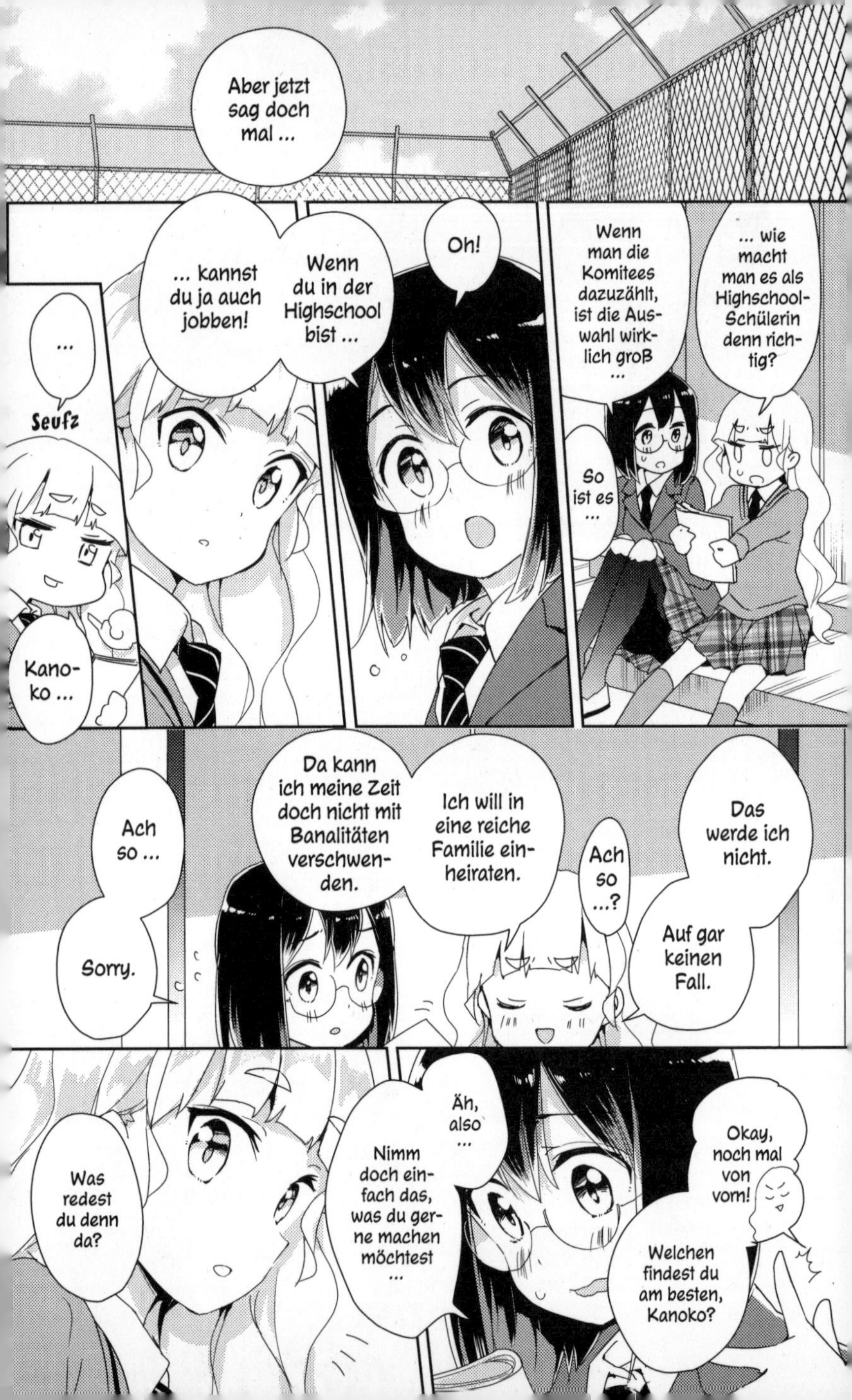
Aber jetzt sag doch mal ...
... wie macht man es als Highschool-Schülerin denn richtig?
Wenn man die Komitees dazuzählt, ist die Auswahl wirklich groß ...
So ist es ...
Oh!
Wenn du in der Highschool bist ...
... kannst du ja auch jobben!
...
Seufz
Kano-ko ...
Das werde ich nicht.
Auf gar keinen Fall.
Ach so ...?
Ich will in eine reiche Familie einheiraten.
Da kann ich meine Zeit doch nicht mit Banalitäten verschwenden.
Ach so ...
Sorry.
Okay, noch mal von vorn!
Welchen findest du am besten, Kanoko?
Äh, also ...
Nimm doch einfach das, was du gerne machen möchtest ...
Was redest du denn da?

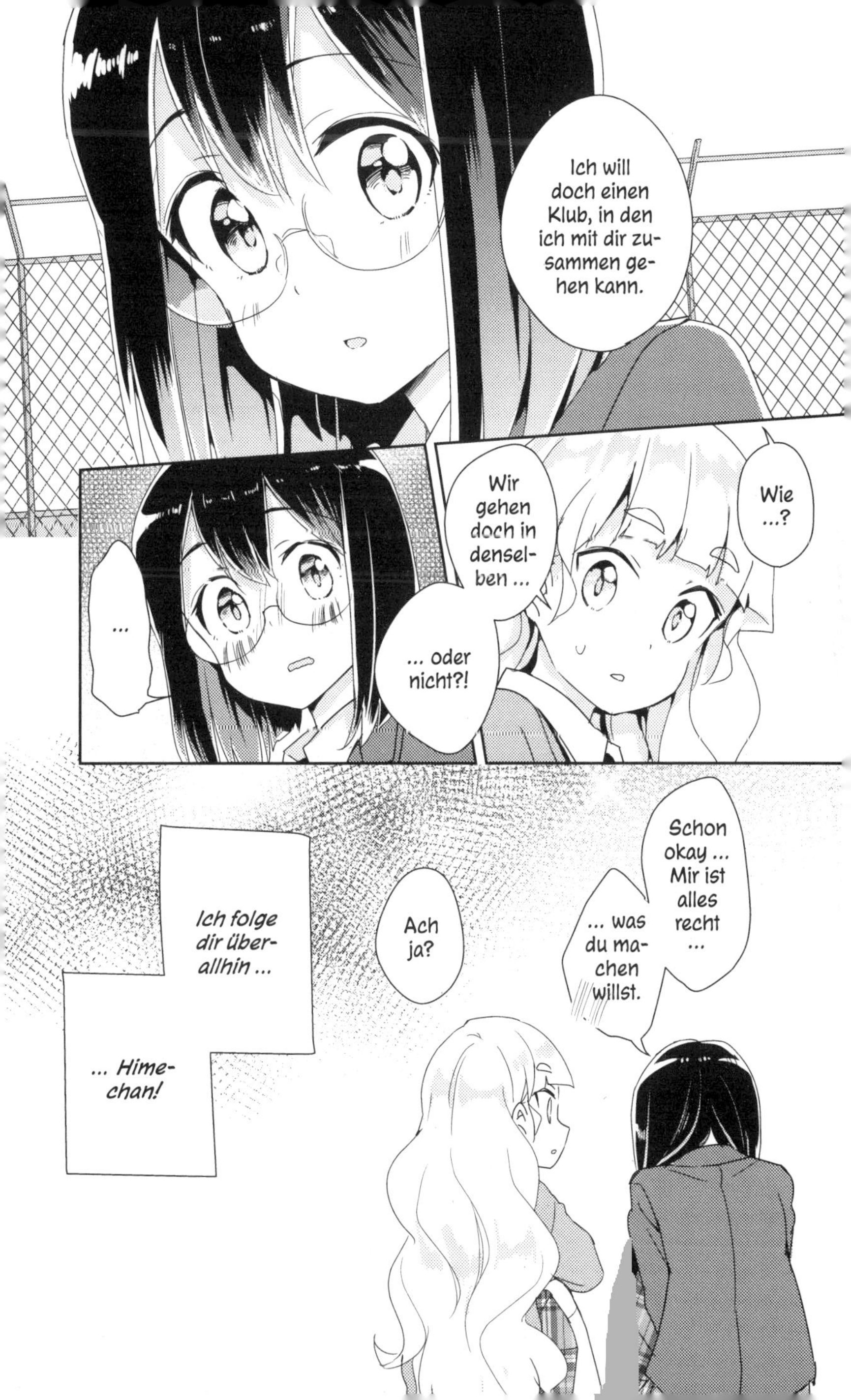
Ich will doch einen Klub, in den ich mit dir zusammen gehen kann.
Wie ...?
Wir gehen doch in denselben ...
... oder nicht?!
...
Schon okay ... Mir ist alles recht ...
... was du machen willst.
Ach ja?
Ich folge dir überallhin ...
... Hime-chan!

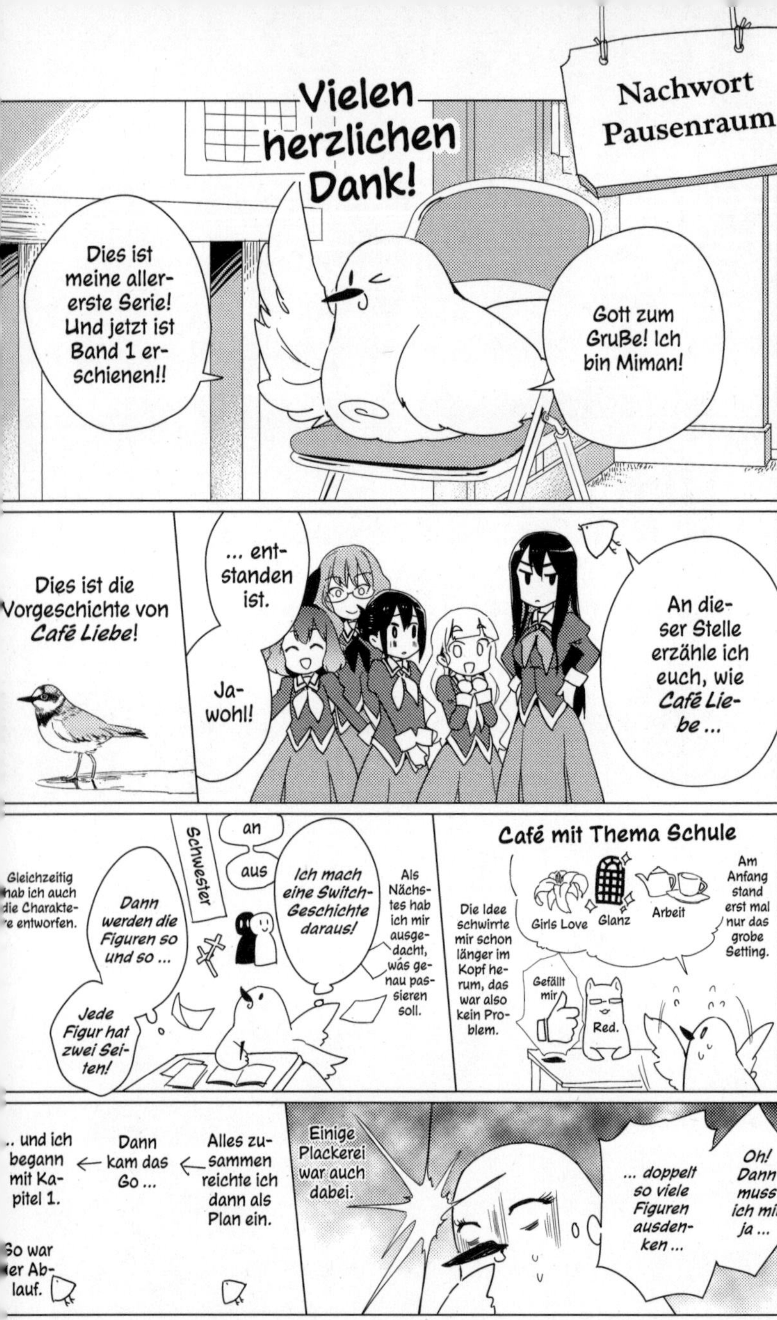
Nachwort Pausenraum
Vielen herzlichen Dank!
Gott zum Gruße! Ich bin Miman!
Dies ist meine allererste Serie! Und jetzt ist Band 1 erschienen!!
An dieser Stelle erzähle ich euch, wie Café Liebe ...
... entstanden ist.
Jawohl!
Dies ist die Vorgeschichte von Café Liebe!
Café mit Thema Schule
Am Anfang stand erst mal nur das grobe Setting.
Girls Love
Glanz
Arbeit
Die Idee schwirrte mir schon länger im Kopf herum, das war also kein Problem.
Gefällt mir
Red.
Als Nächstes hab ich mir ausgedacht, was genau passieren soll.
Ich mach eine Switch-Geschichte daraus!
an
aus
Schwester
Dann werden die Figuren so und so ...
Jede Figur hat zwei Seiten!
Gleichzeitig hab ich auch die Charaktere entworfen.
Oh! Dann muss ich mir ja ...
... doppelt so viele Figuren ausdenken ...
Einige Plackerei war auch dabei.
Alles zusammen reichte ich dann als Plan ein.
Dann kam das Go ...
... und ich begann mit Kapitel 1.
So war der Ablauf.

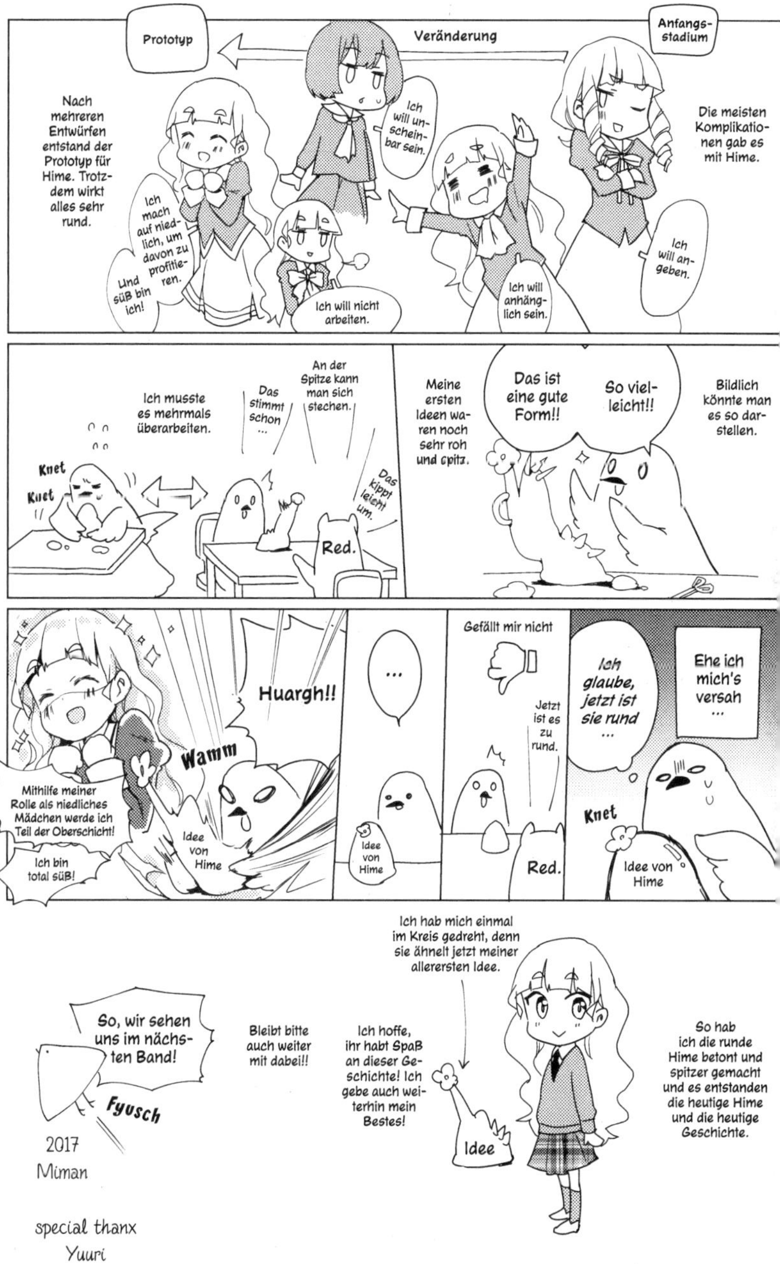

Anfangs-stadium
Die meisten Komplikationen gab es mit Hime.
Ich will angeben.
Veränderung
Ich will anhänglich sein.
Ich will unscheinbar sein.
Ich will nicht arbeiten.
Prototyp
Nach mehreren Entwürfen entstand der Prototyp für Hime. Trotzdem wirkt alles sehr rund.
Ich mach auf niedlich, um davon zu profitieren.
Und süß bin ich!
Bildlich könnte man es so darstellen.
So vielleicht!!
Das ist eine gute Form!!
Meine ersten Ideen waren noch sehr roh und spitz.
An der Spitze kann man sich stechen.
Das stimmt schon …
Das kippt leicht um.
Red.
Ich musste es mehrmals überarbeiten.
Knet
Knet
Ehe ich mich's versah …
Ich glaube, jetzt ist sie rund …
Knet
Idee von Hime
Gefällt mir nicht
Jetzt ist es zu rund.
Red.
…
Idee von Hime
Huargh!!
Wamm
Idee von Hime
Mithilfe meiner Rolle als niedliches Mädchen werde ich Teil der Oberschicht!
Ich bin total süß!
So hab ich die runde Hime betont und spitzer gemacht und es entstanden die heutige Hime und die heutige Geschichte.
Ich hab mich einmal im Kreis gedreht, denn sie ähnelt jetzt meiner allerersten Idee.
Idee
Ich hoffe, ihr habt Spaß an dieser Geschichte! Ich gebe auch weiterhin mein Bestes!
Bleibt bitte auch weiter mit dabei!!
So, wir sehen uns im nächsten Band!
Fyusch
2017
Miman
special thanx
Yuuri

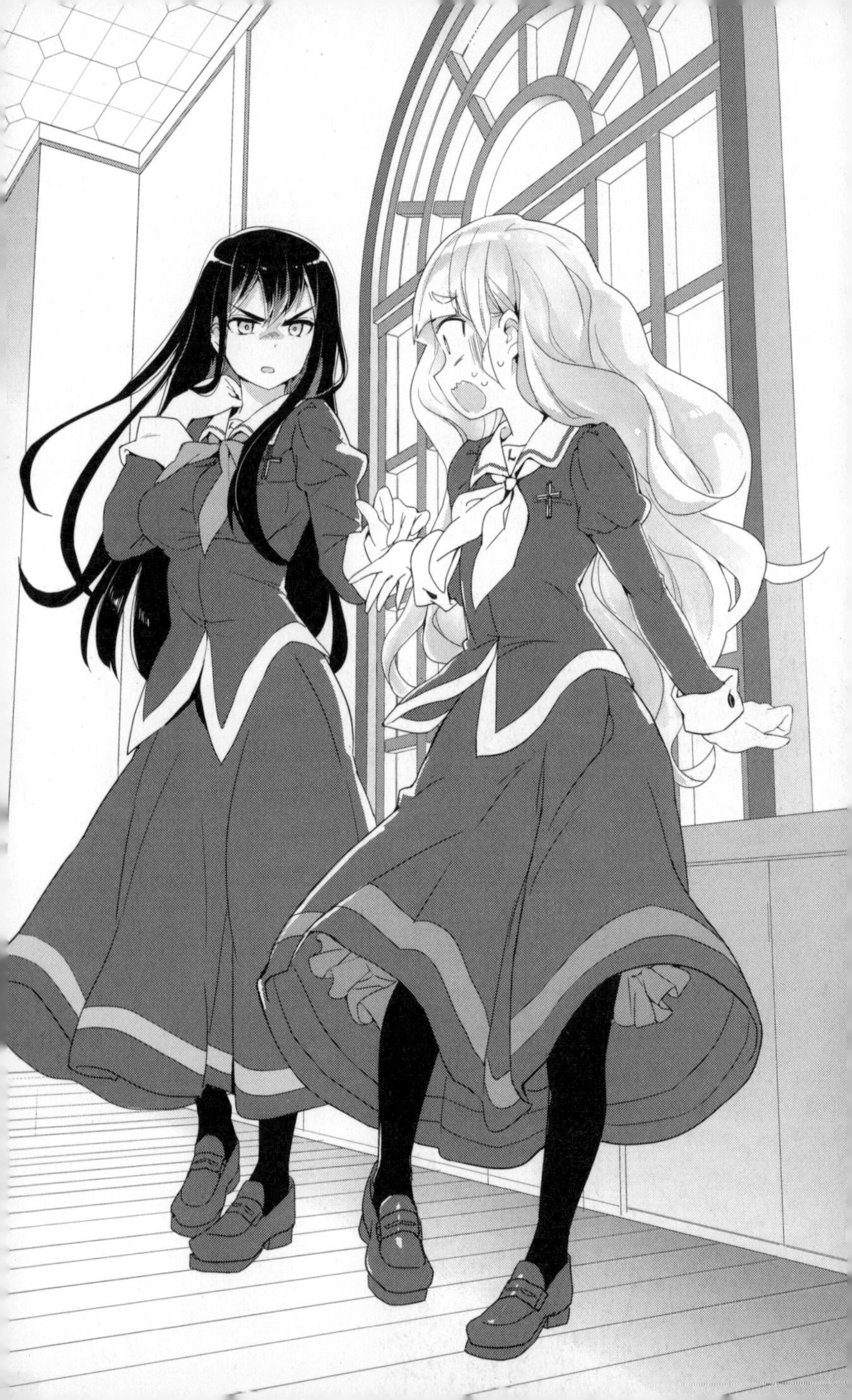

Hime-chans

Repetitorium! Betriebshandbuch des Lyzeum Liebe!

Thema heute: Unsere deutschen Gerichte

Gericht	Erklärung	Kurzform	Tischgedeck
Heiße Schokolade	Trinkschokolade	H-Schoko	
Thüringer Wurst	Pikante Bratwurst aus der Region Thüringen	Wurst	Tafelgabel und Tafelmesser
Kartoffelsalat	Kalter Salat mit Kartoffeln	Kart	Tafelgabel und Tafelmesser
Zeller Weiß Katz Q. b. A.*	Eine Weinsorte. »Q. b. A.« dient der Klassifizierung.	Weiß Katz	Untersetzer (nach Anzahl der Gläser fragen)
Nachtisch	Dessert		
Sachertorte	Eine Art Schokoladenkuchen, erfunden vom Wiener Konditor Sacher.	Sacher	Dessertgabel und Dessertmesser

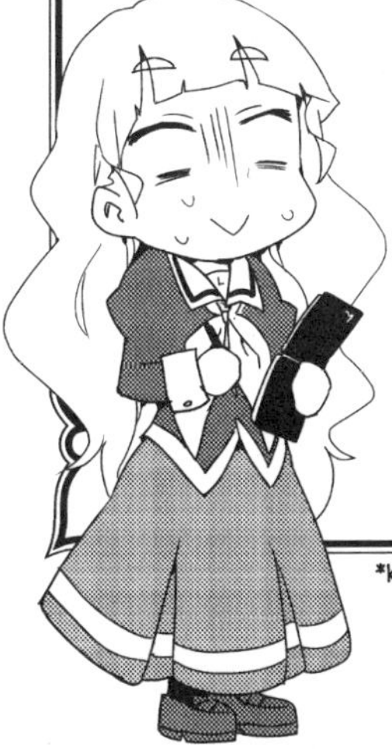

Das ist noch lange nicht das komplette Menü auf Deutsch! Für die verschiedenen Schwarzteesorten benutzen wir die herkömmlichen Namen.

Zum Beispiel Assam, Darjeeling, Ceylon, Earl Grey und so weiter ...

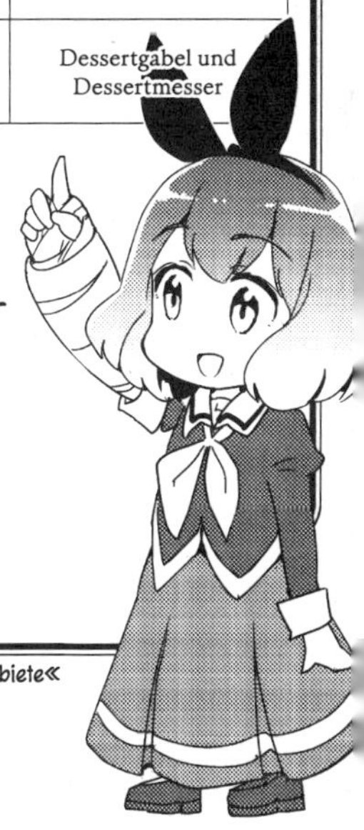

*kurz für »Qualitätswein bestimmter Anbaugebiete«

Kommentar der Autorin

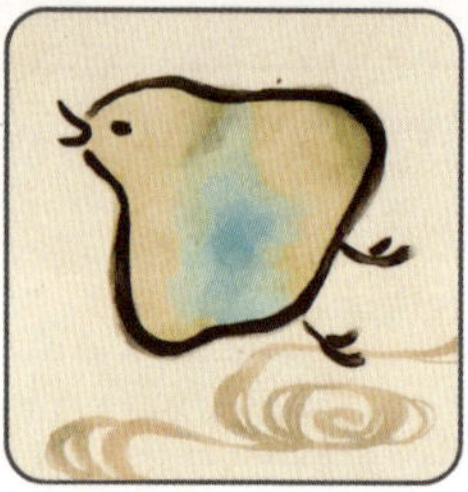

»Gott zum Gruße!«
Wenn man diese Floskel ausspricht, sitzt man doch gleich viel aufrechter da.

Das hier ist mein erster mehrbändiger Manga. Ich hoffe, ihr bleibt mir als Leser treu!

Miman

Café Liebe

TOKYOPOP GmbH
Hamburg

TOKYOPOP
3. Auflage, 2024
Deutsche Ausgabe/German Edition

Aus dem Japanischen von Verena Maser

First published in Japan in 2017 by Ichijinsha Inc., Tokyo.
Publication rights for this German edition arranged through Kodansha Ltd., Tokyo.

Redaktion: Benjamin Spinrath
Lettering: Vibrant Publishing Studio
Herstellung: Rita Geers
Druck und buchbinderische Verarbeitung:
CPI–Clausen & Bosse GmbH, Leck
Printed in Germany

MIX Papier FSC® C083411

Wir achten auf die Umwelt.
Dieses Produkt besteht aus FSC®-zertifizierten und anderen kontrollierten Materialien.

ISBN 978-3-8420-4612-2

www.tokyopop.de